Inga Buhmann

ICH HABE MIR EINE GESCHICHTE GESCHRIEBEN

1. Auflage, München 1977
C Trikont Verlag, München
ISBN 3-88167-018-1
Umschlagentwurf: Inga Buhmann, Frankfurt
Umschlaggestaltung: Elisabeth Petersen, München
Druck: Fa. Gegendruck, Essen

INHALT

Ich konnte mir wohl mit dem Verstand klarmachen, da ist das und das passiert, aber so, als hätte es ein anderer erlebt und nicht ich.

und doch mußte ich all diese Bruchstücke wieder zusammenfügen

Benrode
und Aufbruch

Mein Vater sagte mir immer mit Stolz, daß ich bewußt gezeugt worden bin. Es war Krieg– und man konnte ja nie wissen.

Er war an der Front in Frankreich, und so wurde mir schon sehr früh gesagt, daß er mich dort in einem Teich geangelt und dann in einem Paket nach Deutschland geschickt hätte. Ich erzählte, noch als ich vier Jahre alt war, allen diese Geschichte und war sehr stolz darauf.

Außerdem schickte mir mein Vater aus Frankreich kleine Puppen und bunte Postkarten. Wenn er auf Urlaub kam, trug er mich viel auf seinen Armen und war sehr lieb zu mir. Ich vergötterte ihn.

Als ich fünf Jahre alt war, kehrte er nach Benrode heim.

Benrode ist ein kleiner Flecken auf dem Flachland in Niedersachsen, zwischen Celle und Braunschweig gelegen, also südlich der Lüneburger Heide, der aus zwei Bauernhöfen besteht. Das nächste größere Dorf ist zwei Kilometer entfernt. Der Boden ist vorwiegend sandig.

Mein Großvater hatte den Hof für meinen Vater kurz vor dessen Heirat erworben. Mein Vater war ein sehr engagierter Landwirt. Er führte an Bodenverbesserung alles durch, was nur möglich war: eine auskalkulierte Fruchtfolge, die den Boden möglichst wenig auslaugt und ihn zusätzlich im Herbst durch Kleeanbau bereichert; Hecken, die den Wind abhalten und Wasser speichern; eine der ersten künstlichen Beregnungsanlagen in Niedersachsen und viel Düngung durch Mist, der bei dem großen Bestand an Rindvieh, Schweinen und Pferden reichlich vorhanden war.

Dann gab es Musterkühe, die besonders viel oder eine besonders fettreiche Milch hatten und deshalb prämiert wurden, Bullen, mit denen nicht zu spaßen war, wertvolle Deckhengste, vor allem Kaltblüter, zu denen die Stuten von weither kamen, die dann zwischen die zwei Stangen der Deckstelle geführt und dort festgehalten wurden, während der Hengst sie besprang, wobei von den Männern immer etwas nachgeholfen wurde, damit es schneller ging und besser klappte.

Mein Vater beteiligte sich an allen möglichen landwirtschaftlichen Verbänden und neuen Versuchen von Züchtung und Veränderung von Getreidesorten, Kartoffeln und Rüben. Ich fand das über alle Maßen aufregend.

Vom Krieg ist Benrode weitgehend verschont geblieben; er war sogar für uns Kinder aufregend: die Streifen am Himmel, die Russen, die in einem kleinen Haus hinter einer Stacheldrahtumzäunung auf dem Hof gehalten wurden und die wenige freie Zeit, die sie hatten, mit uns Kindern spielten, die Flüchtlingsfamilien mit den vielen Kindern, die nacheinander kamen; das war alles eher interessant für uns als erschreckend.

Nach dem Krieg gab es dann die großen Verbrüderungsfeste, wo alles miteinander tanzte, selbstgebrannten Schnaps soff und sich derben sexuellen Scherzen hingab, die ich heimlich von oben zwischen zwei Treppenstangen hindurch beobachtete, da diese Feste im alten Haus auf der großen Diele stattfanden, wo ich oben bei meiner Großmutter wohnte. Das Sexuelle erriet ich mehr aus dem lauten Gekreische und Gejohle, wenn z. B. bei einem Spiel in fortgeschrittener Stunde die Männer als Schubkarren benutzt wurden, indem sie mit den Händen über den Steinboden krabbeln mußten, während ihre Beine hochgenommen und als Deichseln benutzt wurden.

Die meisten Flüchtlinge blieben als Landarbeiter auf dem Hof, und mein Vater herrschte über sie wie ein Feudalherr. Er nahm sich also auch das Recht heraus, alle Kinder, die eigenen wie die der anderen zu schlagen, wenn es ihm paßte, zum Beispiel, wenn er beim Nachmittagsschlaf gestört wurde. Selten wehrte sich einer gegen ihn, denn eine Wohnung und Essen in diesen schlimmen Zeiten war mehr wert als alles andere. Auch konnte er im nächsten Moment wieder überfreundlich sein, je nachdem wie er gelaunt war oder wieviel er getrunken hatte.

In meinen frühesten Erinnerungen liege ich in einem Kinderbett im Schlafzimmer meiner Eltern, über das sie eine Decke gespannt haben, sodaß es ganz dunkel und eng wird, und ich Angst bekomme und so entsetzlich schreie, daß sie die Decke wieder fortnehmen, oder liege auf einem Tisch und werde festgehalten, und mehrere Menschen stehen drumherum und drücken mir Geschwüre am ganzen Körper aus, wovon ich noch heute Narben habe.

Um diese Zeit, ich war ungefähr zwei Jahre alt, bin ich zu meiner Großmutter gesteckt worden, die im alten Haus in einem Zimmer wohnte. Meine Großmutter war Bäuerin und kam von einem Hof in der Nähe, der verkauft wurde, als ihr einziges Kind, meine Mutter, einen wohlhabenden Mann heiratete. Sie fand sich nur schlecht in der neuen Umgebung zurecht und behielt ihre alten Angewohnheiten, die von einem sparsamen, wenn nicht geizigen Leben geprägt waren, bei. So fing sie das Regenwasser in einer großen Tonne und in Eimern auf, um Leitungswasser zu sparen, rannte immer hinter mir her, um das Licht auszumachen, ließ auch nicht für fünf Minuten die Äpfelkammer offen, gab den Flüchtlingskindern mit Wasser verdünnte Milch, während meine Brüder und ich die Sahne trinken sollten, und klaute überall, wo wir zu Besuch waren, die Ableger aus den Blumenkästen. Ständig betriebsam und unterwegs, durfte ich sie überall hinbegleiten, zu all den Vettern, Tanten und noch ferneren Verwandten, die in den umliegenden Ortschaften meist kleine Höfe hatten. Nachts, wenn wir manchmal vom Bahnhof aus mit dem Fahrrad heimfuhren, warfen wir uns überstürzt in den Straßengraben, wenn wir glaubten, daß meine Eltern mit dem Auto vorbeifuhren und uns entdecken könnten. So kam es vor, daß sie mich abends spät mit in den Garten nahm und ich auf einem Stuhl sitzend zuschauen durfte, während sie noch schaffte, und ich dabei von der Erzieherin erwischt wurde, die mich dann schlug und ins Bett zurückbrachte; übrigens ist dies meine einzige Erinnerung an diese Erzieherin, die morgens mit „Heil Hitler" und „Hand hoch" alle begrüßt haben soll.

Am stärksten haften geblieben sind mir die Besuche bei den Russen hinter dem Stacheldrahtverhau, wo sich meine Großmutter oft aufhielt, weil sie dort die Zuneigung und das Verständnis fand, das ihr die anderen auf dem Hof verwehrten, obwohl ich sicher bin, daß sie die Gefangenen, die auf den Feldern arbeiteten, mit einem Fraß verköstigte, von dem ich nicht wissen möchte, was er enthielt. Aber im Verhältnis zu der Behandlung, die die Russen sonst von anderen Bauern auf dem Land erfuhren, wurden sie immerhin von ihr noch als Menschen wahrgenommen. Später weinte sie, als alle wieder abtransportiert wurden.

Ich wurde von den Russen abends beim Tanzen auf dem Arm getragen, und bei jedem Luftschutzalarm brachten sie mich selbst mitten in der Nacht in den Bunker, wo sie bei mir wachten, bis ich wieder einschlief; sie liebkosten mich und spielten mit mir, wie ich es sonst von Erwachsenen nicht gewohnt war. Deshalb war ich sehr traurig, als sie fort mußten und wollte später immer wieder nach Rußland.

Wenn ich heute mit Zärtlichkeit an meine Großmutter zurückdenke, so mag es auch daran liegen, daß ich später die letzte Nacht bei ihr gewacht hatte, als sie an Unterleibskrebs starb und so ihre letzten Kämpfe gegen den Tod miterlebte.

In dem Tagebuch, das ich damals begann, beschrieb ich die Erlebnisse dieser letzten Tage und der Beerdigung:

........Die Schmerzen, die meine Großmutter in der letzten Zeit leiden mußte, waren auf ihrem Gesicht eingegraben. Anstatt der Augen sah man nur zwei tiefe Höhlen, der Mund war zusammengekniffen, von den Wangen stachen nur noch die beiden eckigen Knochen empor, die gebogene Nase sprang aus dem Gesicht. Der Atem wurde in langen Pausen röchelnd hervorgepreßt, so röchelnd und unregelmäßig, daß ich die ganze Nacht befürchten mußte, er würde stehenbleiben. Wenn sie die Augen öffnete, so starrte sie die Gegenstände und Menschen an. In ihrem Denkverlauf traten lange Perseverationen ein. Sie wiederholte die Sätze oftmals und ließ sie dann fallen.

Da sie den Gedanken an den Tod nicht ertragen konnte, verdrängte sie ihn ständig und redete sich unmögliche Hoffnungen auf Besserung ein.

Sie ist ein Mensch, der nie viel gedacht und immer im praktischen Leben stand. Als starker und kämpferischer Mensch wehrte sie sich bis zum Schluß gegen diese furchtbare Krankheit. Noch in den letzten dämmernden Bewußtseinsmomenten ballte sie die Fäuste und erhob den mageren Arm, als könnte sie damit den Tod abwehren.

Jetzt heule ich schon wieder.......... 24. 7. 60

........Es ist frühmorgens. ich sitze auf dem Balkon. Die gerade aufgegangene Sonne scheint mir ins Gesicht. Vorgestern fand die Beerdigung statt. Die Predigt des Pastors berührte mich nicht. Er sprach von Omas Erfüllung des Lebens, von ihrem glaubevollen Eingehen in den Tod, was natürlich nicht wahr ist, doch er konnte es nicht wissen, da er sie nicht kannte.

Die Szene am Grab finde ich widerwärtig, da sie mir gewollt vorkommt. Ich hätte am liebsten laut gelacht, als mir alle das Beileid aussprachen. Ich kann nicht in der Menschenmenge empfinden.

Ich mußte feststellen, daß Oma doch viele Freunde gehabt hat. Fünfzig Gäste bewirteten wir bei uns im Haus. Die Trauerfeier endete mit Witzen und Lachen, auch ich lachte und erzählte alberne Späße......30. 7.60

Tatsächlich war sie eine brutale Frau, die mich oft, wenn es ihr paßte, nach Strich und Faden verdrosch, und mit allen Gegenständen, die sie gerade zur Hand hatte, nach mir warf, wobei der Grund oft der lächerlichste von der Welt war. Doch ebenso drückte sie mich nachts zwischen ihre Schenkel, wenn wir zusammen im Bett lagen; und ich durfte das Spinnrad spinnen oder Wolle zocken, wenn sie eine Pause machte, oder ihr aus Büchern, die ich vor meine Augen hielt, Geschichten erzählen, wobei ich dachte, daß ich ihr vorlese. Auf jeden Fall widersprachen sich die Erwartungen der Erwachsenen, mit denen ich zusammenkam, ständig. Wenn ich dem einen etwas recht machte, kriegte ich vom anderen dafür Prügel.

Schließlich wurde ich von meiner Großmutter weggeholt, da man meinte, der Umgang mit ihr könne mir auf die Dauer schaden — sie wurde ja von allen anderen als primitiv, tyrannisch, wenn nicht als „verrücktes Biest" abgetan. So zog ich mit sieben Jahren ins neue Haus zu meinen Eltern.

Anders war mein Vater: er bestrafte mich fast immer mit einem Ritual. Ich mußte vor ihm stehen, beichten, was ich getan hatte und es bereuen; dann zog er mir die Hose runter, legte mich übers Knie und schlug mit dem Handstock eine vorher fest angesetzte Anzahl von Hieben auf den nackten Arsch.

Der Dialog verlief fast immer ähnlich wie der folgende:

Er: Inga, Du weißt, was Du getan hast........

Ich: entweder „ja" oder „nein", oder nichts, mit niedergeschlagenen Augen.

Er: (sehr ernst, wartend, bis ich ihn wieder voll anschaue) Ich habe gehört, daß ihr Dosen voll Urin vor die Tür von X gestellt habt, so daß die ganze Brühe in ihr Haus geflossen ist, als sie die Tür öffneten.

Stimmt das?

Ich: (schon leise schluchzend) ja

Er: Findest Du das richtig oder bereust Du es?

Ich: (Von Schluchzern unterbrochen) Ich bereue es.
Er: Du weißt also, daß ich Dich bestrafen muß, und Du weißt auch, daß ich es nicht gerne tue.
Ich: (kaum mehr hörbar) Ja, Vati.

Anschließend erzählte mir die Näherin, die nebenan im Zimmer saß, daß sie sich wundern würde, warum ich bei solchen Prügeln nicht lauter schreie. Das Ritual mit dem vorhergehenden Gespräch wirkte durch die scheinbare Rationalität viel stärker als der eigentliche körperliche Schmerz und hinterließ zunehmende Schuldgefühle.

So kam es, daß ich mich erst sehr spät von meinem Vater löste und noch mit sechzehn, siebzehn Jahren bei ihm saß, wenn er trank und einsam war und sich seinem Leiden rücksichtslos hingab, wobei seine Zunge immer schwerer wurde, und er oft fünf Minuten für einen Satz brauchte, während ich dasaß und nichts sehnlicher wünschte, als ins Bett zu gehen, aber es nicht wagte. Während er mir nachts Geständnisse über sein verpfuschtes Leben und über seine Zuneigung zu mir machte, konnte ihm dann am nächsten Tag nichts recht sein, wobei alle Frauen des Hauses, Ehefrau, Sekretärin und Töchter, sich seinen Wünschen zur Verfügung zu stellen hatten. Jahrelang habe ich ihn mit einer schweren Wolke verglichen, aus der es kein Entrinnen gibt:

........Bei Vati ist es ein melancholischer Grundzustand, der nur schwer oder unmöglich zu heilen ist. Wie den meisten Melancholikern fehlt ihm der Wille, gegen diese Schwermut anzukämpfen, zu handeln.

Doch ich will nicht immer den Charakter meiner Eltern analysieren. Gerade wegen dieser Schwermut werde ich wohl immer innerlich mit Vati verbunden bleiben. Deshalb erregen alle seine Fehler, die Schwäche und Nachgiebigkeit, die Ichbetonung (Bekämpfung von Minderwertigkeitskomplexen) eher mein Mitleid, als daß ich darüber böse bin.
Doch einfaches Mitleid hilft noch nicht viel. Tatkräftig handeln, Freude bereiten ist das einzige Heilmittel. Leider kann ich meistens das Opfer nicht aufbringen, auf eigene Vergnügungen zu verzichten, und bringe häufig den Willen nicht auf, ihn zu verstehen, auf meine eigenen Urteile zu verzichten.
4. 8. 60

Später entschloß ich mich, auf keinen Fall so zu werden wie er.

An meine Mutter von damals kann ich mich kaum erinnern.

Am nächsten stand mir mein drei Jahre älterer Bruder Jobst. Mein ältester Bruder Christian kam sehr bald nach Hannover zu meinen Großeltern, um dort ein humanistisches Gymnasium zu besuchen.

Schon früh achtete Christian auf meine Moral: wenn ich ohne Schlüpfer zur Schule gegangen war, schickte er mich prompt heim, da er sich für mich schämte. Völlig entsetzt reagierte er, als er mich einmal inmitten einer Kinderschar im Schlamm der Schweinegrube am Fluß entdeckte, wo wir uns gegenseitig Geschlechtsteile aus Morast anbackten und versuchten, so über den Hof zu laufen. Da er sich unseren ländlichen Spielen bald entfremdete, irgendwie zarter und blasser wirkte als wir, verhöhnten wir ihn oft als „Professor". Ihm wurde von Anfang an zugeschrieben, daß er der intelligenteste der Familie sei, sozusagen der erste Sohn, der später einmal die Hauptverantwortung zu tragen hat. Er litt unter dieser Rolle, da sie ihn vom Leben, so wie wir es führten, abschnitt, bis er sie schließlich akzeptierte.

Ich bewunderte ihn, seine „Intelligenz", sein Wissen, seine Nachdenklichkeit und die Schärfe seines Witzes und fühlte mich ihm in diesen Eigenschaften weit unterlegen, doch er blieb mir immer etwas fremd.

Im Gegensatz zu Jobst, mit dem ich alles zusammen aushecken konnte. Von uns Kindern bekam er am meisten Prügel: Ständig gab es irgendwelchen Stunk mit den Lehrern, weil er wieder einen Streich gespielt hatte oder die Schularbeiten fehlten oder sonst irgendetwas passiert war. Manchmal versteckte er sich nach der Schule vor meinem Vater auf dem Strohhaufen, weil er schlechte Noten mit nach Hause brachte. Ich hielt zu ihm und weinte fast ebenso heftig, wenn es ihn wieder mal erwischt hatte. Genauso beschützte er mich, wenn ich in der Schule von älteren Jungen angegriffen wurde. Allerdings schlug er selber hart zu, oft sogar brutal, wenn ich oder meine Schwestern ihm nicht gehorchten.

Er wollte Bauer werden, war begeistert vom Land und von den Tieren, baute mir Taubenställe oder ein Floß, mit dem man den Fluß überqueren konnte. Ja, wir machten über Jahre hinweg fast alles zusammen: die Tiere versorgen, Schlitten fahren, reiten, auf dem Fluß entlangpaddeln. Am liebsten hatte er, wenn ich Freundinnen einlud, die auch ihm gefielen. Er brauchte es, von Mädchen bewundert und umworben zu sein, obwohl sich, glaube ich, sexuell nicht viel tat. Er hatte immer wieder neue Freundinnen und spielte sich mit diesen „Erfolgen" auf. Irgendwann verweigerte ich es, bei dieser Schau mitzumachen. Es war mir einfach zu fremd, obwohl es dann doch oft geschah, daß ich mir Mädchen und Frauen nur unter dem Gesichtspunkt anschaute, ob sie Jobst gefallen könnten.

Unsere Beziehung war noch mit zwanzig Jahren so eng, daß wir, als wir beide im Hotelzimmer in Rom übernachteten, gefragt wurden, ob wir uns gerade im „honey-moon" befänden.

Wir waren auf dem Hof rund dreißig Kinder.

Irgendwann mit sechs oder sieben Jahren wurde ich von einem Jungen, Siegfried, verführt, der ungefähr 15 Jahre alt war. Wir trafen uns an verschiedenen Orten, im Hofklo, wo ich dann auf dem Klodeckel stand, im Gras am Flußufer oder im Wald. Es mußte mir viel Spaß gemacht haben, denn ich fing an, das frisch Erlernte einem gleichaltrigen Jungen, Heiner, beizubringen. Einmal wurden wir dabei hinter einem Strohhaufen von einem älteren Mann gesehen, der uns später verriet. Als ich ein Treffen zwischen meiner engsten Freundin, Ute, einem sehr schönen schwarzhaarigen Mädchen, und Heiner ausgemacht hatte, damit auch sie in den Genuß dieser Vergnügungen kommen sollte, kam die Polizei dazwischen.

Noch heute ist mir die Großzügigkeit, die ich damals besessen hatte, als ich diese sexuellen Erlebnisse auch anderen zugänglich machen wollte, ein Beweis dafür, wie sehr Eifersucht durch Verklemmung, Beschämung und gemachte Verlusterfahrungen zustande kommt.

Als die Polizei kam – ich war gerade krank –, wurde ich in einer Dekke zum Verhör getragen. Irgendeins der verführten Mädchen mußte es ihren Eltern verraten haben, und Siegfried hatte alles bereits gestanden.

Ich wurde bis ins letzte Detail ausgefragt, wobei ich die ganze Zeit weinte. Wann wir uns getroffen haben, ob er mich bedroht hätte, wobei mir Aussagen in der Richtung nahe gelegt wurden, wo es passierte, und vor allen Dingen, was wir gemacht haben, bis in alle Einzelheiten. Selbst die Geschichte mit Heiner war bekannt.

Ich könnte die Polizisten noch heute ohrfeigen wegen dieser geilen Brutalität, mit der selbst sechsjährige Mädchen fertiggemacht werden.

Meine Eltern kamen erst zwei Tage später von einer Reise zurück; ich versteckte mich im Garten; sie bestraften mich zwar nicht, sprachen allerdings auch kein Wort über die Geschichte, so daß ich vermutete, ich hätte etwas derart Verwerfliches getan, daß man es nur noch mit Schweigen übergehen konnte. Tatsächlich war es ihnen einfach peinlich, und sie wollten es schnell vergessen.

Nur die Kinder schwiegen nicht; ich wurde mit allen Projektionen bedacht, zu denen Kinder fähig sind.

Da Siegfried nur Landarbeitersohn war, und es gewagt hatte, sich an kleinen Bauerntöchtern zu vergreifen, kam er in ein Erziehungsheim; ich habe ihn dann nie wieder gesehen.

Der Krieg war vorbei; alles begann sich wieder zu „normalisieren"; die Flüchtlingskinder wurden Hofkinder genannt, ihre Eltern waren Landarbeiter geworden; die alten sozialen Unterschiede traten wieder unverhüllt zu Tage.

Mein Großvater war es, der unermüdlich und skrupellos all diesen Reichtum zusammenscheffelte, angefangen von einer kleinen privaten Handelsschule bis zum Wiederaufbau vieler Häuser in Hannover nach dem Krieg, der sich später durch einen Umzug mit einer Kutsche feiern ließ und überall mit dem Sprüchlein „Fleiß bringt Erfolg" auf Briefbögen, Hausinschriften, Linealen und Stempeln aufwartete.

Wer fleißig ist, hat Geld; und wer Geld hat, hat Erfolg; bei dieser Lebensweisheit trafen sich alle sonst so verschiedenen Familienmitglieder wieder, der zage Protest meines Vaters dagegen blieb in Selbstbestrafung stekken.

Als vollkommenes Sinnbild dieser Lebenserfüllung wurde mein Großvater gefeiert, „er war tüchtig, er setzte sich durch, er hatte es zu etwas gebracht". Als ihm das Bundesverdienstkreuz in einer feierlichen Zeremonie verliehen wurde, sprach er mit „Tränen in den Augen" von der schweren Nachkriegszeit, und um ihn herum fingen alle Sekretärinnen und langjährigen Angestellten ebenfalls an zu schluchzen.

Wenn er uns mit seiner Frau am Wochenende auf dem Land besuchte, umschwänzelte die ganze Familie diesen jovialen, an sich selbst nie zweifelnden Ellenbogenmenschen, der stockkonservativ war und noch lange mit Schimpfen die Mädchen aus der Handelsschule nach Hause trieb, die es gewagt hatten, eine Hose statt eines Rockes anzuziehen.

Ich entsprach durchaus seinem Bild eines jungen Mädchens, gesund und stark und voll Aktivitäten, so wie es sich für eine künftige Bäuerin gehört, die später mal einen tüchtigen und ebenfalls gesunden Mann heiratet. Das war auch lange Zeit das Bild, das die gesamte Familie von mir hatte, sowie auch ich von mir selbst.

Besser als ich es heute könnte, charakterisiert folgender Brief meinen Großvater, den er mir schrieb, als ich 21 Jahre alt war und glaubte, mich bereits mit meinen intellektuellen Ausbrüchen aus den Fängen der Familie gelöst zu haben. Er ist gleichzeitig ein Dokument für das Denken der Unternehmer in der Adenauer-Ära. Es geht um den Kampf gegen die Verstaatlichung von Privatschulen, die 1961 von der SPD in Niedersachsen angestrebt wurde.

Hannover, den 13. Juli 1961

Meine liebe Inga!

Dein Brief vom 8. Juli hat mich sehr glücklich gemacht; denn zum ersten Mal spricht mich ein Großkind in dieser Form an.

Du hast vollkommen recht, daß die Schule mir am meisten am Herzen liegt. In aller Bescheidenheit können wir sagen, daß die Arbeit meiner Lehrer, Sekretärinnen usw. gute Erfolge erzielt hat. Wir haben wohl so manches geschaffen, das von vielen anderen Schulen im In- und Auslande übernommen wurde. Einen Prospekt über den neu errichteten „Prof.-Georg-Scheller-Saal" füge ich bei. In gleicher Weise wollen wir einen Olympia-Saal im Hause Prinzenstr. 2 aufbauen.

Mir sagte einmal der Direktor der Städt. Handelslehranstalten, als ich ihm mitteilte, daß unser lieber Christian Theologie studieren wollte, ich möge ihm doch sagen, er könne auch in einer Handelsschule die Erziehung der Jugend fördern, vielleicht ebenso stark, als wenn er von der Kanzel herab spricht.

Und so ist es ja auch mit Dir als Psychologin. Ich finde es wunderbar, wenn man einen praktischen Beruf hat, z. B. Lehrer oder Lehrerin. Wie schön ist es, jungen Menschen zu helfen, daß sie recht nützliche Glieder des Staates, der Gemeinde, der Wirtschaft und der Familie werden. Ich bin mit meinem Berufe zufrieden; denn diese Arbeit, die wir leisten, kommt vielen zugute und macht sie glücklich. Ich würde mich freuen, wenn Du neben Psychologie Deutsch, Sprachen, Geographie, Geschichte oder andere Fächer wählst. Leider liegt Dir ja Betriebswirtschaftslehre, Kurzschrift und Maschineschreiben nicht. Philosophie-Seminar ist ganz nach meinem Geschmack.

Ich denke eben an unseren lieben Heiner, der sich ja der Vollblutzucht verschrieben hat. Er wollte ursprünglich nur Landstallmeister werden, aber ich habe ihm geraten, doch die Vollblutzucht als zweites Fach zu wählen. Es ist ja immer schön, wenn man die Liebhaberei oder das Hobby nebenbei betreiben kann und auf der anderen Seite ein Gebiet erwählt, wodurch man anderen Menschen viel Freude bereitet, ihnen in ihrem Streben hilft und sich selbst ernähren kann. Das eigene Einkommen macht freier.

Mit dem Kultusminister stehen wir mehr und mehr auf Kriegsfuß. Wir haben jetzt durch Deinen Onkel Karl-Heinz die Verfassungsbeschwerde am Bundesverfassungsgericht eingereicht. Auch wollen wir durch eine Interessengemeinschaft, gegebenenfalls auch Schweigemarsch, dem Ausdruck unserer Sorgen mehr Nachdruck verleihen.

Die Abschrift der Beschwerde wie auch einen Aufsatz des Herrn Regierungsdirektor Käselau füge ich bei.

Ich habe es ja geahnt, daß Du mit großem Feuer bei der Arbeit bist; aber vergiß nicht ganz die Außenwelt. Es ist herrlich, zu lesen, daß Dir Deine Bücherwelt solche große Freude bereitet.

Um unser Lebenswerk zu erhalten, müssen wir sogar an die Politik denken. Ich bin an meinem 79. Geburtstag noch Mitglied der CDU geworden, denn die SPD will unsere Schule Ostern 1962 zum Erliegen bringen. Sollte Adenauer auch diesmal siegen und nicht Herr Brandt, so haben wir Hoffnung, daß auch in Niedersachsen ein für uns günstiger Wind weht, denn ist ja ein Unding, wenn die FDP und zum Teil auch die BHE in Bonn mit Adenauer regieren will und in Niedersachsen die beiden Parteien gegen Adenauer stimmen und sich mit der SPD verbünden.

Ich wollte Dir noch sagen, daß Frau Gutsche mich daran erinnerte, daß Du von allen Großkindern mit mir die größte Ähnlichkeit hast. Ich stellte ja schon immer fest, daß Du meiner Mutter ähnelst. Weißt Du noch, was Christian Dir eines Tages gesagt hat?

Dein Brief — wie ich Dir schon am Anfang schrieb — bereitet mir beim öfteren Lesen viel Freude. Bei Gelegenheit mußt Du mir über Dein Studium noch mehr erzählen. Du findest gute Worte für Deine Selbstkontrolle.

Zu Deiner Beruhigung möchte ich Dir sagen, daß es auf meinem Thron nicht kalt ist, im Gegenteil: ich habe recht viel Freude am Leben. Die Bewunderung ist nicht überall vorhanden, besonders nicht vom Herrn Kultusminister. Selbstverständlich hat man sehr viele Freunde: ab und zu auch ein bißchen Ärger durch Menschen, die anderer Meinung sind.

Männer und Frauen werden heute durchschnittlich wohl 5 Jahre älter als vor ein paar Jahrzehnten. Dadurch bleiben auch Gleichaltrige übrig, und wie Du recht hast, fühlt man sich zu diesen hingezogen.

Es ist alles so schön, was Du sagst, aber an vielen Tagen werde ich so in Anspruch genommen, daß ich mich von Herzen freue, vielen helfen zu können; denn das ist meines Erachtens der Sinn des Lebens: wieviel Freude kann ich schaffen; auf der anderen Seite auch: die Fröhlichkeit, der Humor soll nicht zu kurz kommen.

Selbstverständlich das Wesentlichste: die Gesundheit „mens sana in corpore sano". Das wünsche ich Dir von Herzen für viele, viele Jahrzehnte.

Augenblicklich arbeiten wir daran, in der Erwinstr. 2 den ersten Stock ein wenig zu verändern, da Herr Scherhorn zu seinen Kindern nach Köln umsiedelt. Ferner wollen Heinz und Erika am Sonntag nach Deutsch-Evern kommen und uns und Herrn Rudolff zu einer Fahrt nach Berlin — wo Heiner ja zwei Häuser gebaut hat — einladen.

Übermorgen, am Sonnabend, kommen Deine Mutti und Dein Vater nach Deutsch-Evern. Am Sonntag kehren Fräulein Eva und Fräulein Heidrun aus ihrem Urlaub zurück. Sie werden in Lüneburg von Deinen Eltern in Empfang genommen.

Nun hast Du mal einen lieben langen Brief von mir erhalten.

Sei herzlich gegrüßt — auch von Oma — und einen Kuß auf die Stirn,
Dein Dich herzlich liebender Großvater.

Doch vorerst erlebte ich eher eine Zeit starker Angstzustände; ich wagte es nachts nicht, von meinem Bett ins Badezimmer zu gehen; und als ich die Ferien in einem Kinderheim verlebte, hatte ich keinen Mut, die Aufseherin nach einer Decke zu fragen als ich fror, stattdessen weinte ich vor mich hin und sprach, soweit ich mich erinnere, mit niemandem über diese Ängste.

Inzwischen war meine Schwester Ilsedore geboren, die als jüngstes Mädchen alle Aufmerksamkeit und Zärtlichkeit auf sich zog, was mir so mißfiel, daß ich sie kaum beachtete.

Sehr viel später wurde sie über Jahre hinweg meine engste Freundin. Sie hatte das Glück gehabt, daß zur Zeit ihrer Geburt eine neue Sekretärin ins Haus kam, Eva, die für sie und auch für uns die Mutterrolle übernahm sowie für meinen Vater die Rolle einer Vertrauten und Ratgeberin.

Wahrscheinlich wäre dieser Bruchladen von Familie sehr schnell zusammengeklappt, wenn es nicht die ausgleichende Rolle dieser und später einer anderen Sekretärin, die ebenfalls Eva heißt, gegeben hätte.

Damals wurden fünf Kinder vom Hof gleichzeitig im Nachbardorf eingeschult, ich kriegte schnell mit, wie unterschiedlich wir behandelt wurden.

Als zwei von uns, ein Zwillingspärchen einer Flüchtlingsfamilie, einige Schwierigkeiten hatten, die Aufgaben zu bewältigen, erhielten sie jedesmal, wenn sie etwas nicht konnten, vor der ganzen Klasse das Heft ins Gesicht geschlagen, bis sie völlig verschüchtert waren und es nicht mehr wagten, auch nur ein Wort zu sagen.

Schließlich trug mir der Lehrer auf, ich solle der Mutter mitteilen, daß ihre Kinder nur noch einmal alle zwei Wochen die Schule besuchen dürften, da sie nächstes Jahr sowieso in die Hilfsschule kämen. Und wer es erfahren hat, was es heißt, auf dem Land als Hilfsschüler verschrien zu sein, der kann sich vorstellen, was diese Nachricht für die Mutter bedeutete, die versuchte zu protestieren, aber damit keinen Erfolg hatte, denn sie war ja schließlich nur eine alleinstehende Flüchtlingsfrau, deren Mann gefallen war, mit vielen Kindern.

Ähnlich erging es meiner Freundin Ute. Ich hatte mich seit dem ersten Schultag mit ihr angefreundet. Über ihre Mutter machte man im Dorf nur anrüchige Bemerkungen, da sie allein lebte — ihr Mann war nach der Geburt von Ute gefallen — und sehr anziehend aussah, ein wenig italienisch.

So wurde Ute von klein an das Leben schwer gemacht. Als sie in der ersten Klasse einen Liebesbrief an einen Jungen geschrieben hatte, stellte sie der Lehrer vor die Klasse auf einen Stuhl und las laut diesen Brief vor, während die Kinder feixten und Ute in Tränen ausbrach.

Später im Gymnasium wurde sie von einigen Lehrern ständig schikaniert, weil sie es wagte, offen mit einem Freund zu gehen.

Ute war wohl während meiner ganzen Schulzeit fast die einzige Freundin, mit der ich über alles sprechen konnte, was in mir vorging, über die Probleme mit meinem Vater, die häufigen Selbstmordgedanken, über unsere Ablehnung der Schule und der Lehrer, „über die Verlogenheit und Gemeinheit der meisten Leute".

Wenn ich versuchte, mit anderen Mädchen über meine Zweifel zu reden, dann hörten sie mir wohl geduldig zu, aber ich hatte den Eindruck, nicht verstanden worden zu sein. Sie glaubten an ihr Elternhaus, sie wollten selber möglichst schnell heiraten und Kinder haben. Auch die Schule und die Lehrer waren für sie unangefochtene Autorität.

Während meiner ganzen Schulzeit, fast bis kurz vorm Abitur, habe ich nur Freundinnen gehabt, nie einen Freund; allerdings kam es unter uns Mädchen, so intensiv die Freundschaft sein mochte, nur selten zu wirklich sexuellen Kontakten. Am ehesten wohl mit Elga, einem zwei Jahre älteren Mädchen, mit dem ich viel zusammen ausritt, oft beide zusammen ohne Sattel auf einem Pferd. Sie war um vieles größer als ich und energischer und umarmte mich nachts oft.

Sonst wagte niemand mit mir über Freunde und Sexualität zu sprechen, selbst meine Klassenkameradinnen nicht, so schüchtern und ablehnend trat ich in diesen Dingen auf. Wenn Ute es versuchte, mich auf einem Fest aufzulockern und mich doch noch irgendeinem Jungen näherzubringen, dann benahm ich mich derart unbeholfen, daß es nur zu mühsamen Gesprächen kam, aber nie zu einem Flirt.

Ich empfand mich lange Zeit, eigentlich bis ich so Mitte zwanzig war, als fett und unansehnlich und bewegte mich dementsprechend, so daß ich auch bei der Tanzstunde als Mauerblümchen auftrat, ein so trauriges Erlebnis, daß mir bis heute Feste und Tanzen, zumindest mit Männern, verleidet sind.

Mir wurde erst sehr viel später klar, daß sich hinter dieser angeblichen, vielleicht sogar eingebildeten Häßlichkeit eine Abwehr gegen Männer verbarg, die es gar nicht erst versuchen sollten, an mich heranzukommen.

Als ich mich mit 12 Jahren in den zehn Jahre älteren Verwalter des Hofes verliebte, konnte die Geschichte gar nicht anders als traurig enden. Je mehr ich mich bemühte, meine Zuneigung zu verbergen, umso pubertärer mußte mein Verhalten werden. So wartete ich beim allabendlichen Rundgang durch den Pferdestall sehnsüchtig auf den Händedruck beim Gutenacht-Sagen, errötete ständig und senkte meinen Blick bei jeder noch so leichten Berührung.

Es fällt mir heute schwer, mich gerade über diese Zeit schwül-schwülstiger Gefühle zu äußern, allzumal sie noch mit allen Requisiten ländlich-anachronistischer Idylle durchsetzt waren. Aber es passierte halt nicht in Kinos und in Hauseingängen, sondern tatsächlich auf Strohböden, in Pferdeställen und auf Feldern.

Der wirkliche Tiefschlag kam erst, als mir eine Frau erzählte, daß mich der Verwalter gar nicht besonders mag, sondern nur daran interessiert ist, seine Sammlung reicher Töchter zu vergrößern.

Ich konnte nie herausfinden, ob diese vertrauliche Mitteilung stimmte oder der Eifersucht entsprang, da diese Frau ebenfalls in ihn verliebt war; jedenfalls schlug sie voll bei mir ein, umso mehr, als ich auch nie wußte, ob all die Schulfreundinnen, die zu uns auf den Hof kamen, eigentlich mich mochten oder nur die attraktiven ländlichen Attribute wie Pferde, große Ställe, Erdbeeren.

Einerseits machte es mir Spaß, anderen die Möglichkeiten anzubieten, die sie selber nicht hatten, – so brachte ich vielen Mädchen das Reiten bei und ritt mit ihnen aus –, andrerseits blieb ich fast immer mißtrauisch.

Abends, wenn ich bei meinem Vater saß, hatte ich genug Gelegenheit, tiefsinnig zu werden, und tagsüber, kaum war ich von der Schule zurück, fütterte ich meine Kaninchen, sorgte dafür, daß sich die Tauben nach von mir auferlegten Regeln paarten, indem ich sie je zu zweit in abgeteilte Holzkästen sperrte, und machte im Garten Experimente zur Bodenverbesserung, indem ich mein Stückchen Land in lauter Parzellen teilte, die ich auf verschiedene Weise düngte; eins mit Pferdemist, eins mit Taubenmist, eins mit Schlamm aus dem Fluß und ein letztes ohne Düngung.

Ich wollte eine rechtschaffene Bäuerin werden und las noch bis zu meinem 16. Lebensjahr fast nur Pferdebücher.

In die Pferde steckte ich alles, was sonst unbefriedigt blieb bis zur Einbildung, daß einige von ihnen mir eindeutig ihre Zuneigung bewiesen, indem sie mit ihren Nüstern meinen Nacken berührten, was natürlich ein prickelndes Gefühl auslöst.

Den seltsamen Reiz, den ich manchmal im Sattel empfand, verbat ich mir zu deuten.

Auf jeden Fall wurde ich mit der Zeit eine gute Reiterin und entwickelte auch Ehrgeiz.

Als ich mit dem Reiten begann, war es noch ein ländlicher Sport, an dem viele Bauernsöhne mit ihren Pferden teilnahmen. Die Reitfeste waren derb und endeten fast alle in Saufgelagen mit Polkamusik und viel Getrampel. Ich schloß mich damals noch enger an Jobst an, dessen sportlichen Anforderungen ich genügen wollte. Er verlangte von mir, daß ich keine Angst zeigte, und selbst nach mehrmaligem Stürzen nicht aufgab.

Wir trainierten täglich mehrere Stunden und fuhren am Wochenende gemeinsam zu Turnieren. Ich wollte in die Spitzenklasse aufrücken. Das Gefühl, unter den Blicken der Zuschauer hohe Hindernisse zu überwinden oder nach einem Sieg die Ehrenrunde im Galopp anzuführen, befriedigte mich und ließ zeitweilig all meine anderen Schwierigkeiten in den Hintergrund treten.

Oft machte ich ekstatische Ritte durch die Feldflur, wobei mir jedes Wetter und jede Tages- oder Nachtzeit recht waren; manchmal ritt ich mitten in der Nacht los und kam erst zum Schulbeginn zurück oder schlenderte durch träge Sommerhitze, wobei ich das Pferd an einen Baum band und mich selber ins Gras oder auf den Waldboden legte, oder es packte mich, und ich setzte unter Sturmböen und Regen zu einem Renngalopp an – ja ich glaube, daß ich da manchmal sehr glücklich war.

Beim Reitsport bevorzugte ich eher „männliche Disziplinen" wie Military oder Springen, die Mut erforderten, statt Dressurreiten. Inzwischen gehörten auch Jobst und ich zu einem anderen Typus von Reitern, zu den Söhnen und Töchtern, die mehrere Pferde zur Auswahl haben, elegante Reitkleidung tragen und deren Pferde von speziellen Pflegern betreut werden.

Man traf sich gesellschaftlich; viele große Firmen Niedersachsens waren vertreten; und die Gespräche über Pferde, Frauen, gesellschaftliche Ereignisse zeugten von einer Dummheit und Arroganz, wie ich sie in dieser Direktheit selten wieder erleben sollte.

Weshalb mich diese Atmosphäre so anwiderte, obwohl ich meine

Erfolge durchaus genoß? Vielleicht fand ich die Typen und die Mädchen wirklich zu blöd oder sie mich. Außerdem durchschaute ich bald die Schalheit dieses Erfolges, der mehr vom Geld abhing wie von der sportlichen Leistung.

Aber es sollte noch lange dauern, bis ich vom Reiten und von den Pferden wieder loskam; noch Jahre, nachdem ich von zu Hause weg war und schon lange nicht mehr ritt,träumte ich fast jede Nacht von Pferden.

Die Schule fügte sich ganz in den Rahmen der übrigen Umwelt ein; anfangs eine Privatschule, die von den honorigen und finanzkräftigen Bürgern des Dorfes gegründet wurde, kurz darauf staatlich anerkannt, obwohl die Kreisstadt Burgdorf dann noch zehn Jahre auf ein Gymnasium warten mußte.

Über die Hälfte der Lehrer kam aus Litauen und Lettland, voll von kalter Kriegs-Ideologie und Sehnsucht nach dem verlorenen Osten -- besonders in den ersten Jahren auf der Oberschule wurden häufig Gedenkstunden für den Osten abgehalten, mit gemeinsamem Singen des Deutschlandliedes und eifrigem Versprechen, denen Pakete zu schicken, die in großer Armut und Unterdrückung von den Russen niedergehalten werden, von den Barbaren, die doch in Lettland und Litauen die Ungebildeten waren, während die Deutschen das Land kultiviert hatten. Hand in Hand damit wurde das einfache Leben auf dem Lande verherrlicht und die „gesunde Klassik" im Gegensatz zur Verderbtheit der heutigen Großstädte und der „geistigen Zerrüttung" moderner Autoren.

Auch ich dachte nicht viel anders; so wählte ich noch als Abiturschriftsteller Wiechert („Das einfache Leben") und Selma Lagerlöff. Der Deutschlehrer bestrafte mich die ganze Schulzeit hindurch mit schlechten Noten und Beschimpfungen, sobald ich versuchte, etwas auszudrücken, was ihm nicht in den Kram paßte. Ich sei asozial und sollte im nächsten Krieg mit meiner Freundin Ute als erste erschossen werden.

Den entscheidenden Anstoß, mich von diesem Denken zu befreien, erhielt ich kurz vorm Abitur durch die Freundschaft mit einem Franzosen, einem gleichaltrigen Schüler, der die Ferien bei uns verbrachte. Jean Pierre kam wohl auch aus einer nordfranzösischen Provinzstadt, hatte aber sehr viel gelesen und sich früh für Kunst interessiert.

Ihm gelang es, meine sexuelle Abwehr etwas aufzulockern; und ich begann, von einem Tag auf den anderen wie wahnsinnig Bücher zu verschlingen, Nietzsche, Camus, Gide, Baudelaire...

Am stärksten identifizierte ich mich mit Gide's „l'immoraliste". Plötzlich gab es einen Ausdruck für meine Zweifel, und ich mußte sie nicht mehr als düstere Grübeleien vor mir selbst herabmindern. Was mich am meisten faszinierte, war wohl die Übermensch-Ideologie Nietzsches, der Mensch in totaler Einsamkeit, als Setzer aller Werte, der Mensch als Fremder unter Fremden, mit der Pflicht, immer nur das zu tun, was er für richtig hält, ohne Rücksicht auf andere Menschen zu nehmen. Das alles waren unverdaute große Worte, die ich besser für mich behielt. Immerhin gab es jetzt für mich eine Kommunikation; sei es auch nur die Kommunikation mit Büchern.

Von Jean Pierre trennte ich mich, als er schließlich versucht hatte, mit mir zu schlafen und ich hinterher großen Ekel empfand.

Tatsächlich blieb ich weiterhin liebe Tochter, die sich aufopfernd die Probleme aller Familienmitglieder anhört und sie berät. Die Wochenenden widmete ich meinen beiden Brüdern, die meist depressiv nach Hause kamen und die ich glaubte, aufheitern zu müssen.

So sagte mein ältester Bruder, Christian, einmal, daß ich wohl etwas dumm sei, dafür aber praktisch, naturverbunden und lieb.

Ebensowenig wird es ein Zufall sein, daß mein Vater sowie mein Großvater mich häufig mit ihren verstorbenen Müttern verglichen. Je intensiver ich die geheimsten Sorgen und Gedanken der Familienmitglieder kannte, umso stärker mußte dieses Vertrauensverhältnis in der Realität geleugnet werden und führte oft dazu, daß ich dann nicht ernst genommen oder als nicht gesellschaftsfähig abgetan wurde.

Tatsächlich litt ich die ganze Zeit über, vor allem nach dem Tod meiner Großmutter, unter extremen Gefühlsschwankungen und war oft auf der Grenze, den Kontakt zu der „Realität" ganz zu verlieren.

........Beim Hören des Boleros von Ravel stellte ich mir so intensiv vor, eine Negerin im Urwald zu sein, daß sich unwillkürlich mein Körper in seltsamen rhythmischen Formen bewegte........24. 7. 60

........Am hellichten Tag, wenn wir am Tisch Mittagessen, sehe ich plötzlich Phantasiegestalten vor mir oder wandele die Tischgenossen in irreale Gebilde um oder ich bilde mir ein, ich säße abseits des Tisches und hörte mir und den anderen beim Gespräch zu.

Während ich in einem Jazzkeller, wenn alle sich von der Atmosphäre ansäuseln lassen, ganz nüchtern und verstandesmäßig das Handeln der tanzenden Paare beobachte.

Neulich hatten Fräulein Eva und Mutti tatsächlich Bedenken, ich könnte „unnormal" sein, weil ich grundsätzlich alles vergesse und einfach an etwas anderes denke. Ich habe laut gelacht, denn diese Vergeßlichkeit ist einfach ein Mangel des Willens.

Erschreckt war ich heute über meine Nachmittagsträume. Ich würde nicht wagen, so etwas nur zu denken; und dabei scheinen diese Gedanken fest in meinem Unterbewußtsein verankert zu sein.

Muß man sich der Träume wegen schämen? 30. 7. 60

........Ich habe das Gefühl, als ob alle Menschen weit, weit von mir entfernt stehen. Mir fällt es schwer, mich mit ihnen zu unterhalten. Die Gespräche berühren mich nicht. Am liebsten verkrieche ich mich in mir selbst.. 8. 8. 60

........Die anderen Menschen erscheinen mir alle so sicher. Sie wissen, weshalb sie arbeiten, weshalb sie dasein müssen oder brauchen es nicht zu wissen.

Wenn ich von morgens bis abends auf dem Feld arbeiten müßte, so würde ich abends nicht fragen „wozu?", sondern ich würde wohlig müde ins Bett fallen 9. 11. 60

Ich war wohl damals sehr nahe daran, einem religiösen Mystizismus zu verfallen, in ihm eine Zuflucht aus all der Zerrissenheit zu suchen:

........Gestern abend besuchten wir den Dom in Florenz. Da mich Jobst aus einem sehr tiefen Schlaf geweckt hatte, ging ich noch wie im Traum spazieren. Ich betrat das Innere des Doms. Eine wunderbare Ruhe und Kühle empfing mich. Der monotone Gesang des Priesters verhallte langsam in der Säulenhalle. Die Gläubigen knieten und blickten andächtig zu den brennenden Kerzen empor. Ich fühlte mich sehr klein, unbedeutend und doch geborgen. Ich hätte das Gefühl religiös nennen können, doch vielleicht ist das falsch.

Ich öffnete alle meine Sinne dieser Atmosphäre. Ich wartete. Es war dunkel und groß. Doch es geschah nichts weiter.

Ich weiß, daß ich einem Mystizismus verfallen könnte, doch dann muß ich den klaren Verstand aufgeben. (falls ich ihn besitze).

Nachdem ich nun von der Atmosphäre ganz eingefangen war, betrachtete ich die Schönheit des Doms, die Kunst. Die Domtür war von heiligen Menschen in verschiedenen Stellungen verziert.

Zwei Frauen beeindruckten mich besonders, die eine beugte ihr Antlitz demütig nach vorn, das Haar war glatt nach hinten gestrichen, so daß die hohe gerade Stirn stark betont wurde. Die Augen waren durch den abwärts gesenkten Blick halb geschlossen. Die wimpernlosen Lider bedeckten das halbe Auge. Die Stirn und die Nase bildeten wie bei vielen Portraits von vornehmen Römern eine gerade Linie. Der schmale, oben etwas geschwungene Mund war seitwärts herabgezogen. Dadurch wurde dem Ge-

sicht ein entsagungsvoller, etwas trauriger Ausdruck verliehen. Die Kinnpartie trat in leichter Wölbung nach hinten.

Leider findet man diese entsagungsvolle Anmut bei lebenden Mädchen selten..4. 8. 60

Gleichzeitig stellte ich mir vor, auf der nächsten Olympiade als erfolgreiche Reiterin teilzunehmen und schrieb zu festlichen Gelegenheiten muntere Familiengedichte im Stil von Wilhelm Busch:

Ein Haus, ein Hof, fünf Kinder, ein Weib.
Was braucht's noch mehr für Seel' und Leib?
So denkt Herr Friedrich des Morgens im Bett.
Noch 'ne Stunde Schlaf, das wär doch nett.
Er räkelt sich und gähnet tief.
Noch nie ein Gatte so friedlich schlief.

Doch währet nicht lange der Genuß.
Die Tür springt auf zum großen Verdruß.
Das Eheweib gar streng erscheint
Und mault und schimpft und meckert und greint.
Ei Friedrich, nun steh' schon endlich auf.
Der Tag ist bereits im vollen Lauf.

Sie legt die Pantoffeln verlockend hin.
Doch weg ist des Ehemanns heiterer Sinn.
Trauernd sieht er es endlich ein.
Man kann nicht immer im Bette sein.
Frau Marga entsinnt sich des brutzelnden Eies.
Und läuft in die Küche mit emsigen Fleiß.

Gern eilt sie zum Braten und Kochen hin,
Denn das ist des Lebens tiefster Sinn.
Hierin ist Marga ohne Fehl.
Schnell nimmt sie ein paar Löffel Mehl,
Die nötige Milch, dazu drei Eier,
Ja vier sogar, wenn sie nicht zu teuer.

Nach dem Mahl geht der Landlord nach Brauch und Sitte
Dem Felde zu mit langem Schritte.
Der Hafer und Roggen stimmt ihn zufrieden.
Die Ruhe vervollkommnet das Glück hienieden.

Jobst begleitet ihn mit einem pendelnden Stock in der Hand
Und grüßt herablassend Leute und Land.
Er träumt vom großen englischen Herrenhaus,
Malt sich elegante Pferde und rassige Hunde aus,
Schaut vom Fenster aus auf seinen weiten Landbesitz
Und kommandiert Hof und Weib von seinem Sitz.
Seine Frau ist sanft wie ein Täubchen, zahm wie ein Reh,
Zierlich wie eine Gazelle, geheimnisvoll wie ein See,
Schöner als Aphrodite, geschaffen in der Götter glücklichster Stund.
Doch leider gibt es sie noch nicht auf diesem Erdenrund;
Und Jobst, als ein Herkules in Gestalt
Wird weiter gewöhnliche Herzen brechen ohne Halt.

Doch heute gilt seine ganze Liebe
Dem eifrigen Militärgetriebe.
Das Kreischen und Marschieren gefällt ihm sehr,
Aber das Schlafen im Freien noch viel mehr.
Wenn er dann mal schlammbedeckt eine wohldurchdachte Rede hält
Denkt er sich, ich bin Napoleon IV, ein richtig großer Held.

Während der Offizier sich in den höchsten Kreisen bewegt,
Inga den Verkehr mit Plebejern pflegt.
Sie ist mit ihnen so gut bekannt,
Weil ihr Geist und Wesen dem ihrigen nah verwandt.
Sie ist ein Schwergewichtler in Gestalt
Und unbesiegbar in ihrer Gewalt.

Prüft nicht ihr Wissen,
Denn ihr werdet vermissen,
Der Muse seligen Geist.
Fragt nicht, wohin der Adenauer reist,
Wo liegt Havanna, San Remo, Somali-Land,
Denn ihr werdet hören „Vielleicht an Asiens Rand"!

Wenn ihr den Brockhaus sucht mit allem Willen,
Fragt Christian, er wird eueren Hunger stillen.
Besonders über Aktienpolitik und Bankwesen
Braucht ihr nicht in Büchern lesen.
Rüstet euch aus mit Kaffee und Kuchen,
Denn vor drei Stunden könnt ihr das Weite nicht suchen.

Christiane sieht aus wie ein pausbäckiger Engel,
Keiner vermutet hinter ihr einen frechen Bengel.
Raffiniert, mit viel List und Tücke
Kriecht sie durch jede kleine Lücke.
Wie bei allen Buhfrauen ist ihr Dickkopf nicht zu unterschätzen
Und wagt es jemand, sie mit einem Verbot zu verletzen,
setzt er sich den Krallen eines Tigers aus.
Es fliegen Tische und Stühle durchs Haus,
Das Brüllen läßt deine Ohrmuscheln erbeben,
Und du wirst dich schleunigst aus dem Raum begeben.

All diese Geschöpfe lieben nur einen Herrn,
Und haben ihn von Herzen gern.
Man liebt ihn besonders, wenn man benetzt die Lippe,
Denn es ist Bacchus, der Hausgott dieser Sippe...

Es war klar, daß ich mein Studium in einer Großstadt begann – schließlich wollte ich ja vom Land weg. Ich entschied mich wahrscheinlich für Hamburg, weil dort mein ältester Bruder studierte. Christian lebte in Untermiete bei einem Ehepaar, Oehmichen, mit Kindern. Während des ganzen Jahres, das ich in Hamburg verbrachte, waren diese Familie und mein Bruder die einzigen Menschen, mit denen ich ab und zu mal sprach.

Ich schaffte den Übergang von der ländlichen Kleinstgemeinde, wo sich alle kannten, zur anonymen Großstadt nur mit äußerster Mühe. In der Universität saß ich inmitten einer Masse von Studenten, die mir fremd waren und Angst machten; außerdem wußte ich nicht, was ich studieren wollte; ich wechselte sehr schnell von Germanistik zur Psychologie, und da besonders zur Tierpsychologie-Verhaltensforschung, wahrscheinlich wegen des vertrauten Umgangs mit Tieren.

Wenn ich heute Exzerpte wiederlese, die ich damals aus Büchern gemacht habe, so kommt es einer absurden Textsammlung gleich, deren Sprache ich kaum mehr verstehe und die nur noch zum Lachen anregen würde, wenn der Inhalt nicht so traurig-verhängnisvollen Ursprungs wäre – durchtränkt von Blut- und Bodenideologie, unter Ausklammerung jeglicher sozialer Realität, dafür mit umso häufigeren Hinweisen auf das Höhere, das Seelische, den ganzheitlichen Menschen.

Ich greife fast wahllos ein paar Zitate aus meinen Exzerpten heraus. Unter dem Kapitel „Charakter und Umwelt" von Rohracher „Kleine Charakterkunde" finde ich *Intelligenz in geringem Maße beeinflußbar;*

— manche Begabungen, z. B. verbrecherische und künstlerische, setzen sich meistens durch —

oder unter dem Kapitel „Charakter und Geschlecht"

— Die Frauen sind philosophisch, künstlerisch, technisch und bei produzierenden Tätigkeiten unbegabt, ihnen liegt eher die nachbildende oder beurteilende Tätigkeit.

Ähnlich ein paar Seiten weiter unter dem Kapitel „Unterschied zwischen beiden Geschlechtern"

— Die konstruktive Rezeptivität der Frau und die kraftvoll nach außen drängende Aktivität des Mannes werden vermindert, wenn wir diese Unterschiede durch Erziehung und Maschinen ausgleichen wollen und dadurch die besonderen Anlagen verkümmern lassen. Wir müssen die besonderen Begabungen beider Geschlechter zu einem harmonischen Ganzen zusammenfügen.

Unter dem Kapitel „Vitalschicht" von Rothacker „Schichten der Persönlichkeit" lese ich

— Der Mensch besitzt eine Anzahl von Instinkten, die durch emotionale Regungen hervorgerufen werden ——— Die Urinstinkte findet man bei Menschen wie bei Tieren, z. B. Herrschaft und Dienst.

Und in Spranger's „Psychologie des Jugendalters" ist der Staat ein

—überindividuelles, organisiertes und rechtlich geregeltes Machtgebilde. Die Subjektivität der Jugendlichen widerstrebt dieser geregelten Organisation. Nur wenn der Wert- und Zweckgehalt eine starke und hohe Idee ist, so läßt sich die Jugend davon fortreißen.

Ich habe diese Sätze damals ohne jede Ironie und kritische Anmerkungen niedergeschrieben. Ob es ein verbreitetes Denken zu jener Zeit war, kann ich nicht rekonstruieren; es ist aber zu vermuten, denn diese Bücher waren immerhin als wichtige Lehrbücher zur Einführung in die Psychologie empfohlen.

Nach der Lektüre dieser Zeilen wird mir klar, wie sehr ich doch noch dem ländlichen Blut- und Bodengedankengut des Elternhauses verhaftet geblieben war und daß es daher sehr nahe lag, sich mit Tierpsychologie und Verhaltensforschung zu beschäftigen, und doch wundert es mich, denn im letzten Schuljahr hatte ich mich intensiv mit Gide, Camus und Nietzsche auseinandergesetzt.

Tatsächlich besuchte ich die Universität nur selten und hielt mich die meiste Zeit in meinem Zimmer in Untermiete auf. Das erste Sommersemester verbrachte ich fast ausschließlich mit dem Lesen von Dostojewski und Strindberg; dann begann ich selbst zu schreiben, zuerst kleine, etwas märchenhafte Erzählungen; schließlich packte mich eine Geschichte mit solch heftiger Leidenschaft, daß ich oft nicht mehr wußte, ob ich in dieser

Geschichte lebe, oder ob ich gerade in der Straßenbahn sitze oder in einem Studentencafe. Ich stierte mit offenen Augen vor mich hin, und die Gestalten, die ich vor mir sah, begannen zu sprechen, zu handeln, sich zu bewegen, ohne daß ich ihnen Einhalt bieten konnte. Dieser Zustand dauerte mehrere Wochen an, ich schrieb, nur durch das Schlafen unterbrochen, fast pausenlos, besorgte mir das Notwendigste zum Essen und redete sonst mit keinem Menschen.

Leider habe ich in einem selbstmörderischen Akt alles Geschriebene vernichtet, ohne es jemals wieder gelesen zu haben. Ich weiß, daß ich in diesen visionären Momenten zu Erkenntnissen vorgedrungen bin, die ich nicht ertragen konnte. Ich möchte den Komplex, um den herum sich die Handlungen spannen, mit dem Wort „tollkühner Masochismus" umschreiben. Ich war besessen von Phantasievorstellungen äußersten Leidens, die bei mir zugleich immense Angstvorstellungen auslösten.

Ich muß dazu erklärend sagen, daß ich die ersten drei Jahre meines Studiums Sexualität völlig aus meinem Bewußtsein verdrängt hatte; an die Möglichkeit, mich selbst zu befriedigen, erinnerte ich mich nicht mehr; Kontakte zu anderen Menschen aufzunehmen, gelang mir nicht einmal im alltäglichen Verkehr; Freud hatte ich begonnen zu lesen, aber erschreckt beiseite gelegt. Die einzigen Menschen, mit denen ich in körperliche Berührung kam, waren meine Geschwister und mein Vater: meinem Vater schickte ich leidenschaftliche Gedichte, über die er lieber nicht sprach; Christian versuchte einmal, mich im Wald zu umarmen, doch ich wehrte ab; mit Jobst lebte ich dann noch zwei Jahre fast in ehelicher Gemeinschaft in einer Wohnung in München zusammen; Ilsedore, meiner sechs Jahre jüngeren Schwester, sagte ich, als sie sich wieder einmal an mich schmiegte und mich fest drückte, daß man so etwas nicht tun darf. Doch wurden wir ab dieser Zeit immer vertrauter miteinander, und ich ließ sie an allem teilnehmen, was mir in den Großstädten widerfuhr. Die anfangs eher pädagogischen Briefe einer älteren Schwester oder Mutter wurden später zu leidenschaftlichen Auseinandersetzungen über alle Fragen, die uns bewegten. Obwohl sie wesentlich jünger war als ich, fällte ich kaum eine wichtige Entscheidung ohne vorherige gemeinsame Diskussion oder besprach doch wenigstens das Resultat meiner Erfahrungen mit ihr, so daß wir über lange Zeit hinweg ein gemeinsames Wertsystem aufbauten, was uns beiden die notwendige Stärke gab, diese für uns sehr harten Jahre zu überstehen.

Doch in Hamburg war ich noch sehr weit entfernt davon, mir möglicher Ursachen meiner Probleme bewußt zu werden. Wohl bin ich in dem rauschhaften Zustand des Schreibens zu wesentlichen Erkenntnissen über frühkindliche Erlebnisse gelangt, doch habe ich sie sofort wieder verdrängt.

Nach Beendigung der Geschichte oder vielmehr des Romans fiel ich erschöpft in mich zusammen und wunderte mich, daß ich noch lebe, daß sich inzwischen die ersten Spuren des Frühlings zeigten, daß es noch Vögel gab und die Wärme der Sonne. Aber meine Spannungen hatten sich nicht gelöst. So faßte ich plötzlich den Entschluß, weit fortzugehen. Zuerst wollte ich mit dem Motorroller nach Nordafrika, doch da teilte mir das zuständige Büro in Hannover mit, daß ich dort als alleinstehende Frau damit rechnen müßte, in einem Harem zu landen oder sonstwo. So ließ ich von diesem Plan ab.

Stattdessen entschloß ich mich – ich weiß nicht mehr, aus welchen Gründen –, über den Norden Europas nach Rußland zu fahren. Da ich kaum Geld hatte, verschacherte ich bei einem Antiquariat in Hannover meine sämtlichen Bücher. Ich brachte es im ganzen auf 300 DM, und damit zog ich los, den Rucksack voll harter Mettwurst, einigen Bekleidungsstücken und vielen Reclambüchern, da sie besonders leicht sind.

Ich trampte zum ersten Mal in meinem Leben und mußte gehörige Ängste überwinden. Deshalb stellte ich mich nicht an die Autobahnauffahrt, um nach Hamburg, der ersten Station meiner Reise zu gelangen, sondern wählte Landstraßen. Es war ein sonniger, frühlingshafter Tag im März.

Nach einem Wechsel von vier Autos kam ich schließlich in Hamburg an. Die Jugendherberge lag auf einer Anhöhe direkt am Hafen. Es war merkwürdig, eine Stadt als Fremde zu besuchen, in der ich doch kurz vorher ein Jahr lang als Studentin gelebt hatte. Ich blieb dort drei Tage, erledigte die Exmatrikulation aus der Universität, denn selbst, wenn ich für immer fortging, wollte ich alles in einem ordentlichen Zustand hinterlassen. Ich meldete mich weder bei Oehmichens noch bei meinem Bruder, da niemand etwas von meinem Vorhaben wissen sollte.

Der Hafen glitzerte im Sonnenlicht, die Schiffe heulten bis in den Schlaf hinein und immer wieder die Mövenschreie. Abends, in der Herberge, versuchte ich bei kargem Licht an den Tischen zu lesen, während die anderen laut sprachen, sangen und Gitarre spielten.

Meine nächste Station sollte Kopenhagen sein. Bis Großenbrode fuhr ich per Anhalter. Der Himmel war von Wolken überzogen, und es nieselte. Mir war kalt. Dann dachte ich, daß ich es nicht mehr packe und löste deshalb bis Kopenhagen eine Fahrkarte. Bis zur nächsten Fähre hatte ich in Großenbrode ein paar Stunden Zeit. Ich setzte mich in den Wartesaal und schrieb an meinen Vater einen langen Brief, in dem ich mein Vorhaben und den Plan, in absehbarer Zeit nicht mehr zurückzukehren, mitteilte. Ich schickte den Brief jedoch erst ein paar Tage später ab.

Abends kam ich in Kopenhagen an und suchte nach einer Jugendherberge. Ich verlief mich ständig zwischen Hochhäusern und Rasenflächen, bis ich schließlich, den Tränen nahe und erschöpft, bei einer Herberge anlangte. Dort traf ich auf eine merkwürdige Gesellschaft: vorwiegend Weltenbummler, die mal hier und dort übernachten, sich von Gelegenheitsjobs über Wasser halten, die mir erzählten, wie sie in fernen Ländern Bananenkisten geschleppt oder Apfelsinen in den Häfen verladen haben, daß die Frauen in Ostasien so ganz anders sind als die Europäerinnen, daß es überhaupt viel interessanter ist, in der Welt herumzubummeln und sich umzusehen, als einem todlangweiligen Beruf nachzugehen. Allerdings müsse man auch ständig Dreck in Kauf nehmen und wisse meistens nicht, woher das Geld für die nächste Mahlzeit käme. Morgens kamen sie dann brummig vom Sklavenhalter zurück, wenn es wieder keinen Job gegeben hatte.

Ein etwas älterer Typ versuchte mit mir anzubändeln und mich zu küssen und war völlig verunsichert, als er merkte, wie unerfahren ich war. Ich errötete und wich ihm aus.

Am liebsten wäre ich dort geblieben, doch ich wollte ja weiter. Vom Anhalterfahren hatte ich die Nase voll; auch wurde es immer kälter.

Obwohl ich knapp bei Kasse war, löste ich eine Zugkarte nach Finnland, die damals selbst über weite Strecken hin relativ billig war und machte ich Stockholm für ein paar Tage Halt. Die ganze Zeit über ernährte ich mich von der mitgenommenen harten Mettwurst, Brot und Milch, so daß ich jedenfalls kein unnötiges Geld ausgeben mußte. Als Jugendherberge diente ein älteres Schiff, das in einem Seitenarm des Hafens lag. Ich teilte meine Kajüte mit einem schwedischen Mädchen, das vom Land kam. Sie bot mir an, einen Teil meiner Bücher, die ich mitgenommen hatte, nach Benrode zurückzuschicken, da der Rucksack auf die Dauer zu schwer für mich war. Mit ihr besuchte ich den Zoo in Stockholm, der an einer terrassenartigen Anhöhe lag. Die Temperaturen waren bereits 10 Grad unter den Gefrierpunkt gefallen und da ich nur leichte Bekleidungsstücke mitgenommen hatte, zog ich alles, was ich besaß, übereinander an. Richtig aufwärmen konnte ich mich nur in der großen Paul-Klee-Ausstellung, die ich täglich besuchte. Es war eine Retrospektive seines gesamten Werkes. Ich hatte diesen Maler bisher kaum beachtet. Nun entdeckte ich täglich von neuem die spielerische Leichtigkeit der Linien, die fast zu schweben schienen und so unendlich viele Deutungen und Assoziationen erlaubten, ja dazu aufforderten, sie lustig zu genießen. Zwischendurch las ich meine Reclambändchen, vorwiegend russische Autoren, die ich zum Teil noch nicht kannte.

....

Ich weiß nicht mehr, wann meine Entscheidung fiel, über die finnische Grenze nach Russland gehen zu wollen; ich weiß auch nicht mehr genau, was ich mir vorstellte. Von Rußland hatte ich seit meiner Kindheit geträumt. Ich hatte das Gefühl, die Menschen seien dort viel freundlicher und offener als bei uns; sie würden ernsthafter um den Sinn des Lebens ringen, sich weniger von Oberflächlichkeiten ablenken lassen. Ich träumte von der endlosen Weite des Flachlandes oder dem ständig heißen Samowar und den ländlichen Hütten, wo sich die ganze Familie um den Kamin scharte.

Die Veränderungen durch den Kommunismus wollte ich nicht wahrhaben; letztlich wollte er doch all das zerstören, was ich mir unter der „russischen Seele" vorstellte. Es gab genügend Greuelgeschichten über die russischen Konzentrationslager; fast täglich hörte man von unerhörten Brutalitäten, mit denen Menschen liquidiert werden sollten, die sich gegen den Kommunismus wehrten. Und ich werde das Freudengeheul nicht vergessen, das bei uns zu Hause ausbrach, als der Tod von Stalin im Radio gemeldet wurde. Auch diese Lager wollte ich kennenlernen; ich dachte — echt dostojewskiisch — wenn ich äußerstes Leiden erfahre, dann müßte ich auch Gewißheit über den Sinn des Lebens finden, z. B. die Beantwortung der Frage, ob es einen Gott gibt oder nicht.

Mit einem ländlichen Schienenbus fuhr ich in der Nacht von Stockholm nach Rovaniemmi in Lappland; die Abteile waren kalt, die Passanten saßen ineinandergekrümmt auf den schmalen Sitzen. Der Zug hielt auf fast allen Bahnhöfen.

Jedesmal wenn ich hinaussah, war die Schneedecke um einiges höher geworden. Da es stürmte, fegten die Schneeböen um die Wagen und drangen durch die Ritzen der Fenster. Mir wurde angst und bange. Ich wußte nicht, wohin; Geld hatte ich kaum mehr, und mich erwartete eisige Kälte. Ich hatte noch nicht einmal eine Mütze und Handschuhe, und das bei 20 Grad unter Null. Es war eine endlose Fahrt, die ich nicht mehr aufhalten konnte.

Am nächsten Morgen überquerten wir bei glitzerndem Sonnenschein den gefrorenen Torne Älv und fuhren den Kemi-Joki entlang. Ich hatte noch nie eine so durchgängige Schneelandschaft gesehen. Wo man hinschaute, alles war weiß.

Im Abteil begann ich mit einem Finnen, der gerade aus Deutschland kam, ein Gespräch. Er lud mich in seine Familie ein, die in der Nähe von Rovaniemmi, einer im Krieg völlig zerstörten und später ganz neu aufgebauten Stadt im Norden Finnlands, lebte. Die Kinder fuhren auf Skiern zur Schule, die Schneeschicht war oft bis zu zwei Metern hoch, mittendrin die bunten Holzhäuser der Dörfer und dann die endlos riesigen weißen Flächen der Seen.

Ich fühlte mich in der Familie sehr wohl und geborgen. Sie schenkte mir warme Handschuhe und eine Mütze; sie waren wirklich lieb und hatten auch ein wenig Angst um mich; später kamen sie nach Deutschland und lebten eine Zeitlang bei uns auf dem Hof.

Aber nach vier Tagen dachte ich, ich müßte weiter, um ihnen nicht zur Last zu fallen. Ich entschloß mich,mit dem Bus – die Eisenbahnstrekke reichte nur bis Rovaniemmi – weiter nordwärts zu fahren, zum Inari-See in Lappland, um mich dort über die Grenze nach Rußland zu schlagen.

Auf dem Busbahnhof erkundigte ich mich nach den nächsten Abfahrtszeiten. In der Halle saßen ein paar Frauen in der malerisch bunten Tracht der Lappen; sie hatten mehrere farbenprächtige Röcke übereinander angezogen. Ich setzte mich lesend zu ihnen, als mir plötzlich einfiel, daß ich ja in dem Brief an meinen Vater die Adresse „Rovaniemmi – postlagernd" angegeben hatte, also doch ein Hilfsrufzeichen. Auf der Post lag dann auch tatsächlich ein Telegramm, das Eva aufgegeben hatte und in dem stand, daß mein Vater sich das Leben nehmen würde, wenn ich nicht zurückkehre; sie hatte damit meinen empfindlichsten Punkt getroffen.

Das Geld zur Heimreise war gleich mitgeschickt worden, und so fuhr ich schnurstracks mit der Bahn zurück.

Zu Hause wurde nicht weiter darüber gesprochen; und die Geschichte war vergessen.

Der liebe Gott, München, die Literatur und erste Liebesproben

Ich beschloß, nicht mehr nach Hamburg zurückzugehen, sondern nach München wegen eines Psychologieprofessors, Philipp Lersch, der mir meinen damaligen Vorstellungen am nächsten zu kommen schien. Sonst kannte ich weder die Stadt noch irgendeinen Menschen.

Wenn ich heute von mir damals gemachte Exzerpte seines Buches „Aufbau der Person" lese, so kann mich schon ein Gruseln überkommen, so ideologisch und schwülstig-verlogen klingt die Sprache. Da lese ich Sätze wie

– Die metaphysischen Gefühle sind das Bedürfnis, sich das Absolute im Denken zu erschließen. Die Gefühlsregungen sind Staunen und Ehrfurcht, Ergriffensein vom Geheimnis des Seins, der Schöpfung; eine Art Demut. Die religiöse Ergriffenheit hat das Absolute im Göttlichen gefunden. Der Mensch erfährt ein Gefühl des Aufgehobenseins. –

In München mußte man eine zweitägige intensive Eignungsprüfung über sich ergehen lassen, um dort zum Psychologiestudium zugelassen zu werden. Mir wurde dann in einem Gespräch mit Lersch und einem anderen Dozenten gesagt, daß sie mir vom Psychologiestudium stark abraten würden, und fragten mich anschließend, ob ich manchmal Angstzustände hätte, und ich sollte doch bei ihnen zu einem bestimmten Termin vorbeischauen. Ich tat es natürlich nicht und geriet stattdessen in eine so große Panik, daß ich das Universitätsgebäude lange Zeit nicht mehr betrat.

Wie in Hamburg, so lernte ich in dieser Zeit auch in München kaum einen Menschen kennen; ich lebte in äußerst bescheidenen Verhältnissen in Untermiete in einem kleinen Zimmer am Rande der Stadt und hatte beschlossen, mir die gesamte Weltgeschichte autodidaktisch zu erarbeiten – vielleicht war ich der Meinung, ich würde dann die Gegenwart besser verstehen. Ich fing mit den Ägyptischen Dynastien an und landete im Schnellverfahren in ein paar Wochen im Mittelalter, wo ich mein Unterfangen aufgab. Fast die ganzen Tage über hielt ich mich in der Staatsbibliothek auf, da die Bücher zum großen Teil nicht ausgeliehen werden durften.

Dann stürzte ich mich endgültig in die Literatur, wovon ein Brief zeugt, den ich damals Herrn Oehmichen, dem Graphologen, bei dem mein Bruder Christian in Hamburg wohnte, schrieb. Ich schickte diesen und andere Briefe nicht ab, wahrscheinlich erschienen sie mir zu egozentrisch.

München, den 20. 7. 61

Lieber Herr Oehmichen!

Entschuldigen Sie, daß ich schon wieder schreibe, aber ich muß mich über meine Arbeit mal aussprechen, und ich habe eben noch niemanden gefunden, der das verstehen würde. Ich arbeite im Grunde genommen gar nicht, ich schaffe nichts, sondern ich lerne.

Mich überkommt es wohl manchmal, wieder zu schreiben, aber ich nehme mich zusammen. Es ist, glaube ich, heute nicht mehr möglich, aus einer Inspiration heraus (entschuldigen Sie dies hochtrabende Wort, aber mir steht kein anderes zur Verfügung) zu schaffen.

In früheren Zeiten ließ man oft das Werk aus sich herausströmen, heute muß es intellektualisiert werden. Es gilt nicht mehr, den Leser durch anschauliche Traumgebilde zu berauschen.

Aber was gilt heute? Nun beschäftige ich mich mit den literarischen Theorien der heutigen Zeit. Da schreibt Robbe-Grillet, ein sehr moderner frz. Autor, es wird bald keine majestätischen Berge, trägen Gewässer mehr geben, alles menschlich Adjektivische muß aus den Dingen entfernt werden, sie müssen rein physikalisch dargestellt werden. Vielleicht: das chlorophyll-entleerte Blatt. Obwohl es schwierig ist, ein Buch ohne jede Vermenschlichung der Tiere, Pflanzen und Dinge zu schreiben, hat er vielleicht recht.

....

–––2. Punkt, der mir besonders aufgefallen ist, die Distanzierung. Der „Schreiber" soll nicht aus Empfindungen herausschreiben, schließlich ist kein Kunstwerk die Entladung von aufgestauten Impulsen, wie es bei mir bisher üblich war. Der Leser soll sich stets bewußt sein, daß das Buch vom Schriftsteller geschrieben wird, –––deshalb müssen Gefühlsausbrüche heute lächerlich erscheinen, also auch in der Literatur. Da kann ich nur übereinstimmen.

3. Punkt, der sich mir eingeprägt hat: Das Geschehen, der Gegenstand, das Gesicht darf nicht nur vom Standpunkt des Betrachters gesehen werden, sondern von allen Seiten Beleuchtung erfahren. Ein Gesicht, zu gleicher Zeit von hinten, im Profil und von vorne, wie es Picasso häufig durchführt. Überhaupt entdecke ich sehr viele Parallelen in der Technik der Malerei und der Literatur. Diese mehrdimensionale Beleuchtung hat wohl im Wortkunstwerk ihre Schwierigkeiten, da sie sich nicht gleichzeitig durchführen läßt. Auch ein Versuch der Objektivierung, der Trennung des Gegenstands vom Subjekt.

Bei all diesem neuen, teils von mir Entdecktem, teils Erlerntem bzw.

Begriffenem, schwindelt es mir manchmal. ———

——— Es ist schwierig, den mir gemäßen Weg des Ausdrucks zu finden ———

Nur eines weiß ich schon. Ich werde kraftvoll anschaulich bleiben bzw. mich darum bemühen, wenn auch aus einer Ferne heraus. Leeres Literatentum lehne ich ab, dazu bin ich auch selbst zu derb.

Meine Pläne klingen anmaßend, doch ich habe bisher eben noch einen festen Glauben an meine Fähigkeiten, den ich mir so schnell nicht zerstören lasse. ——— Zu großen Werken reichen meine Fähigkeiten niemals aus. (Dieser Satz schreibt sich leichter, als ihn wirklich zu erkennen). Ich habe eine gute Phantasie, Einfühlungskraft in Menschen und empfängliche Sinne, die Intelligenz ist wohl gut, aber nicht überragend. Vielleicht ließe sich mit Arbeitskraft etwas erreichen, ich muß daran glauben.

Ich tue so, als gäbe es auf der Welt kein anderes Ziel, als Worte aufs Papier zu setzen. ——— Es ist zum großen Teil Ehrgeiz, auch gegenüber mir selbst, denn wenn es nur Freude am Spiel mit Inhalt und Worten wäre, so dächte ich doch niemals an eventuelle Veröffentlichung von Werken, die noch weit in der Ferne liegen. Ja, das muß ich mir eingestehen.

Schluß, schon wieder schreibe ich nur Blödsinn, dabei habe ich festgestellt, daß alle Briefe, fast alle Worte, die ich in diesem Semester sprach, dumm waren, so dumm, daß ich mich anschließend vor mir selbst schämen mußte. Ich bin in eine rechte Wutphase mir selbst gegenüber geraten, eigentlich dürfte ich deshalb nicht schreiben, doch ich bin ganz getrost, die Worte dieses Briefes sind nicht von Empfindungen, sondern von Überlegungen diktiert.

Jetzt muß ich Sie doch fragen, eine dumme, für Sie unangenehme Frage, glauben Sie, daß ich jemals als Schreiberling etwas Besseres leisten kann? Sie können gar nicht darauf antworten, weil Sie mich durch Ehrlichkeit entmutigen könnten. Obwohl ich so rechten Blödsinn geschrieben, schicke ich den Brief ab, ohne ihn nochmal zu lesen.

Es grüßt Sie und Ihre Frau herzlich ———

Tatsächlich schickte ich diesen sowie auch die folgenden Briefe nicht ab.

München, den 15. 1. 62

Liebe Frau, lieber Herr Oehmichen!

Ich verspreche Ihnen, in den nächsten Briefen von erbaulicheren

Gegenständen zu sprechen als von mir.

Der Weg zum Grotesken.

typischer Fall um die Mitte des 20. Jhdt.

1) kindliche Vater-Gottgläubigkeit

2) erstes „Leid", intensiver Glauben, Naturhingabe

3) Stadt, Entwurzelung, erwachender Wissensdrang, Zweifel, Kunstberauschung, Angstzustände

4) Materialismus, Befreiung von metaphysischer Unruhe und Angst, Gewissensbefreiung

5) Erfahrung des Absurden, der Sinnlosigkeit aller menschlichen Handlungen, Überwindung des Grauens vor dem Leeren durch Galgenhumor (das Groteske). Da wären wir. —— Ich hatte aus dem Materialismus, zu dem ich im Laufe des letzten Sommersemesters gelangte, sehr plötzlich nach längerer Hochspannung, im Straßenbahnwagen, nicht alle Konsequenzen gezogen.

Nach der Eignungsprüfung für das Psychologiestudium fragte mich der Professor, der das Material gesichtet hatte, ob ich an Angstzuständen leide. Ich verneinte natürlich die Frage, die mir doch einen gehörigen Schock versetzt hatte, denn zum ersten Mal hörte ich bewußt die sprachliche Formulierung dieses quälenden Zustands, der heute bei so vielen Menschen häufig auftritt. Und dieses Bewußtwerden leitete die Heilung ein bis zu dem Augenblick, als ich in der Straßenbahn auflachte und vor mich hinflüsterte: Wozu Angst? Wozu Gott? Nichts gibt es, und ich war frei zum Rausch des Materialismus. Merkwürdig war für mich die Erkenntnis, daß diese Angstzustände eine Art Gottsuchen darstellten und im Moment der klaren sprachlichen Formulierung natürlich nach einem längeren Denkprozeß überwunden wurden, seitdem nur einmal vor ein paar Tagen in anderer Form wieder auftraten, nicht als metaphysische Unruhe.

Nun begann Mitte Dezember der Schreibdrang zu rumoren, d. h. der Drang, in dichterischer Form einen inneren Zwiespalt zu erhellen und vielleicht zu überwinden.

——— Da hatte ich so eine drastische Vision.

Ein Gebäude, Stockwerk 1 Urnaturzustand usw. bis zum Gipfel des Intellektuellentums (kalt, stürmisch, schmaler Raum); eine Rutschbahn(Ha, Ha!) aus dem Fenster des Geisterzimmers in einen tiefen Keller, Orgien, Abwerfung der Tradition, Verspottung aller heiligen Werte (ein bißchen Kulturkritik, dieser naive Protest, wie man ihn in vielen modernen Büchern findet, wo Goethe, Gott, Jesus, Humanität ohne Überlegung verspottet wird), über dem Erdboden Architekten für neue bescheidene Häuser mit Museen, Bibliotheken, die alles Überlie-

ferte neu gesichtet haben, die frei lieben, sich an Sinnlichkeit, schönen Gegenständen erfreuen, möglichst ohne Glauben, die einen Wahlspruch haben: „Der Mensch soll glücklich sein; alles, was sein Glück fördert, ist recht."

——— Erstens übersteigt die Idee meine Fähigkeiten, zweitens ——, drittens —— Begonnen habe ich, bis ich feststellte, es geht nicht. Da brach's durch, Studienaufgabe, Flucht ins Abenteuerleben, zuerst nach Paris; als ich auf dem Bahnhof in München stand, um mir die Karte zu lösen, bekam ich Angst. Dazu trat folgende Überlegung: Für Dich ist alles sinnlos geworden bzw. alles hat gleich viel Sinn. Liebe zu den Menschen seit geraumer Zeit abgestorben, Mitleid gleichfalls, der Wissensdrang ist banal geworden, Kunstwerke lächerlich, Selbstliebe kaum vorhanden, selbst der Ehrgeiz ist verschwunden.

Selbstmord? Nein! Zuviel Lebensdrang! Also mache Dein Glück. Alles hat für Dich im Verhältnis zu Deinen Trieben, Strebungen Augenblickswert und diesen genieße. Da war ich, ohne es zu wissen, beim Existenzialismus gelandet. Große Ideen in die Rumpelkammer, das Nächstliegende ist wesentlich, Ernst, Verzweiflung ist lächerlich, das Groteske soll leben! Eine Augenblicksphase? Vielleicht, doch ich glaube es nicht.

Ein ungebundener, aber schwieriger Zustand, wenn Gewissen und Pflichtgefühl beseitigt sind. Die Erprobung beschränkte sich bisher auf die Erprobung von verruchten Schwabinger Kellern, in die ich ohne jedes Schamgefühl gehe. Ich könnte auch stehlen, im Gefängnis sitzen, alles wäre mir gleichgültig, auch den Verwandten gegenüber. Keine Angst, Raskolnikoffs Versuche werde ich nicht durchführen, eine Ermordung ist mir schon etwas zuviel. Ein ganz typischer Fall bin ich, den die meisten der denkenden Menschen heute durchmachen, vielleicht im allgemeinen etwas später als ich, vielleicht gelangen auch viele leichter dorthin, indem sie die Anfangsstufen überspringen. Ich habe das ganze durch eine extreme Isolierung, durch eine Kluft zwischen Ich und Es, die eine zu große Spannung, also auch Vorwärtsdrang verursachte, forciert und werde mich nun bemühen, die Mängel zu beseitigen, letzte Hemmungen zu überwinden, das Sinnliche dem Geistigen wieder gleichberechtigt zur Seite zu stellen.

Der Erguß einer Törin!

Nächstes Mal etwas Besseres, was Nächstliegendes, Schönes, vielleicht Groteskes. Es grüßt herzlich alle ———

Ich lese eifrig Camus, Kafka und Proust.

Übrigens waren die von mir als verrucht beschriebenen Schwabinger

Keller einfache normale Tanzschuppen oder Studentenlokale, in die ich selten genug hineinging, um ein bißchen menschliche Nähe zu erfahren.

München, den 21. 6. 63

Liebe Frau, lieber Herr Oehmichen!

Früher schämte ich mich ein wenig meiner Schwäche, wenn ich Ihnen zu häufig Briefe schrieb; ich hatte damals Schritt für Schritt alle Grundlagen, die irgendeinen festen Halt gewähren könnten, zerstört und mich weit von jedem normalen menschlichen Verkehr entfernt bis auf diese sogenannten Briefe, die dann hochgeladen auf die Reise geschickt wurden, manchmal so hochgeladen, s. Badeofenbrief Winter 61/62, falls Sie sich daran erinnern, daß die „endgültige" Sprengung nicht weit entfernt war. Die Gefahr einer zu großen inneren Ladekraft, wenn die Energie gegen den Menschen selbst angesetzt wird.

Und wozu diese etwas hoch angesetzte monologische Einleitung? Da das kleine Menschlein gelernt hat, vielmehr dabei ist zu lernen, ohne Flügel zu fliegen und ohne Beine zu gehen, und bestrebt ist, manchmal davon träumt, gleichzeitig in den Dingen zu sein und 5 Meter weit davon entfernt, aus Verzicht auf etwaige Synthese, da also dieses kleine Menschlein gelernt hat, in ernster Weise kleine Spielchen zu spielen, (wo bleibt der Schluß?), kriegt es auch keinen ernsthaft-würdigen Brief mehr zustande, es sei denn, in drei Reflexionsschichten, wobei sich die eine gegen die andere bewegt, und die dritte über die beiden anderen lacht, und der kleine Tausendfüßler träumt, daß er für seine tausend Gehwerkzeuge irgendwo Rollschuhe findet, die er auch als Schlittschuhe benutzen kann.

Gestern habe ich mein großes Latinum bestanden, also Heimatsoll erfüllt und Tribut an das äußerlich wohlgeordnete bürgerliche Leben abbezahlt. Im übrigen schreibe ich meine Benn-Arbeit und viele Gedichte, wobei ich mich mit der für mich noch einzigen interessanten Frage beschäftige: „Inwieweit ist Sprache heute noch möglich?" Bald bin ich bei der „Texttheorie" = experimentelle Lyrik angelangt, bezweifle jedoch, daß sie mich halten wird. So geht's immer weiter oder rückwärts oder im Kreis oder alles zugleich. Habe mich wohl ziemlich ganz der modernen Literatur verschrieben, halte daneben ein geordnetes Leben nicht für unmöglich, vielleicht sogar als Tarnschicht für notwendig. Zum äußeren Chaos bin ich nicht stark genug. ---

Ich weiß nicht, an wen ich den folgenden Exkurs schicken wollte; es muß im Sommer 63 gewesen sein.

Betrifft: Unschuld im allgemeinen und besonderen
Versuch einer Klärung oder Lösung oder anderer ... ung.
Stadium Nr. 1 Unschuld des Tieres, Instinktsicherheit
Stadium Nr. 2 Bruch der Instinktsicherheit, Weltoffenheit, d. h. Wahlmöglichkeit, Anpassung an die Gruppennorm, bestimmte Verhaltensweisen sind in der Gruppe erwünscht, andere werden tabuiert, meist durch religiöse Vorstellungen, bei der Anpassung verdrängt. Verlust der UN-Schuld.
Stadium Nr. 3 Kampf gegen die Tabus, Freude am Tabubruch, Enthemmung, Aggression, Nietzsche u. a. (in der Kunst: Expressionismus bis zum Dadaismus), heute häufig nicht verdauter Surrealismus.
Stadium Nr. 4 a) Ernüchterung, Kälteperiode, Flucht in die Form, Entpersönlichung, Gefühlsreduktion, Bewußtsein der Absurdität (Camus, Sartre u. a.)
b) Öffnung der Hintertür oder des Dachfensters, Seinsöffnung durch Mehrdeutigkeit oder Entfremdung bis zum einzelnen Wort der Syntax, bewußte Esoterik, absolute oder objektive Kunst, Flucht in die „Tiefe", in den Mythos, unabhängig vom Künstler. Das „Sein" spricht! Achtung! Heidegger, Grassi, Höllerer samt Gefolge oder Artistik als Religionsersatz (Benn und Gefolge).
Stadium Nr. 5 Unschuld II, eine Utopie, Bewußtsein der Absurdität, der Relativität jeder Norm und damit die mögliche Bejahung jeder Handlung bleibt vorhanden.

Es gibt keine Tabus, also keine Verdrängungen.— Die Sinnlosigkeit verleiht der Handlung eine spielerische Leichtigkeit, das Gefühl, die Sinnlichkeit wird nicht mehr verneint, sondern bildet das Material, das der Schauspieler bearbeiten muß, in möglichst vielen Formen und Experimenten, ohne Ruhepause, es ist ein schwebender Zustand, den ich noch nicht recht in Worten fassen kann; die Polarität Gefühl-Verstand, die Tragik, der Ernst sind überholt, eben das Narrenbewußtsein mit der Freude am Spiel, Experimentiervergnügen mit Unschuld II.

Und die Kunst? Eine poetische, sehr einfache Sprache, ein schwereloser, doch nicht unverständlicher Sprach-ein-druck, Freude an

Kleinigkeiten, die Kunst wird scheinbares Engagement ebenso wie die Liebe. Der berühmte alte Don Juan oder Donna Juana ---
Alles alte Klamotten

Jetzt tauchen bei mir häufig die Begriffe „Unschuld II, Spiel, Experiment" auf, entscheidend ist vielleicht der Satz „die Sinnlosigkeit verleiht der Handlung eine spielerische Leichtigkeit".

Ich hatte den Verlust des Glaubens an Gott, an etwas Absolutes, die Gewißheit, daß es nichts Übersinnliches gibt, nur schwer verkraftet. So verfiel ich einem neuen Mythos, dem Mythos der Sinnlosigkeit, der Beliebigkeit jeder Handlung. Und selbst nach einem Jahrzehnt intensiver politischer Arbeit ist bei mir das Gefühl, mich in einem Experimentierstadium zu befinden, immer auf der Suche nach einer neuen Verbindlichkeit, nach Eindeutigkeit, nicht verloren gegangen.

Ja, ich träumte von einem Zustand, wie ihn Kleist in seinen Überlegungen *„Über das Marionettentheater"* beschreibt, einen Zustand *„der Grazie, wenn die Erkenntnis gleichsam durch ein Unendliches gegangen ist"*. So *„müßten wir wieder von dem Baum der Erkenntnis essen, um in den Stand der Unschuld zurückzufallen?"*

Ich selbst empfand mich als holprig, schwer und zerrissen, unfähig, einen normalen Schritt vor dem anderen zu tun; ich bewunderte den Tanz als Ausdrucksform, dort schienen mir Geist und Körper, Gefühl und Verstand zu selbstverständlichen Bewegungen zusammenzufließen. In künstlerischer Form wollte ich das wiederherstellen, was ich mir als Naturzustand oder Instinktsicherheit vorstellte: die Selbstverständlichkeit der Bewegungen und der Worte. Da ich selbst nicht tanzen konnte, – erst sehr viel später erlaubte ich mir den Ausdruck meiner Zerrissenheit in körperlichen Bewegungen, – blieben mir die Worte. Sie wurden für mich die eigentliche Welt, dicht an der Grenze zur Sprachlosigkeit, zum Schweigen.

Dazu kam, daß die „äußere" Welt, in der ich damals lebte, geradezu unerträglich war: ich war zu Beginn des Wintersemesters 61/62 mit meinem Bruder Jobst zusammen in eine Wohnung gezogen, in der wir dann zwei Jahre lang fast in eheähnlicher Gemeinschaft lebten. Jobst verkehrte wie früher vornehmlich in höheren Reit- und Adelskreisen, die sich bis auf wenige Ausnahmen für nichts interessierten als fürs Skifahren, Segeln, Reiten, für Liebesaffairen und so nebenbei das notwendige Examen machten, die Männer meist das Juraexamen, die Frauen vorwiegend in Kunstgeschichte und Romanistik.

Jobst kam zu mir mit all seinen Leiden, seiner Traurigkeit und Einsamkeit, während er äußerlich den jovialen Gastgeber spielte, der auf nichts mehr bedacht war als auf seine Anerkennung; ich suchte bei ihm Schutz und Vertrautheit. Manchmal verliebte er sich, jedoch meist in etwas ferne unerreichbare Frauengestalten, wo es von vornherein zu keiner engen Beziehung kommen konnte; ich blieb weiterhin so sehr in mich verkrochen, daß es noch nicht einmal zum Stadium der Verliebtheit kommen konnte.

Es gab auch gesellschaftliche Feste, an denen ich jedoch selten teilnahm; und wenn ich es tat, war ich fast immer todunglücklich. Ich konnte mit all diesen Leuten ebensowenig anfangen wie sie mit mir. Darüberhinaus fühlte ich mich häßlich und ungeschickt. Und noch lange empfand ich es als Bedrohung, daß es niemanden gab, mit dem ich sprechen konnte, der mich verstand, daß ich so ganz anders war als die, mit denen ich zusammenkam. Immerhin war es ja möglich, daß ich wirklich „verrückt" war. Aber anpassen konnte und wollte ich mich auf keinen Fall an diese Kreise, selbst wenn ich sonst niemanden kannte und kennenlernen sollte; dann lieber „verrückt" sein.

Ja, ich war soweit unfähig geworden zu kommunizieren, daß ich an einem Rotkreuz-Schwesternhelferinnenlehrgang nur aus dem Grund teilnahm, weil ich ausprobieren wollte, ob ich noch mit anderen Menschen sprechen kann. Dabei war ich inzwischen „normale" Germanistikstudentin geworden, ich absolvierte meine Mittelhochdeutsch- und Althochdeutschseminare sowie mein großes Latinum, das ich nachholen mußte, und machte mit Fleiß meine Scheinchen in Literaturgeschichte; das alles, ohne irgendeinen Menschen kennenzulernen, noch nicht einmal, daß es zu irgendwelchen Gesprächen kam.

Die eigentliche Kommunikation fand mit den Büchern statt; dort konnte ich bisher von mir vage gedachte Gedanken wiederfinden, sie vervollständigen und verändern – ich war mit diesen Gedanken nicht allein –, vielleicht war ich also doch nicht „verrückt".

Es war damals vor allem Thomas Mann, zuerst der *„Zauberberg"*, dann der *„Doktor Faustus"* und später Musils *„Mann ohne Eigenschaften"*. Doch dann wurden mir auch diese Bücher zu traditionell; ich begann begierig, Büchner zu lesen und andere Literatur, die die Welt nicht mehr in vollen und runden Sätzen glaubte beschreiben zu können.

Im Sommer 62 fuhr ich nach Italien, in eine alte Villa in Florenz, die als Jugendherberge diente. Dort verliebte ich mich fast noch am Abend der Ankunft in einen jungen Ägypter, der mich unablässig mit seinen großen schwarzen Augen anstarrte und sofort die Initiative ergriff.

Auf jeden Fall befanden wir uns die nächsten Tage unter den verschiedensten Büschen des Parks, den Feigenbäumen, und ließen uns von Ameisen zerstechen. Wir waren beide gleichermaßen unerfahren. So gelang es meinem sehr schönen und leidenschaftlichen Freund nicht, in mich einzudringen. Er las extra Bücher dafür, probierte es von hinten und vorn, aber es half nichts – ich blieb zu, obwohl ich über alle Maßen verliebt und ihm fast körperlich hörig war.

Wir verbrachten zwei überaus glückliche Wochen mit Schmusen, Küssen, Motorradfahren, im Gras Liegen, uns Anschauen. Er zeigte mir stolz seinen nackten Körper, und auch ich entdeckte, daß ich anziehend sein konnte und genoß meine so lange verdrängte Sinnlichkeit. Fast ohne Besinnung folgte ich ihm in die Büsche, wenn er mich an die Hand nahm. Als wir uns einmal heimlich im Haus trafen – es war ja immerhin eine Jugendherberge – und wieder einen neuen Versuch des Eindringens machten, überraschte uns plötzlich ein Erdbeben, so daß wir fast dabei umfielen (wir versuchten es gerade im Stehen).

Aber so heftig meine wiederentdeckte Sinnlichkeit gewesen sein mag, so schnell vergaß ich sie auch.

Ich fuhr zurück nach Deutschland, zu einem dreiwöchigen Seminar über die Willensfreiheit bei Thomas von Aquin in einem Dominikanerkloster zwischen Köln und Bonn.

Über meine philosophischen Neigungen in den ersten Semestern habe ich mich bisher kaum geäußert, obwohl ich wohl ein gut Teil aller Zeit mit dem Studium von Kant, Leibniz, Spinoza, Platon, Aristoteles, Heidegger und Nietzsche beschäftigt war. Ich habe einfach all diese Gedanken, die mich damals so sehr in Anspruch genommen hatten, wieder vergessen, bis auf Nietzsche. Und dieser Bruch in meinen Erinnerungen fand während des Seminars über Thomas von Aquin statt; von morgens bis abends, während der Mahlzeiten und beim Beisammensein am späten Abend wurde über nichts anderes gesprochen als über das Sein, über die Freiheit, über die Existenz oder Nichtexistenz einer Seele, und das alles in abstraktester Sprache, oft sogar in Latein.

Plötzlich entwickelte ich einen fast körperlichen Ekel gegen all diese Begriffe und Gedankengebäude, an denen ich doch vorher so intensiv teilgenommen hatte; und dieser Ekel ist bei mir bis heute, wenn auch abgemildert, geblieben. Deshalb habe ich keine Erinnerungen mehr an früher gedachte philosophische Systeme; ja, die Zerstörung ging bei mir so weit, daß ich lange Zeit viele abstrakte Begriffe nicht mehr benutzen konnte und sie auch nicht mehr verstehen wollte, vielleicht bis heute.

Gleichzeitig fielen mir die ersten experimentellen Gedichte bzw. Texte ein; ähnlich, wie ich früher einmal von Geschichten besessen war, die ein so starkes Eigenleben entfalteten, daß ich ihnen kaum Einhalt bieten konnte, so überfielen mich jetzt Wortgebilde, Klänge, Rhythmen. Und dieses Mal hatte ich das Gefühl, daß es ein adäquater Ausdruck war, zu dem ich auch stehen konnte, den ich verfeinern und vervollkommnen wollte.

Ich konnte lange Zeit mit niemandem über diese neuen Schreibversuche zu sprechen; deshalb stürzte ich mich umso eifriger auf alle theoretischen Erörterungen, die ich über moderne Dichtkunst finden konnte und auf alle neuen Autoren, die ich noch nicht kannte.

Schließlich entschloß ich mich im Winter 62, meine Gedichte an eine neue literarische Studentenzeitung „nesyo" zu schicken. Der Herausgeber teilte mir dann im nächsten Brief mit, daß er einige der eingesendeten Sachen in der Zeitschrift abdrucken würde und schickte noch ein paar Komplimente dazu, die mich natürlich stark beeindruckten.

Es folgte zwischen uns beiden ein reger Briefwechsel, gespickt mit Nietzsche-Zitaten, in denen er mich auf einige Autoren hinwies, die für mich sehr wichtig werden sollten, wie Lee Whoorf *„Sprache und Denken"*, Wittgenstein und Max Bense.

Bis auf eine Ausnahme lebte ich weiterhin sexuell enthaltsam, und diese eine Ausnahme war traurig genug: während des Faschings nahm ich einen Mann zu mir ins Bett, dem es dann mit Mühe gelang, in mich einzudringen, was bei mir aber nur einen schmerzhaften Krampf auslöste, woraufhin er die Flucht ergriff.

Im Sommer 63 schrieb ich eine Arbeit über Gottfried Benn. Sie wurde meine grundlegende Auseinandersetzung mit moderner Poetik; ich baute sie anhand der Interpretation eines Gedichtes von ihm auf. Gleichzeitig war es ein Versuch der Selbstklärung, bei der ich durch den Schutz eines formalen Rahmens in meinen Gedanken weiter gehen konnte, als wenn ich mich direkt über meine Gefühle und Vorstellungen geäußert hätte.

Ich bewundere die Prägnanz und Feinfühligkeit dieser Arbeit noch heute, obwohl sie kaum mehr leserlich ist und ich sie auch nie mehr so schreiben könnte.

Im Benn-Seminar fiel mir eine Studentin durch ihre gescheiten Beiträge auf. Ich hatte das Gefühl, daß sie meine Arbeit verstehen könnte, die doch so viel von mir enthielt, und sprach sie daraufhin an.

Gisela war ein herb aussehendes Mädchen, dünn, mit kurzen blonden Haaren und einem sinnlichen, fast etwas brutal wirkenden Mund. Ich empfand sie als eifrige Studentin, eigenwillig und sehr klug. Während ich ihr in der Wohnung ihrer Mutter meine Arbeit vorlas, und wir über alles mögliche sprachen, stellte ich fest, daß ich Lust hatte, sie näher kennenzulernen. So lud ich sie für die Sommerferien nach Benrode ein. Schon während der Fahrt von München nach Hause erzählten wir uns ununterbrochen unser Leben, unsere Geschichten, Träume und Gedanken. Sie berührte manchmal leicht meinen Arm, was ein Gefühl von Zärtlichkeit auslöste. In mir war ein Damm gebrochen, so flossen mir die Worte heraus; wenn ich von Ilsedore absehe, so war es das erste Mal in meinem Leben, daß ich über mich sprechen konnte, ohne Angst, und mit dem Gefühl, verstanden zu werden. Gisela sparte bei sich einiges aus, da sie fürchtete, mich zu schockieren.

Eines Abends, als ich auf dem Balkon stand und ein schöneres Kleid angezogen hatte, um zur Hochzeit meiner Freundin Ute zu gehen, schaute sie mich lange bewundernd an, was mich einigermaßen verwirrte.

Am nächsten Abend lagen wir beide in meinem schmalen Bett, tief in Kindheitserinnerungen versunken, und wurden immer weicher; sie begann, mich behutsam zu streicheln, ich bewegte mich nicht mehr, hielt den Atem an. An die Verführung selbst habe ich keine Erinnerungen, so intensiv waren die Gefühle und so sehr mußte ich sie verdrängen. Gisela erzählte mir später, daß sie fast erschrak, so bewußtlos sei ich unter ihr weggesunken. Das alles spielte sich im Zimmer neben dem Schlafzimmer meiner Mutter ab. Unsere Gefühle waren so leidenschaftlich, daß wir oft alle Vorsicht vergaßen, und in ständigen Anspielungen und Berührungen miteinander verkehrten. Aber in Benrode wäre niemand auf den Gedanken gekommen, daß sich auch Frauen lieben können. Auch ich hatte nach den Verdrängungen meiner früheren lesbischen Erlebnisse mit einer solchen Möglichkeit nicht gerechnet; und diese Erfahrung warf mich buchstäblich um, ich war völlig verwirrt. Als ich dann am nächsten Morgen errötend meine Augen niederschlug, fuhr mich Gisela an, daß ich mich doch zusammennehmen solle, sonst würden es die anderen merken. Sie war damals ohne Zweifel der aktive Teil unserer Beziehung, und ich ließ mich nach leichter Abwehr in wollüstiger Passivität immer von neuem verführen. Unsere gegenseitigen Projektionen blühten: sie verwandelte sich im schwarzen Nicki und schwarzer Hose in einen verworfenen Jüngling mit herabgezogenen Mundwinkeln und einer Zigarre schräg im Maul, während ich für sie eine russische Madonna darstellte, schlafend und in Träumen befangen. So wurde das Bild „la bohemienne endormie" von Rousseau fast eine Art Symbolfigur dieses Stadiums unserer Leidenschaft. Sie sang mir in dazugehöriger Pose Brechtsche Lieder vor, las im österreichischen Sprachton Nestroy'sche Wortspiele, ahmte Qualtinger nach und versuchte überhaupt, mir ein bissel südlichere Kultur nahezubringen, während ich ihr tiefernst meine Gedanken zur modernen Literatur darlegte.

Daß in mir leicht eine Madonna gesehen wurde, lag an meiner Unerfahrenheit, Schwermütigkeit und der mir damals von alles Seiten zugesprochenen Mütterlichkeit. Ich habe mich oft vergebens gegen diese Rolle gewehrt. Gerade Frauen bin ich sehr lange als mütterliche Figur erschienen; und es wird kein Zufall sein, daß fast alle meine engsten Freundinnen ohne Vater aufgewachsen sind und zum Teil ihre Kindheit und Jugend in Heimen verbrachten.

Sie suchten bei mir Wärme, Geborgenheit, Eroberung (vielleicht ihrer eigenen Mutter); ich fühlte mich von ihrer tiefliegenden Radikalität angezogen, ich will nicht sagen, Unangepaßtheit, denn sie wirkten oft eher überangepaßt.

Als mir Gisela dann von ihren anderen Freundschaften erzählte, ihren Affairen mit Männern und vergangenen Frauenbeziehungen, war ich über alle Maßen verletzt und eifersüchtig. Ich verkraftete diese neuen Erkenntnisse nur durch ihre Dämonisierung, indem ich sie zur „Teufelin" stilisierte, verworfen, gerissen und erfolgslüstern. Das hinderte uns nicht daran, weiterhin leidenschaftlich miteinander zu verkehren, im Gegenteil. So machten wir auch eine kleine Hochzeitsreise nach Berlin und waren so voll Leben, Phantasie und Glück, wie es halt Verliebte sein können. Oft konnten wir für Minuten den Blick nicht voneinander wenden, starrten uns mit gebannter Intensität solange an, bis unsere Gesichter neue Dimensionen erreichten.

Es ist schwer, über den Beginn einer Freundschaft zu berichten, die bis heute andauert und inzwischen die vielfältigsten Wandlungen erlebt hat. So schillern durch jede Aussage, die ich mache, unzählige Widersprüche.

Gisela kehrte zu ihrem Freundeskreis nach München zurück; ich blieb noch in Benrode, wohin sie mir liebe- und sehnsuchtsvolle Briefe schickte. Sie konnte ihre Gefühle sehr viel freier äußern als ich, da ich ständig versuchte, die Beziehung abzuwehren, oder auch oft genug einfach Schluß machte, worauf ich mich aber gern wieder verführen ließ. Als ich wieder in München war, erlebte ich sie ständig von einem Schwarm von Verehrern und Verehrerinnen umgeben, als Star, um den sich alle scharten, der jederzeit die passenden geistreichen Sprüche auf Lager hatte. Ich selbst wurde als neue, besonders bevorzugte Freundin vorgestellt, mit dem Hinweis, daß ich anders bin, ländlich, schwermütig, dichtende Reiterin, also mit leicht exotischem Touch für großstädtisches Milieu. Außerdem konnte die Andeutung auf ein lesbisches Verhältnis in diesen Kreisen der eigenen Interessantheit nur nützen.

Es mag dahingestellt sein, daß ich diese Situation mitproduziert habe, indem ich auch an diesem gesellschaftlichen Leben teilhaben wollte, es jedoch gleichzeitig ablehnte und mich in diesem Zwiespalt oft so ungeschickt benahm, daß sich Gisela in die Rolle gedrängt fühlte, mich entschuldigen zu müssen und mir dann die obengenannten Attribute zuerteilte.

Wahrscheinlich wollte sie mir damit sogar den Weg ebnen, mich in diesen Kreisen durchzusetzen, eben als etwas Besonderes angesehen zu werden. Gewiß bestrafte ich sie auch für diese Anerkennung, die sie genoß, deren Mechanismus ich wohl durchschaute, aber nicht davor gefeit war, ein Stück von dem Kuchen mitzuessen, natürlich mit schlechtem Gewissen und der Tendenz, den anderen den Geschmack zu verderben.

Später sprachen wir oft über diese Problematik und stellten immer wieder fest, daß es für mich, die aus einem gesicherten priviligierten Elternhaus kommt, natürlich sehr viel leichter ist, gesellschaftlichen Aufstieg und das dazugehörige Verhalten abzulehnen als für sie, die als uneheliches Kind in chaotischen Familienverhältnissen aufwuchs, sozial völlig ungesichert und in frühester Kindheit eher abgeschoben als beachtet und anerkannt. Sie mußte von klein an in aller Schärfe die Mechanismen dieser Gesellschaft durchschauen und sie benutzen, um durchzukommen. Sie durfte nicht nein sagen. Ja, ich meine, daß in dieser unablässigen Bemühung, anderen zu gefallen, ein revoltierendes Moment war. Sie konnte sich auch Männern hingeben, ohne sich ihnen auszuliefern. Die scheinbare Willfährigkeit war ein Schutz und bewahrte ihre Selbständigkeit. Erst später erlaubte sie es sich, einem Mann das Ausmaß ihrer Traurigkeit zu zeigen.

Auf mich wirkten all diese Erkenntnisse so, daß ich dachte, ich müßte nun endlich auch mal richtig mit einem Mann schlafen, wobei es gleichgültig wäre, mit wem. Ich war inzwischen von meinem Bruder weggezogen und lebte allein in einem Appartement. Recht zufällig griff ich mir einen Schwabinger Typen heraus, einen von denen, die fürs Publikum Blümchen malten und diese Produkte auf der Leopoldstraße verkauften. Er bedachte mich mit ein paar für mich sehr schmerzvollen Stößen und zog von dannen, oder ich schickte ihn fort, was ich nicht mehr weiß.

Im Sommer hatte ich einige Gedichte an eine andere literarische Zeitschrift, „texturen", geschickt, die sich sehr viel eindeutiger für die experimentelle Literatur entschieden hatte als „nesyo" und erhielt die Antwort, daß sie ein paar meiner Sachen drucken wollten. Außerdem entspann sich ein kurzer Briefwechsel zwischen einem der „Redakteure“, Frank, und mir. Diese Briefe bedeuteten mir sehr viel, da er einigermaßen ernsthaft auf die Gedichte und auf meine Schwierigkeiten zu schreiben einging. Außerdem fühlte ich mich geschmeichelt, daß um meine Mitarbeit geworben wurde.

München, November 62

straßenkehrerlied

der zeiger der kreisenden scheibe
treibt im ungeleerten rinnstein
im morgengrauen
im besen des straßenkehrers
krächzt der vogel vom riß
der kehle vom baum
der gespalten ist
und vom papier
das über dächern flattert
und von der säge
zerrissen wird ohne wort
und widerspruch des windes
kreist die scheibe
treibt den zeiger
im riß einer
vogelbeere ohne flaum
treibt

Benrode, Oktober 62

bricht fetzen

bricht fetzen der tag aus dunst
und lichtsplitter prähistorischer zeit
glitten in papstgewänder
glitten in mosaisch geritzte
konzile und klosterpforten aus
mosaik

entglitt jupiter die stille
im äthergewölbe dröhnt
der satellit aus historischer zeit

im dom summt die litanei
durch papstgewänder

und bricht den tag

München, Sommer 63

schweigt

von den handgelenken streift
von den schultern das zelt

die schritte hinter gardinen
zählen nicht
für jäger die fährten im schnee

kostenlos über dächer die seile
und die netze aus jähem holz
kostenlos am straßeneck die
bajadere
und an den händen keine spur

zählt andromeda in spiralen
die achterbahn hinauf- hinab
grüßt im nebel ohne fährten
zückt der jäger sein bajonett

hinterher das lachen
in der isar verfängt
in einer silbe sich der zweig

in die zelte flüchten —
der bajadere schweigt

Benrode, August 62

für gisela

zitronenpresse

dann im regen
die entspannten schirme
an die blitze gelehnt

und durch
geöffnete fenster
entweicht
flügelschlagend

ein damenloser schuh

zwischen den lippen
in der zitronenpresse
statistisch gezähmt

dreizehngliedrig

raucht in den augen
eine zigarre
mit skorpiongeschmack

München, Winter 62/63

verlustanzeige

entschlüpft heute
aus drähten
dicht unter gewölbten
fingerkuppen und woher

funkdrähte
darin der mövenschrei
früh
noch vor nacht zersprang

daraus
eine winzige
zitrone über drei silben
spöttisch lächelnd
entschlüpft und wohin

überall

überall die namen
hinter türen
im lift
nachts
kratzen sie von der wand
den kalk

und ein rest
unter dem fingernagel
bleibt

auch morgen
an baumrinden
doch rissig
und übermorgen schon vernarbt

wie im dritten stock
das flüstern
hinter türen
nachts
ohne namen und überall

Stresa, Juli 63

quer im rückgrat

und die häute schälen –
im schienengestrüpp
die gräten

rütteln durch glasvitrinen –
quer im rückgrat
gebeugt ein wort

winken einander
auf bahnsteigen
marionettenaugen
aufrecht die hand

tanzen den grätentanz –
gegen den wind
in der beuge

leichtes gepäck

an der straße
zwischen den zähnen
staub

an den fingern
die spinnweben

und wildwechsel
unter dem schuh

gestern
im englischen garten
zweige im gesicht

Benrode, Oktober 63

beschwipst

es ist hohe zeit
für witwer
die flinten zu laden

nisten doch seit gestern
in meinen achselhöhlen
drei lustige käuze

schimpfen
der winter
ist kalt

es ist hohe zeit
für käuze
die witwer zu laden

sind doch seit gestern
die flinten
besch wipst

arme großmutter

hob aus den angeln
die tür
fast immer
ein stück zu hoch

fast immer
ein stück zu nah
rückt dem leib
der „müde wanderer"

(zuletzt taubstumm
zwischen tür und angel
trank meine großmutter
ein fast immer
durstiger schwamm)

—? —

weiß der kuckuck
wer bezahlt
was ungerufen
hüpft herbei

kräht wissen macht weiß

und wächst
und wächst
und wächst

kolumbus wer macht das ei

so plötzlich

so plötzlich
die läuse
in meinem haar

wenn ich mich kämme
juckt mein hund
sein linkes ohr

und mein mann
kauft an der ecke
die neue frau

für fünf dm
werde ich morgen
mein haar scheren lassen

Ilten, 64

um die nackte haut

fetzt glisser spittrig
zweig in aug un aug in –
glitt in brill in stück
hinein entfenstert aus

tork- end taumlig
händ zwisch zähn–aus
zähn zwisch händ–ein
rings herum un tumb
und grimm in kreis

potzblitz rißt finger
blutwind- kreisch-hin-aus
fletzt zähn un grimm
un grimm in aug un aug in–
End

Die Begegnung mit den Leuten, die diese Zeitschrift machten, veränderte mein Leben.

Meine Tätigkeit beschränkte sich auf die Beantwortung von Einsendungen, die ich auch mit einer Selbstverständlichkeit, wenn nicht Arroganz, ausführte, die mich heute verwundert.

so z. B.

Brief an Herrn Raschke vom 6. 11. 63

vielen Dank für ihre Einsendung, die wir mit viel Interesse gelesen haben. Da sie uns recht gut gefiel, möchte ich ihnen ein paar Ratschläge geben. Sie verfügen über ein reiches und häufig sehr eigenwilliges Sprachmaterial, aber es kommt noch nicht zur Wirkung: zuviel surrealistische Bilderflut, die nur noch in Maßen zu genießen ist, zuviel unausgegorene Unterweltsromantik (milchige Mütter wehen, tränt dein hirn auf losen leibern zuckend). Vorsicht vor Genetivmetaphern wie „die kammern der ohnmacht", „schablonen der hohlheit" und Gedichttiteln wie „dirne", „verzweiflung".

Falls Sie diese Kritik als zu hart empfinden sollten: Nur die Einsendungen lohnen eine eingehende Stellungnahme, die Entwicklungsmöglichkeiten zeigen.

....

oder der Brief an Herrn Blohm vom 21. 1. 64

entschuldigen Sie bitte, daß wir erst jetzt auf Ihre Einsendung, die wir wegen einiger Redaktionsveränderungen sehr spät erhalten haben, antworten. Ihre Gedichte sind nicht schlecht, aber noch ist der expressionistische Einfluß zu stark spürbar, schon der Beginn: Mohn/ ist wie Wut geklatscht vor die Tore der Städte u. a. Und dann die Gefühle — So direkt ist der Ausdruck nicht mehr möglich: Die Einsamkeit/ ist in mich/ gestiegen/ die Leere/ ——— Nach diesen Ergüssen könnte es neu und anders beginnen, vielleicht. Ich hoffe, die Kritik ist nicht zu hart. Es verbleibt mit freundlichen Grüßen..........

Es war für mich völlig klar, wie man zu schreiben hatte, und was einfach nicht mehr ging — so zerrissen und unsicher sonst mein Leben damals war.

Anfang des Semesters wurde ich von Frank und Hartmut, die beide maßgeblich die Zeitung herausgaben, besucht, sozusagen neugierig taxiert; ich erinnere mich an endlose Gespräche bis tief in die Nacht, an boshafte Bemerkungen über den Rummel dieser Welt, an überaus gescheite Zynismen — ja, wahrscheinlich gefiel mir an ihnen vor allem dies Moment des Sich-lustig-machens auch über sich selber und über alles, worum man doch gleichzeitig so entschlossen kämpft. Es war damals üblich, nur sehr ernsthaft über moderne Literatur zu sprechen, mit allem abstrakten Pathos und dem Blick des höheren Wissens. Auch ich hatte dazu Tendenzen; hier wurde ich mit einer Frechheit konfrontiert, die mir guttat, und die ich akzeptierte.

Frank schätzte ich sehr, in Hartmut verliebte ich mich – und es wurde bis auf einen sehr schönen Beginn eine Horror-Story. Es gab einen einzigen Moment unsäglichen Glücks, von Vertrauen, Hingabe und Tränen. Ich fühlte mich geborgen und verstanden. Später muß ich verzweifelt eine Wiederkehr dieses Moments gesucht haben, sonst hätte ich mich nicht in diesem Ausmaß an die Beziehung geklammert. Der Horror begann sehr schnell. Kurz nachdem wir miteinander geschlafen hatten, kam Hartmut und sagte mir, daß ich einen Tripper hätte. Für mich war es ein Schock; ich kannte noch nicht einmal das Wort, und Geschlechtskrankheiten waren für mich etwas Unvorstellbares. Dieser brutale Schwabinger Typ mußte ihn mir verpaßt haben, schon vor einigen Wochen, ohne daß ich etwas bemerkt hatte. Für Hartmut war der Schock fast ebenso groß; er war noch relativ unerfahren und begann, sich seit diesem Zeitpunkt von mir zurückzuziehen.

Später brach er sich beim Motorradfahren den Arm; und ich erinnere mich an Nächte, in denen er Schwindelanfälle und Kreislaufstörungen hatte. Je widriger die Umstände wurden, umso heftiger kämpfte ich ums Zusammensein. Seine literarischen Urteile hatten für mich eine immense Bedeutung; viele der Schriftsteller, die ich damals durch ihn kennenlernte, gehören noch heute zu meinen Lieblingsautoren, so Witold Gombrowicz, Isaak Babel, Boris Pilnjak u. a.

Je leidenschaftlicher ich ihn zwingen wollte, mich zu lieben, umso mehr Angst bekam er vor mir. Und wer kann es schon vertragen, so sehr idealisiert zu werden, wie ich es mit ihm zweifellos tat! Er selbst wird es nicht so empfunden haben, da er mir öfters andeutete, daß ich als Frau zu eigenwillig und schwierig für ihn sei.

Dies wurde für mich später fast ein Trauma: die Befürchtung, daß der Mann Angst vor mir bekommt, weil er mich als zu kompliziert empfindet; daß es wohl interessant ist, mit mir zu schlafen und sich mit mir zu unterhalten, aber daß „man" sich besser nicht mit mir einläßt.

Hartmut war ein gescheiter, feinsinniger Junge, unerfahren und introvertiert, der gewiß eher eine reife attraktive Frau suchte als ein neurotisches, kompliziertes Mädchen.

Etwas später erfuhr ich, daß er schon damals eine feste Beziehung zu einer schönen, blonden Studentin hatte, die er auch heiratete.

Ich entschuldigte alles, seinen Zynismus, seine Feigheit mir gegenüber; und er blieb noch über Jahre hinweg mein wichtigster Berater in literarischen und Lebensfragen. In den Briefen machte ich es mir zur Aufgabe, ihm interessante Histörchen zu schicken, Abenteuer, Ausschnitte eines gelebten Lebens, dazu möglichst witzig, aber so zubereitet, daß ich aussparte, wie dreckig und erbärmlich ich mich fühlte. Warum? Wenn ich schon seine Liebe nicht erringen konnte, wollte ich doch wenigstens interessant sein, ohne ihm lästig zu fallen?

Vielleicht beschreibt der erste Brief, den ich von ihm erhielt, unsere Beziehung genauer und direkter, als ich es heute könnte.

EIN EINFACHER VORGANG

1.
da bin ich in den stabilen wald gegangen, da hab ich mich auf einen baumstumpf gesetzt, da hab ich tief luft geholt, da ist es kalt gewesen, da hab ich gewartet, da bin ich in dem stabilen wald gewesen, da hab ich mein taschentuch aus der hosentasche gezogen, da hab ich mir die augen gewischt, da hab ich gewartet.

2.
da ist sie gekommen, da ist es nachmittags gewesen, da ist es dunkel gewesen, da ist es kalt gewesen, da hat sie sich zu mir gesetzt, da hat sie gelacht, da hat sie ihre hände in meine manteltasche gesteckt, da hat sie bei mir gesessen, da ist ihr kalt gewesen.

3.
da hab ich die thermosflasche aus der aktentasche gezogen, da hab ich sie aufgeschraubt, da hat der heiße tee in der kalten luft gedampft, da hab ich ihr zu trinken gegeben, da hat sie zugegriffen.

4.
da hab ich zugeschlagen, da hab ich gehört, wie sie gestöhnt hat, da hab ich zugeschlagen, da hab ich gesehen wie sie gestöhnt hat, da hab ich zugeschlagen, da hab ich nichts mehr gehört.

5.
da hab ich meine thermosflasche zugeschraubt, da hab ich sie in die aktentasche geschoben, da hab ich sie zugemacht, da bin ich aufgestanden, da hab ich die aktentasche unter den arm geklemmt, da bin ich aus dem stabilen wald gegangen.

Subversive Aktion und Klapsmühle

Frank besuchte mich oft, weil er Hunger hatte oder Probleme oder nach einer „heilen Welt" suchte, die er in mir vermutete.

Er erzählte mir von seiner Freundin Co, die damals noch im Erziehungsheim war, und mit der er sich nachts heimlich in einem Schuppen traf; ich konnte all meine Phantasie in diese romantischen und leidenschaftlichen Begegnungen hineinlegen, so daß ich Co liebgewann, noch bevor ich sie kennenlernte.

Natürlich gab es mir ein gewisses Selbstbewußtsein, daß er mich für stark genug hielt, ungewöhnliche Erfahrungen zu machen und zu begreifen. Aber ich selbst hätte oft genug Hilfe gebraucht, doch auf diesen Gedanken kam niemand.

Dann machte Frank eine Entwicklung durch, die mir sehr fremd war; ja, die ich fast als Verrat empfand: er engagierte sich.

Dem voraus ging eine Abrechnung mit konkreter und experimenteller Literatur, weniger mit der Literatur selbst als mit deren Rezeption. Die Hoffnungen, daß gerade neue Sprachformen sich den gängigen Marktmechanismen entziehen könnten, daß sie Widerstand leisten und zu Aufbrüchen aus gewohnten Denkformen führen, bestätigten sich nur mühsam oder gar nicht. Gut, es gab vielleicht nur hundert willige Leser und darunter auch einige, die es durchaus ernsthaft meinten; den anderen genügte es, sich als Elite zu fühlen, im Besitz der Wahrheit, den neuesten Text oder Autor als Marktwert im kleinen Kreis vor sich herzutragen, mit einem Schauder über dem Rücken oder einem arroganten Achselzucken, wenn ein Text nicht ganz rein war, wenn irgendwo noch so etwas wie ein direkter Gefühlsausdruck durchschimmerte. Außerdem griff die Werbung sehr schnell die neuen Ausdrucksformen, wie Seh-Texte oder Wortreihungen auf; sie waren visuell und akustisch einprägsamer und hatten Neuigkeitswert.

Natürlich schien es uns immer noch sinnvoller, nach neuen Sprachformen zu suchen als in alte Klischees zurückzufallen, doch es lohnte nicht mehr, deshalb eine literarische Zeitung fortzuführen.

Ich selbst war durch diese radikale Infragestellung der experimentellen Literatur, die ich doch gerade erst entdeckt hatte, überfordert. Und wenn der Frank in der letzten Nummer der „texturen" sein „Frühes Fazit" mit den Worten enden läßt: *„Widerstand oder Schweigen. An der Unerbittlichkeit dieser Alternative muß jeder Verfasser von Texten, jeder Künstler sich entscheiden, ob ihm seine Bewußtseinsstufe und Sensibilität nur Mittel* *und Zweck eines schalen Prestiges oder mehr ist, ob er bereit ist, in die Resistance zu gehen, gegen etwas, das gefährlicher, schleichender und unwiderstehlicher ist als Hunger, Furcht und offene Gewalt. Wenn auch er versagt, wer sollte dann noch jene schwerelose, abgründige Erinnerung und Erwartung vor dem endgültigen Vergessen und die Sprache vor ihrer Mutation in sublime Propaganda retten? Man wird jetzt verstehen, warum diese Zeitschrift nicht mehr erscheint. Wir sind eingeschlossen, aber wir fühlen es nicht, wir leben, aber wir leben nicht, die einfache Beschreibung des Zustandes wirkt angesichts der Glätte und Selbstverständlichkeit der falschen Welt übertrieben und lächerlich.....",* so konnte ich nur mit Verzweiflung reagieren. Das Schweigen war mir vertraut – ich versuchte, ihm gerade zu entrinnen –, den offenen Widerstand lehnte ich ab. Ich hatte keine Angst davor, im Gegenteil, ich empfand es als zu leichten Ausweg, fast als Eintritt in eine neue Kirche, in einen neuen Glauben, weil man es nicht aushielt, ohne Glauben zu leben. So mußte das bewußte Eintreten für die grundlegende Veränderung der Gesellschaft mir als Verrat an eigener Authentizität erscheinen.

Und ich begann nur deshalb, mich mit diesem Engagement auseinanderzusetzen, weil ich Frank ernst nahm und meinte, daß ein intelligenter und radikaler Mensch nicht leichtfertig Verrat begehen könnte, daß da doch was dran sein müßte.

Die Gruppe nannte sich „Subversive Aktion" und tagte im Keller von Kunzelmann. Meine erste Konfrontation fand im Dezember 63 statt. Die Subversive Aktion hatte ein Flugblatt gemacht, das in intelligenter, fast zynischer Schärfe, in adornitischem Sprachstil die Massentrauer anläßlich der Erschießung Kennedys analysiert. Da es vielleicht nur drei Verteiler gab, wurde ich gefragt, ob ich nicht mithelfen könnte; und ich lehnte es ab, weil ich mich prinzipiell nicht engagieren wollte, obwohl ich das Flugblatt sehr gut fand.

Doch wurde ich nicht aufgegeben. So gelangte ich einige Male in den Keller: Kunzelmann war damals ohne Zweifel die dominierende Figur der Münchner; mit beißender Schärfe machte er sich über die Schwächen der Anwesenden lustig. Ich blieb sehr vorsichtig und abwartend.

Ich wollte mich vorerst mit den Gedanken auseinandersetzen, die zur Subversiven Aktion führten; so übersetzte ich aus dem Französischen für die Gruppe Artikel von den „Internationalen Situationisten" 1) und las die „Unverbindlichen Richtlinien" und den „Deutschen Gedanken" 2).

Kunzelmann gehörte vorher der Gruppe „Spur" an, einer Gruppe von Malern und Bildhauern, die sich nicht auf malen und bildhauern beschränkten, sondern schon früh eine Vereinigung von Kunst und Leben anstrebten,

u. a. eine aggressive Zeitschrift herausgaben, Manifest ihrer Gedanken, Vorstellungen und Malereien.

Für mich war der Prozeß gegen die Zeitschrift „Spur" der erste Prozeß, den ich miterlebte. Angeklagt wurden sie wegen Verbreitung unzüchtigen und gotteslästerlichen Schrifttums. So wurde z. B. Kunzelmann wegen Sätzen wie *„laß doch die Länge des Penis ambivalent dialektisch und asymptotisch im exzeptionellen Augenblick in deine verpestete Vagina eindringen"* oder *„Wer einen Mythos braucht, erhält spesenfrei und zur Nachnahme seine Mutter Gottes ins Haus geliefert, damit er sich im göttlichen Beischlaf befriedige"* angeklagt.

Die Gruppe „Spur" wurde damals außer Uwe Lausen von den „Internationalen Situationisten" aufgrund ihrer gemäßigten Haltung in irgendwelchen Punkten ausgeschlossen. Es war an der Tagesordnung bei solch einer Gruppe von zehn Beteiligten mindestens fünf im Laufe eines Jahres auszuschließen mit heftigsten Debatten darüber, ob jemand die Reinheit der Radikalität verletzt hat oder einer ideologischen Abweichung bezichtigt werden kann.

Sichtbar war bei all diesen Grüppchen, auch in Frankreich, Dänemark u. a., der stark künstlerische Einschlag. Und so fremd waren diese Gedankengänge mir doch nicht, wenn ich das „Juli-Manifest für die Phantasie" lese, das von Frank, Hartmut, Jürgen Claus und Uwe Lausen in der Zeit vor dem Entstehen der Subversiven Aktion verfaßt worden ist.

1. *Phantasie ist Veränderung*
2. *Verändert wird nicht nur Kunst, sondern auch Individuum, Gesellschaft und Lebensform*
3. *Der Künstler darf die Phantasie nicht gebrauchen, wie der Schuster die Leisten*
4. *Künstler, die sich auf die Reservate ihres Fachgebietes zurückziehen, sind ebenso Funktionäre der erstarrten Gesellschaft wie Facharbeiter und Aktenordner*
5. *Der Einzelne muß aus seiner passiven Uniformität herausgerissen werden*
6. *Nur aus echten Individuen können schöpferische Kollektive gebildet werden*
7. *Massenmedien dürfen nicht zur Konsumierung dienen*
8. *Insbesondere Presse und Fernsehen müssen ihren Schwerpunkt auf Provokation der Phantasie verlegen*

Natürlich waren das alles noch recht naive Manifeste, die jedoch schon bald ihre Sprengkraft entfalten sollten. Und gewiß gibt es Einflüsse vom Surrealismus, wenn z. B. in den „Unverbindlichen Richtlinien" Bretons Satz *„mit dieser Welt gibt es keine Verständigung; wir gehören ihr nur in* *dem Maße an, wie wir uns gegen sie auflehnen"* zitiert wird.

Die Subversive Aktion übernahm sozusagen Bestandteile der Gruppe „Spur" und führte sie weiter. In ihrem Entwurf steht als Erklärung: *„Eine bestimmte Denkschule zu vermuten, wäre verfehlt; es ist auch nichts damit gesagt, daß man uns als Freudsche Marxisten bezeichnet: Durch die Übernahme des dynamischen Prinzips entziehen wir uns jeder Katalogisierung — oder auch nicht. ——— Das für uns typische Empfinden fällt schwerer ins Gewicht: Unser Unbehagen an der Konstellation der gesellschaftlichen Tatbestände in ihrer Wirkung auf den Einzelnen nimmt schon beinahe ketzerische Formen an. Aus dem Druck dieser Emotion haben wir uns durch intellektuelles Tasten befreit. ——— Die Offenheit, die wir gewonnen haben, soll konkrete Gestalt gewinnen: wer uns liest, soll dies im Auge behalten: Er muß bereit sein, den Funken überspringen zu lassen."*

Der *„Homo Subversivus"* hat sich *„entschieden, alle Möglichkeiten des Menschlichen hic et nunc im lebendigen Vollzug experimentell zu realisieren."* Dezember 1963

Deutlich spürbar ist nicht nur der Einfluß des Surrealismus und der Frankfurter Schule, sondern auch der des Existenzialismus.

Das alles war mir nicht unvertraut und hätte eigentlich dazu führen müssen, mich der Subversiven dazuzugesellen; aber ich wollte keiner Gruppe angehören; außerdem war ich ängstlich, eingeschüchtert und abgestoßen von dem brutalen autoritären Verhalten einiger Typen, die glaubten, daß sie, weil sie die Wahrheit dieser Welt besäßen, es sich erlauben könnten, jeden fertigzumachen, der noch Skrupel hatte oder einfach enorme Schwierigkeiten. Es herrschte da ein Sadismus, vor allem Frauen gegenüber, der unglaublich war und auf den ich noch später zurückkommen werde.

Ich las damals die Meskalinerfahrungen von Michaux *„Turbulenz im Unendlichen"* und wurde neugierig, was sich bei mir abspielen würde. Dazu kam, daß ich nicht mehr weiter wußte; ich konnte all diese neuen Erfahrungen, die während eines halben Jahres stattfanden, nicht verkraften: die Beziehung zu Gisela, die Trennung von Hartmut, die Mitarbeit in einer literarischen Zeitschrift und fast gleichzeitig die radikale Infragestellung dieser Tätigkeit und jetzt noch die Subversiven mit ihren Anforderungen, das war zuviel.

Zu dieser Zeit gab ich auch mein Studium auf, obwohl ich an einem für mich sehr interessanten Seminar über „Arno Holz" teilnahm, das von Frau Professor Strohschneider-Kohrs geleitet wurde; für mich blieb diese

Frau die einzige Person in der Universität, für die ich wirkliches Interesse gezeigt habe, ich sprach ausführlich mit ihr über meinen Wunsch, aufzuhören, da ich lieber praktisch arbeiten wollte, und zwar als Krankenschwester. Sie bedauerte es, hatte aber Verständnis.

Im Krankenhaus, es war, glaube ich, die Geschlechtskrankenabteilung, hielt ich es nur ein paar Tage aus.

Ich muß damals an Oehmichens in Hamburg einen desolaten Brief geschrieben haben – auf jeden Fall kam mein Bruder Christian hastig angereist, um mich zu überreden, eine Analyse anzufangen. Ich blieb verstockt und abweisend. Wir saßen fast einen ganzen Abend miteinander am Tisch, ohne daß ich ein Wort sprach.

Am nächsten Tag besorgte ich mir ein Fläschchen mit Meskalinpulver. Mir wurde gesagt, ich dürfe nur ein Drittel der Menge nehmen, doch es war mir gleichgültig; ich nahm am Abend, allein in meiner Wohnung, die Hälfte.

Dann legte ich den „Feuervogel" von Strawinsky auf, denn ich wußte, daß das Meskalin die Verwandlung von Tönen in Form- und Farbenspiele bewirkt.

Außerdem legte ich mir Papier zurecht, um die Auswirkungen des Rauschgiftes auf mich zu beschreiben.

Ich gebe es so wieder, wie ich es damals niedergeschrieben habe:
Ich muß schön ruhig bleiben,
keine Angst
die automatischen Hände
alles sehr fremdartig, besonders die Finger gehorchen nicht
und mein Bild im Spiegel
überall Ameisen, bis zum Ende?
weiterschreiben
eine andere Platte auflegen?
hat funktioniert, wenn auch zittrig.
Und was nun?
Druck in den Ohren
versteh das noch alles
so ganz unvorbereitet, kein Zeitplan? Nein, nie.
merkwürdig, all die rhythmischen Farbentänze, Farben- Form- Symphonie
eiskalte Hände, unheimliche Angst?
die Wirkung kommt
überall bewegt es sich, ich schwebe mir davon Wohin, wohin?
ein bißchen aufzeichnen davon
Aber wie? Bewegung aufzeichnen?

und nur, alles in Bewegung, schwer,
aufpassen Distanz ein wenig zeichnen

(Dann habe ich ein paar Krickel-Krackel-Linien gezeichnet, in denen ich damals die unheimlichsten Gestalten sah)

Gefühl von völligem Automatismus
Ruhe! eiskalt die Hände
bewußt etwas zeichnen

(ich versuche nun, ein Haus und einen Menschen genau zu zeichnen, um mich wieder in den Griff zu kriegen)

Ha Ha Weiter! Schwer zu lenken.
verzerrtes Gesicht im Spiegel ohne Konturen und die Schrift wird größer
eine neue Platte!
Chopin, nicht zu schnell
Oh, oh noch mehr ich hoffe, es war nicht zuviel
noch geht es
nebenan was für ein Spiel und keine Sekunde still ich fange schon an, im Bett zu tanzen, alles muß sich bewegen, kein Widerstand, selbst die Buchstaben tanzen, ob ich noch lesen kann.

(Da schlug ich zufällig eine Seite von Genet auf, den ich vorher gerade gelesen hatte, um zu sehen, ob ich noch abschreiben kann)

S. 75 Vertrauensvoll öffnet sich die Tür und schließt sich hinter ihm. Töten ist leicht, das Herz befindet sich links, der bewaffneten Hand des Mörders gegenüber
zu schwer!

(ich fing wieder an, Striche zu kritzeln)

keine Kraft
Nein so schnell werde ich diese Nacht nicht vergessen oder
all diese Bilder und nichts hält sie fest.
die intensivste Beteiligung meines ganzen Körpers an den Bildern
Wenn ich meine Augen schließe, bin ich nicht mehr
Aufhören
unerwartete
Totalauflösung
meiner selbst
eine Nacht!

Dann kam brutal und direkt die Angst. Ich war fest davon überzeugt, zuviel Meskalin genommen zu haben und sterben zu müssen. Alles bäumte sich in mir gegen diesen Gedanken auf. Ich schaffte es gerade noch, Giselas Nummer zu wählen und in den Apparat mehrmals „Hilfe“ hineinzuschreien.

Schon wußte ich nicht mehr, wo ich war; der Schrank, die Gegenstände der Wohnung verloren ihre Größenmaßstäbe, ihre Form, verselbständigten sich in Bewegung; für mich gab es nur noch grenzenlose Angst.

Es gab kurze Momente, unbeschreiblich, in denen ich nicht mehr war. Dann bekam ich keine Luft mehr; ich fühlte, wie meine Gliedmaßen kalt wurden und wie sich die Kälte meinem Herzen näherte.

Mir gelang es gerade noch, die Wohnungstür zu öffnen und im Flur um Hilfe zu brüllen; es kamen Menschen herbeigeeilt, sie hielten meinen Kopf aus dem Flurfenster; ich versuchte, mich zu übergeben, steckte krampfhaft meine Finger in den Hals; die gegenüberliegenden Häuser des Hinterhofes stürzten übereinander, und ich stürzte mit ihnen; ständig die drohende Kälte am Herzen; es gab einen kurzen Moment, einen überaus traumatischen, der mir noch Jahre später Angst einflößen sollte, der Moment, in dem ich das Gefühl hatte, daß die Kälte meinen ganzen Körper erreicht, daß der Blutkreislauf stillstand – ich weiß nicht, ob es so etwas bei einem lebenden Menschen gibt, sei es auch nur für Sekunden.

Inzwischen kam die von den Hausbewohnern herbeigerufene Polizei, und auch Gisela war gekommen. Ich wurde von den Bullen brutal unter die Arme gepackt und ins Auto verfrachtet, neben Gisela, die voller Entsetzen versuchte, mich zu beruhigen.

Ich war noch immer fest davon überzeugt, daß ich sterben müßte. Deshalb bat ich auch Gisela, Hartmut und Christian zu sagen, daß mein Tod nichts mit ihnen zu tun hätte.

Es fehlen mir die Worte, das Grauen zu beschreiben, das ich empfand – und ich lasse es lieber. Die Fahrt zur Klinik war für mich endlos lang, Lichter, Häuser, alles war nur noch bedrohlich.

In der Klinik wurde ich auf einen Tisch gelegt und festgehalten, um mich herum Ärzte und zivile Bullen; es war die toxikologische Station des Krankenhauses Rechts der Isar. Gisela durfte nicht mit reinkommen. Ich muß so qualvoll geschrien haben, daß die ganze Station aufgewacht ist. Für Gisela war es schlimm; sie mußte sich meine Schreie anhören, ohne mir helfen zu dürfen.

Die Bullen drangen auf mich ein, ich solle den Namen desjenigen verraten, von dem ich das Meskalin erhalten hätte. Und der Arzt drohte, daß er mir nicht helfen werde, daß er mich krepieren lassen würde, wenn ich es nicht sage. Ich weiß nicht, wie lange ich so bearbeitet wurde; für mich war es endlos.Irgendwann schrie ich sie an, daß ich eher tausendmal abkratzen würde, bevor sie nur ein Wörtchen von mir erführen. Schließlich gaben sie es auf; und erst jetzt erhielt ich vom Arzt eine Spritze.

Die Schwester meinte zum Arzt hin, daß ich wahrscheinlich verrückt sei – ich warf ein, daß das nicht wahr sei und befahl dem Arzt, niederzuschreiben, was ich ihm diktiere – noch immer in der Meinung, mit dem Leben nicht davonzukommen.

Dann wachte ich am nächsten Morgen festgebunden in dem Wachzimmer auf, neben mir schwer röchelnde Patientinnen, die auch alle angeschnallt waren. Ich wurde in das Selbstmordzimmer verlegt, einem Raum, in dem 14 Patientinnen lagen, alle gerade von einem Selbstmordversuch verschiedenster Art aufgewacht, einige für immer gelähmt. Christian besuchte mich, glaube ich, als erster; er war sehr liebevoll und ohne Vorwürfe; es kamen auch meine Eltern, sehr hilflos, denen ich auf ihre Vorhaltungen hin mitteilte, daß ich eher Verbrecherin werden würde als mich gegen meinen Willen anzupassen, woraufhin sie schnell wieder verschwanden.

Ich hatte einen Weinkrampf, der drei Tage anhielt; mein Puls blieb konstant auf 200, meine Hände zitterten unaufhörlich, ich konnte noch nicht wieder schreiben, aber mein Kopf war klar. Später stellte ich fest, daß ich durch dieses Schockerlebnis meine Handschrift verloren hatte und erst mühsam wieder lernen mußte, gleichmäßig Buchstaben zu setzen.

Während einer Visite stellte sich die gesamte Ärzteschaft, es waren 12, um mein Bett, um meinen Fall zu analysieren; es war damals ein äußerst seltenes Ereignis, wenn jemand Meskalin oder LSD genommen hatte. Ich fühlte mich völlig zum Objekt degradiert, schwieg und stellte mich schlafend.

Die Atmosphäre, die in diesem Krankenzimmer unter den 14 völlig verschiedenen Frauen herrschte, war wider Erwarten eher lustig und übermütig als resigniert. Es gab auch unglücklichere Fälle. Für eine Frau war es der vierte Selbstmordversuch, und sie haßte das Leben. Das Wiedererwachen konnte bei ihr nur Verzweiflung auslösen. Eine andere, die des Abends im Bett zu uns reingeschoben wurde, stürzte sich während der Nacht durch das Klofenster und war tot.

Alle anderen freuten sich, weiterleben zu können, selbst wenn sie gelähmt waren. Innerhalb der Klinik wurde uns eine Art Narrenfreiheit zugebilligt, wir durften zu jeder Zeit tagsüber Besuch empfangen und wurden von jungen, liebevollen Nonnen betreut. Ich kann diese Lustigkeit, die uns pausenlos befiel, kaum beschreiben. Eine sehr junge Kindergärtnerin, die gelähmt blieb, beschrieb, wie sie den Therapeuten, zu dem wir alle einmal gehen mußten, mit Finger- und Schattenspielen an den Wänden verarschte. Ihr Leben war ziemlich futsch, aber sie hatte einen unzerstörbaren Galgenhumor. Später traf ich sie mit Amerikanern.

Eine andere, ein Mannequin, erzählte uns sexuelle Geschichten, stöhnte abends im Bett und fragte die jungen Nonnen, ob sie Lust hatten, mit ihr zu schlafen.

Die meisten waren sehr einsame Frauen, die auch kaum von jemandem besucht wurden.

Ich durfte die Klinik nach 10 Tagen nur deshalb verlassen, weil ich eingewilligt hatte, einen Therapeuten zu konsultieren.

Oehmichens hatten mir die Adresse eines Analytikers gegeben, den ich aufsuchte und sehr sympathisch fand. Ich war ihm gegenüber sehr offen und hatte das Gefühl, verstanden zu werden. Bei der dritten Sitzung teilte ich ihm mit, daß ich mich umgeschaut hätte und festgestellt, daß all die anderen Menschen genauso leiden wie ich, und daß es deshalb nicht einzusehen sei, warum ausgerechnet ich eine Analyse machen sollte.

Ich fühlte mich für kurze Zeit tatsächlich wieder wohl und gesund. Von Frank hörte ich, daß sich Kunzelmann vorbereitet hätte, mich zu beschimpfen, und daß er eine kleine Abhandlung darüber geschrieben hätte, warum ich als introvertierte Bürgerstochter natürlich einen Todestrip antreten mußte. Ich konnte nicht aggressiv reagieren, obwohl ich es unverschämt fand, wollte mich aber ebenso wenig unterkriegen lassen. Bei unserem Gespräch fand dann nichts dergleichen statt; es war im Gegenteil freundlich – vielleicht besaß Kunzelmann doch noch einen Deut von Sensibilität.

Während dieser Zeit wohnte ich bei Gisela, die verreist war, weil ich meine eigene Wohnung, in der sich alles abgespielt hatte, nicht mehr betreten mochte.

Dann kam die Angst in massiver Stärke zurück; ich konnte weder essen noch schlafen. Selbst Tabletten halfen nichts. Zum Analytiker wieder hinzugehen, war ich zu stolz, nachdem ich die Analyse doch abgelehnt hatte. Es wurde von Nacht zu Nacht schlimmer, die Gegenstände fingen wieder an, sich zu verwandeln, ebenso wie die Gesichter. Und trotzdem entschied ich mich, durchzuhalten; ich beschloß, in die Provence zu fahren, da ich dachte, ein Ortswechsel würde mich von meinen Ängsten befreien.

Vorher mußte ich noch nach Benrode, um ein paar Sachen zu holen. Inzwischen nahmen auch meine Kreislaufstörungen vehement zu; ich bekam oft keine Luft, und immer wieder kriechende Kälte in den Gliedmaßen. In Benrode angekommen, schlief ich die Nacht bei Ilsedore, vielmehr wachte ich; und es war meine zehnte Nacht, die ich hintereinander nicht schlief. Ilsedores Gesicht verwandelte sich vor meinen Augen in das Gesicht einer Toten, und ich bekam entsetzliche Angst, wagte es jedoch nicht, sie zu wecken.

Am nächsten Morgen ging ich mit meinem Vater spazieren; ich fühlte mich sehr schwach, hatte aber den Eindruck, die Realität wieder zu erfassen. Als wir zurückkehrten, überkam mich ein Kreislaufkrampf; keine Luft, jagendes Herzklopfen, Kälte bis dicht unter dem Herzen. Es wurde der Hausarzt vom nächsten Dorf herbeigerufen – in einem Anfall von Beichtsucht (ich glaubte wohl, dadurch Erleichterung zu finden) erzählte ich ihm in Stichworten, was mir widerfahren war. Für ein dörfliches Leben schien das alles so unwirklich, daß er auf Schizophrenie tippte und meinte, ich müsse nach Ilten eingewiesen werden.

So brachten mich meine Eltern noch am gleichen Tag in die Klapsmühle nach Ilten bei Hannover. Ich wurde in der geschlossenen Abteilung inmitten von wirr vorsichherredenden älteren Frauen abgesetzt und weinte entsetzlich. Als ich meine Eltern bat, mich wieder mitzunehmen, ergriffen sie buchstäblich die Flucht. Ich muß zur Erklärung hinzufügen, daß Ilten für uns nicht nur irgendeine Nervenheilanstalt war, sondern der fast magische Ort, mit dem von Kindheit an alle diffamiert wurden, die irgendwie auffielen. „Du gehörst nach Ilten" oder „die ist ja auch mal in Ilten gewesen"; für uns Kinder war das die Bezeichnung für etwas, was kaum noch faßlich ist, für jemanden, dem man einfach alles zutraut, der vogelfrei ist. Deshalb erzählten auch meine Eltern zu Hause niemandem von meiner Einweisung, sondern sagten, daß ich im Harz zur Kur sei; meine jüngste Schwester erfuhr erst Wochen später davon, während Ilsedore mich bald besuchen durfte.

Der Stationsarzt stellte mir gleich nach der Ankunft ein paar Fragen und wies mir ein Zimmer mit den Worten zu, ich würde später als reife Persönlichkeit entlassen werden. Dieses dumme Sprüchlein brachte mich so sehr gegen ihn auf, daß ich nie wieder mit ihm redete. Am nächsten Tag kam Professor Janz, Chef der Klinik, war etwas behutsamer als er Stationsarzt und sagte schließlich tröstend, daß ich nicht verrückt (schizophren) sei. Für mich war diese Aussage damals ein Hoffnungsschimmer. Janz fuhr daraufhin für einen Monat in die Ferien.

Ich bekam Schlafmittel eingetrichtert und fiel für drei Tage und Nächte hintereinander in Tiefschlaf, nur zwischendurch gewaltsam zum Essen aufgeweckt.

Die Station wurde von alten Schwestern betreut, die schon während des Faschismus ihren Dienst taten; sie waren es gewohnt, die Patienten wie Kleinkinder zu behandeln; so mußte ich es über mich ergehen lassen, daß mir Pillen in den Mund geschoben wurden, und daß sie warteten, bis ich sie geschluckt hatte; ich mußte mir erkämpfen, mich allein waschen zu dürfen.

Nur wenn Genehmigung von höherer Stelle vorlag, wurde mir das Gittertor der Abteilung aufgeschlossen, so daß ich allein den Park betreten konnte. Zuerst lag ich mit einer Frau zusammen, deren Tochter in der Nachbarstation als „Schizophrene" untergebracht war; auch ich war damals noch der Ansicht, daß Schizophrenie eine unheilbare Geisteskrankheit ist und unberechenbar. So überkam mich meistens große Angst, wenn die Tochter unser Zimmer betrat, vor allem, wenn bei ihr Panik ausbrach.

Dann kam zu mir eine junge Frau ins Zimmer, Marion, die schon seit 5 Jahren in Ilten war. Sie war Jüdin und hatte in ihrer Kindheit alles durchgemacht: die Eltern im KZ verloren, ebenso die meisten Verwandter sie selbst war in Verstecken aufgewachsen. Normalerweise war sie in Köthenwald bei den „chronisch Verrückten", die in einem besonderen Trakt, von den übrigen Patienten 2 Kilometer entfernt, lebten. In Ilten, wo ich war, wurde der ganze Komplex vornehmerweise Kurhaus genannt und auch von Privatpatienten besucht; aber selbst dort hatte man die geschlossene Abteilung in ein abgelegenes, altes verstecktes Haus verfrachtet, mit vergitterten Fenstern, Schlüsselgerassel, einem Tor — fast wie ein Gefängnis; und das Pflegepersonal übte seinen Dienst mit altgewohnter Brutalität aus. Die ganze Anstalt ist Privatbesitz; so arbeiten auch die Patienten aus Köthenwald auf den Feldern des Gutsherrn, dem die Anstalt gehört.

Marion, die einfach kaputt war, wurde zu den angeblich „unheilbar Kranken" gesteckt; sie hatte alle Hoffnung aufgegeben, jemals wieder rauszukommen. Nur wenn sie eine akute Krise hatte wie jetzt, holte man sie rüber in die geschlossene Abteilung, in der ich mich befand. Sie durchschaute alles, aber ihr Willen war gebrochen; deshalb war sie lieber lebenslänglich Patientin, als sich dem Leben außerhalb der Mauern, die sie als Schutz empfand, zu stellen. Auch ich hatte die Befürchtung, eventuell nie wieder rauszukommen, allzumal mich die Angstzustände manchmal so heftig überfielen, daß ich es mir einige Zeit nicht mehr zutraute, allein spazierenzugehen. Nicht nur Angstzustände, sondern die Bäume verwandelten sich in Fratzen, das Gefühl der Auflösung meiner Person häufte sich; und wie sollte ich entscheiden, ob ich nicht doch unheilbar verrückt bin? Die Münchner, selbst Hartmut und Gisela, hatten sich zurückgezogen, obwohl oder weil sie meine Situation kannten. Wir schrieben uns manchmal, doch es kam keinem von beiden in den Sinn, mich zu besuchen. Hartmut war einfach zu feige; er wollte mit solchen Belästigungen nichts zu tun haben.

Für Giselas Verhalten fehlt mir bis heute eine Erklärung, die es mir erlauben würde, es zu verstehen.

Ich werde mein Leben lang diese Erfahrung nicht vergessen, daß es in dieser Gesellschaft kaum etwas Schlimmeres gibt, als als „schizophren" oder „verrückt" abgetan zu werden. Noch im Knast, so fertig du gemacht wirst, wird dir immerhin zugebilligt, daß du bewußt etwas getan hast, daß du dafür verantwortlich bist — in der Klapsmühle bist du nur noch Objekt, willenlos und unberechenbar, und jeder Versuch, sich zu wehren oder sich aufzubäumen, wird als Krankheit interpretiert und mit Pillen betäubt.

Ilsedore war der einzige Mensch, der damals den Glauben an mich nicht verlor, der mich nicht als krank und abnorm wahrnahm, und sie war es, die mir neben dem Tagebuch die Kraft gab, durchzuhalten.

Als Professor Janz aus den Ferien zurückkam, sprach er mehrmals mit mir und ließ mich in das offene Haus verlegen.

Irgendwann, als es mir wieder besonders dreckig ging, akzeptierte ich, daß er mir „helfen" wollte. Die Behandlung beschränkte sich vorwiegend auf das Aufschreiben meiner Kindheitserinnerungen und das Anfertigen von Zeichnungen. Immerhin drängte er mir nichts auf, war freundlich, gab mir Manuskripte über LSD-Erfahrungen zu lesen und Aufsätze von ihm, die ich sehr schnell als unhaltbar analysierte, womit ich auch gleichzeitig die Fixierung an ihn lösen konnte. Zu der Zeit fing ich an, Freud zu lesen.

Äußerlich verhielt ich mich angepaßt, möglichst normal und brav, weil ich wußte, daß jeder Protest meinen Aufenthalt um vieles verlängern würde. Auf Fluchtgedanken kam ich einfach nicht.

Janz hatte innerhalb der Anstalt eine makabre Rolle; er war vor allem für die Patientinnen fast ein Gott-Vater, der einmal am Tag die Betten streifte, seine Hand auf die Stirn legte oder auf den Arm, drei beruhigende Worte sagte und weiterging – und für so eine Visite pro Person oft 50 DM erhielt.

Später war ich Sonderpatientin, bevorzugt, sozusagen ein interessanter Fall. Wenn man bedenkt, was ich dort durchgemacht habe, obwohl ich priviligiert war, dann läßt sich erst erahnen, was mit Menschen geschieht, die unter weniger günstigen Bedingungen in diese Maschinerie hineingeraten. Entweder landen sie unter dem Verlust fast aller sozialen Kontakte in Köthenwald, kommen da vielleicht nie wieder raus oder werden irgendwann als dumpfe und fertiggemachte Dorftrottel entlassen. Und wenn es ihnen gelingt, einigermaßen „normal" in die frühere Umgebung zurückzukehren, dann wird dieser schwarze Abschnitt ihres Lebens tief im Verborgenen gehalten; oft wissen noch nicht einmal die nächsten Angehörigen davon. Und sie bemühen sich um ein Verhalten, das häufig krampfhaft überangepaßt wirkt, damit ja kein Verdacht entsteht, daß mit ihnen „etwas nicht stimmen" könne.

Wenn ich ehrlich bin, trifft das auch bis zu einem gewissen Grad auf mich selbst zu. Bis vor zwei Jahren habe ich meinen früheren Aufenthalt in einer Klapsmühle bis auf ganz wenige Ausnahmen vor allen Menschen verborgen – ich hatte Angst, sie würden dann beginnen, mein Verhalten anders zu interpretieren. Es wäre übertrieben zu sagen, daß ich mich in der Folgezeit krampfhaft angepaßt hätte, aber ich weiß, daß ich noch lange mit der Angst vor einem Rückfall lebte, in der ständigen Spannung, doch das zu tun, was ich für richtig hielt und mir vorstellte, um es im nächsten Moment wieder zurückzunehmen.

Das, was mir in der Klapsmühle die Stärke gab, mich doch noch als jemand zu fühlen, der Widerstand leistet, war mein Tagebuch – dort fand ich meine eigentlich Identität, konnte mich aussprechen und Gedanken klären; dort durfte ich sagen, was ich dachte, ohne deshalb als abnorm angesehen zu werden – natürlich ein sehr passiver Widerstand.

14. 3. 64

Du hast lange gezögert, ein Tagebuch zu beginnen. Wenn, dann nur als Disziplin- und Stilübung, in Stichworten, -sätzen.

Das, was geschehen ist, die Einlieferung in eine Nervenheilanstalt, d u r f t e nicht geschehen, denn du bist nicht „krank". Du hattest dich falsch eingeschätzt, ein Spiel vor dir selbst gespielt, an das du geglaubt hast: die Vortäuschung des Zustands „jenseits von Gut und Böse", in sexueller Hinsicht (lesbische Liebe), dann bewußtes Ausprobieren des Automatismus mit einem Menschen, der dir völlig gleichgültig war. Eng verbunden damit: der Glaube an den Don Juanismus (Camus „Mythos von Sisyphos"), an deine Unfähigkeit, jemals wieder gebunden und ausschließlich zu lieben.

Umso überraschender traf es dich, umso tiefer, eine Art Besessenheit. Die Kluft zwischen „Intellekt" und „Gefühl" wurde unüberbrückbar, nie die Mittelstufe der Zärtlichkeit gefunden, des spielerischen Streichelns, entweder die Begierde oder das Gespräch.

Das gewünschte Ziel, die zweite „Natürlichkeit", oder die Ebene, wo Kunst Natur und Natur Kunst geworden, noch weit entfernt. Bleibt meine höchste anzustrebende Utopie.

Liebe zugleich als Spiel und Ernst, nur bei G. Bei mir war es entweder Spiel A. ... oder Ernst H. ...

Festgestellt, daß ich mehr „Weib" bin, als ich dachte, zugleich Weib, Mädchen, Frau, Knabe, noch wenig Dame, und, nachdem ich es kennengelernt habe, das Sexuelle mir viel weniger bedeutet als vorher. Eine fantastische Überschätzung durch frühere Erlebnisse, das Bedrohliche, Ungeheuerliche, die Angst davor. Der gewaltsame Gegenstoß, meine Herausforderung. Ja, ich schäme mich vor H. Also nicht „jenseits von Gut und Böse". H. ist sogar der Gradmesser meiner moralischen Wertschätzung. Nicht wie er reagiert, denn er weiß selten davon, sondern wie er in meiner Vorstellung reagieren würde, ist entscheidend.

Er ist in meiner Vorstellung, das ist der Teil von mir, den er einnimmt. Ich werde ihn also so lange liebhaben, wie ich diesen Teil liebhabe und achte.

Immer wieder die Beobachtung, daß die Menschen (M. als ungebrochene Natürlichkeit, dazu G. als Gegenpol, vollendete Skrupellosigkeit, Künstlichkeit), Landschaften (die Weite Rußlands, die Nordsee mit den Dünen, die kunstvolle hügelige Parklandschaft um Florenz) und Städte (Paris — Verbindung von Kunst und dunklem inneren Aufbruch, Hamburg — Hafenabenteuerlust und Welt —...) von mir symbolisch erfaßt werden. Bei H. war dieser Prozeß, Abstand zu gewinnen, besonders langwierig, da er sehr viel von mir besitzt.

Abstand = Veränderung, eine Zuneigung, unabhängig von äußeren Umständen, von Gegenliebe, platonisch oder narzistisch?

Auf jeden Fall eine Art von Selbsthilfe.

Ähnlichkeit zwischen dem Narziß und dem Stoiker entdeckt.

15. 3. 64

Zum 14. 3. Symbol ist noch nicht der richtige Ausdruck, zu stark, und du weißt, wie sehr sich das Bild des anderen in deiner eigenen Strömung wandelt, wie viele verschiedene Gründe er berührt und aufreißt. Denke an die Bekanntschaft mit G.

Zu „jenseits von Gut und Böse". Viel verspätetes Halbstarkentum: die Freude zu schockieren, um sich selbst die (nicht vorhandene) Freiheit und Unabhängigkeit zu beweisen, kleiner Taschendiebstahl, die Altarkerze.

Die Hybris des Übermenschen: kein Mitleid, keine Furcht, kein Gefühl, alles Selbstvergewaltigung.

Das Meskalin wirkte wie ein Zündstoff in einer Hoch-ladung, die Kruste wurde gewaltsam gesprengt, aus der Tiefe brach der Ernst hervor. Was für eine Angst?! Nun wirst du mit ihr fertig werden müssen, ohne Hilfe, wohlgemerkt, keine Medizin, kein Therapeut. Wie konntest du dich von ihr so überwältigen lassen! Nun sieht sich deine Umgebung endgültig bestätigt, daß alle deine Bestrebungen und Handlungen krankhaft waren und sind. Und?

Sie ist dir gleichgültig geworden, diese Umgebung, ebenso endgültig. Und, je gleichgültiger, umso „richtiger" das Verhalten.

20. 3. 64

Ein so intensives Traumleben, daß der Tag (Mahlzeiten, Aufstehen, Hinlegen) nur noch als Kulisse dient, als äußerlicher Rhythmus und Stütze. Diese äußerliche Gleichförmigkeit und der innere, manchmal heftige, dann wieder fast bewegungslose Pulsschlag (übertragen und direkt) löst das Bewußtsein des regelmäßigen mechanischen Zeitflusses auf (Erinnert an den „Zauberberg", Hans Castorp in seinen Decken). Auch die Münchner Zeit erscheint rückblickend als Traum. Aber wo liegt die Grenze?

Traum und.........?   ....= Nichts?

Erinnern, Streifen, an den Dingen in mir entlangstreichen, den Bewegungslinien folgen.

Du wehrst dich, beim Traum eine Kausalgesetzlichkeit anzunehmen. Ist nicht jedes Gesetz, auch das mathematische, eine Interpretation, hängt also vom Interpret, Deuter, ab. Auch wenn alle Menschen die gleiche Deutung haben, so bleibt es Wahrscheinlichkeit mit einem Unsicherheitsfaktor. Vorstellbar sind Wesen, die ganz andere Denkformen haben, deshalb lehnst du Traumdeutung und auch Psychoanalyse, die Kausalität ab, wenn sie den Absolutheitsanspruch hegt.

Bleibt übrig: Weiterträumen.

21. 3. 64

„Aber da die Interessen immer eine ideologische Vorhut brauchen, um sich zu sanktionieren und zu tarnen ...."

Bei dir: Experiment und Spiel als Ideologie, um die Triebe, Interessen vor dir selbst zu verbergen. Vortäuschung einer Gleichgültigkeit, die du nie besessen hast. Keine ausgelebte Weltfrau. Wenn Gleichgültigkeit, dann nur als Verzweiflung über die Relativität aller Werte, die Sinnlosigkeit alles Handelns, Denkens, Lebens.

Augenblicklich lebst du tags und nachts in einem absurden Theater; um dich herum die verwirrten, unzusammenhängenden Gesprächsbrocken von alten Damen, Greisinnen;

wenn du spazieren gehst, krumme Gestalten mit verzerrten Gesichtern, die dich anhalten, auf offener Straße onanieren (ein Junge gestern).

In München zwischen lauter Selbstmordkandidaten, hier zwischen Wahnsinnigen und groben Helfern, nein, auf die Dauer ist das zuviel. Früher hättest du den Reiz dieser abnormen Situation empfunden, jetzt bist du nicht stark genug, weinst. Und doch.

Der Versuch, aus diesen Eindrücken ein Hörspiel zu formen.

Du wolltest alles ausprobieren, den Kitzel der Grenzsituationen. Jetzt hast du ihn und hast genug. Gefängnis erübrigt sich, schwerer Nebel hängt in den Straßen.

Heute nacht von lesbischer Liebe geträumt, mit Elga, später I. Sollte es doch tiefer in dir liegen, als du glaubst? Nur kurz angedeutet, wie immer im Traum, nie die Vollendung einer Handlung (Abbruch durch Gewissensinstanz?) und dann der Pferde-Junge, halb Pferd, halb Junge, ohne Sprache.

Gib acht, es darf keinen Rückfall geben, inmitten der Kranken mußt du die Gesunde, Vernünftige spielen. Kampf für das „Abnorme" nur, wenn es notwendig ist.

Nimm dich zusammen! Du lebst nicht allein, die Gefahr, sich zuviel mit sich selbst zu beschäftigen, nachdem alle „höheren" Probleme als unlösbar abgetan sind.

23. 3. 64

Du müßtest versuchen, dies Traumleben irgendwie festzuhalten, aber wie? Wie soll die Sprache für diesen sich so schnell verflüchtigenden Aggregatszustand von Bildern ausreichen? Die Unmöglichkeit, mit Worten Bilder zu beschreiben.

Gespräche ja, Gedanken ja, Handlungen ja — nein, Bilder nein. Jede Aufzeichnung würde eine Ausdeutung ergeben und damit den ursprünglichen Charakter dieser Welt verfälschen, zumindest stilisieren.

Verständnis für Hemingway, der jedes „weil" vermeidet, sich auf die Handlung konzentriert, noch stärker beim „Fremden" von Camus.

Das Hörspiel als Form übt immer stärkeren Reiz auf dich aus, nur das Gespräch, Sprachrhythmen, die Sprechweisen verschiedener Personen. Aber es muß gekonnt sein, streng in der Dialogführung, und woher nimmst du die Strenge? Versuchen!

Zum 14. 3. Zweite „Natürlichkeit".

Die andere Möglichkeit: die Zweispaltung des Menschen in das Leben und in das Bewußtsein, zugleich Subjekt und Objekt sein. „Nach dem Zeitraum, in welchem sich die Kunst, die Philosophie, die Politik nach dem integralen, einheitlichen, buchstäblichen Menschen umsah, wächst der Bedarf nach einem unerfaßbaren Menschen, der ein Spiel von Widersprüchen ist, eine aus Antinomien entspringende Fontaine, ein System unaufhörlicher Kompensation" (Gombrowicz, Tagebuch S. 54)

Du möchtest beides zugleich, Einheit und Zerspaltung! Unlösbar! Wie alles andere.

25. 3. 64

Ich muß ein wenig schreiben, um meine Position zu klären, zu festigen. Welche Positon? Gegen eine psychotherapeutische Behandlung.

Es ist der leichteste Weg, gewiß; die größten Schwierigkeiten: Angstträume, innere Zerrissenheit, Hilflosigkeit werden beseitigt, zumindest nehmen sie an Gewicht ein paar Kilo ab. Du wirst, soweit es dir möglich ist, ein „vernünftiger" Mensch, du beschäftigst dich weniger mit dir selbst (oder mehr?), das Chaos wird, soweit möglich, geordnet; du wirst in den sozialen Prozeß eingeordnet, deine „guten" Eigenschaften:

Nächstenliebe, Hilfsbereitschaft, werden gestärkt gegen die „bösen": Aggressionen, die Lust, Grenzen auszukundschaften; du wirst ein nützliches Mitglied der menschlichen Gesellschaft.

Der spöttische Ton, in dem du dies schreibst, zeigt, daß du dies alles nicht willst, daß du deine bösen Tugenden liebst, auch die Schwierigkeit als Reizstoff, die Grenzsituationen? Nicht mehr ganz so wie früher; auf jeden Fall ist es nicht dein Ziel, ein nützliches Mitglied der menschlichen Gesellschaft zu werden, du willst dich auch nicht gegen sie stellen (nur, wenn es notwendig ist), weil du nicht stark genug dazu bist. Welch deprimierende Erkenntnis!

Überhaupt, das alles hängt viel mehr vom menschlichen Zusammenleben ab, als du denkst. Du bist nicht unabhängig von anderen, wie du immer glaubtest, im Gegenteil. Ohne ihre Anerkennung läßt sich schwer leben. Ein Sonderling muß stark sein, sonst wird er wirklich verrückt.

Vorläufig brauche ich als äußeren Schutz die Eingliederung, ich ergreife einen „bürgerlichen Beruf", werde Mittelschullehrerin. Als äußeren Schutz, um mich innerlich so sehr zu stärken, daß ich meinen eigenen Weg gehen kann. Das ist leicht gesagt, solange ich unter einer Glashaube lebe.

Indem du dir deiner Abhängigkeit bewußt wirst, indem du deinen Feind kennenlernst, seine Tücken und hintergründigen Machenschaften, kannst du sie, ihn bekämpfen, zumindest entschärfen.

Ein harter Weg, aber es muß sein! Sonst kannst du dich beerdigen lassen. Also: äußerlich wissen, was du willst, die Gesetze deiner eigenen Logik erklären, wenn es notwendig ist. Im übrigen: Schweigen.

Warum stört es dich, von deiner Umgebung als „geistig krank", als „hilfsbedürftig" angesehen zu werden. Es müßte dir gleichgültig sein. Statt dessen bist du verzweifelt, hoffentlich kein Selbstmitleid.

Diese Empfindlichkeit ist dir suspekt. Entweder bist du „geistig krank" und kannst es deshalb nicht hören, oder du fühlst dich in deiner Eitelkeit gekränkt, weil die Gesellschaft „geistige Krankheit" mißachtet, also wieder diese verfluchte Abhängigkeit. Aber was ist „geistige Krankheit", wo beginnt sie? Alle Ausdrücke „anormal", „asozial", „ver-rückt", zielen darauf hin, daß eine Abweichung von der Norm, der Verhaltensweise, die die Mehrzahl der Menschen billigt, vorliegt. Ist diese Abweichung (sie ist vorhanden) bei dir krank oder nur gesund-dekadent? Wenn die Spezialisten der Meinung sind, du kannst allein mit den Schwierigkeiten nicht fertig werden, woher nimmst du die Kraft und den Glauben, es doch zu schaffen? Entweder die Krankheit nicht als Krankheit zu sehen, oder wenn, zu sagen, daß du sie selbst heilen kannst?

Ob Krankheit oder nicht, wird eine Frage der Interpretation, der Grenzziehung bleiben. Also letztendlich unlösbar.

Ob du damit fertig wirst oder nicht, kannst du nicht entscheiden, du mußt es versuchen, und dieser Versuch kann scheitern.

Wieder: dich von deiner Umgebung nicht erdrücken lassen. Deine Stärke liegt nur in der Erkenntnis auch deiner Schwäche! Im Hintergrund steht, und nicht ganz durchschaubar, deine Angst vor der Psychologie, also vor dir selbst.

Und H.

Hoffentlich hast du dies Schlamassel bald hinter dir, daß du wieder so weit bist, dich ganz auf deine Arbeit zu konzentrieren.

26. 3. 64

So, mein wertes Fräulein, du nimmst dich mal wieder tüchtig ernst, darfst du auch, denn du stehst dir selbst am nächsten und mußt mit dir tagtäglich zusammenleben, aber.........

VERGISS NICHT DEN SINN FÜR DAS GROTESKE! Das Groteske, der Punkt, an dem Tragik und Komik zusammenfallen, die eigenwillige Perspektivenveränderung (Flugschau, Froschauge, Splitterglas, Schrägblick) oder einfach das „kalte Auge". Oder erhebe Privatprobleme zu allgemeinen Problemen. Alles wohlerprobte Mittel, um durchzuhalten, vielleicht die einzigen, die dir erlaubt sind.

Du hast das „Lachen des Bösen" verlernt.

Bist mittendrin, drehst dich im Kreise und wunderst dich, daß du noch immer am selben Fleck stehst. Spring heraus, besieh dir den Zirkus, meinetwegen spiel auch mit, aber als Clown.

Du bist auf dem Wege, dich einfangen zu lassen. Zurück zur Mutterbrust. Weshalb sonst diese langweilige Beschäftigung mit „Problemchen", die du längst abgetan hast?

Verdammt, du hättest Lust, mit einem Strauchbesen das Gerümpel beiseite zu fegen, und du weißt, daß dir der Stiel (Stil) dabei brechen wird. Also Stück bei Stück mit den Händen ergreifen, wenn es nottut, die Ellbogen dabei aufstützen. Wahrscheinlich die altbekannte „Prozeß"-Situation, immer ein Schritt zurück, das Neigen des Kopfes ein Zentimeter tiefer. Nein, nein, nein.

Zum Gewaltstreich nicht stark genug. Also Taktik.

„Und Tugend beruht nicht auf dem Verbergen der Sünden, sondern auf ihrer Überwindung."

Ähnlich wird es mit der Polarität Gesundheit—Krankheit stehen.

Das „Böse" zog dich einst unwiderstehlich an, du lerntest es kennen, zuerst in grober Form, in niedersten „Künstlersphären", die ihre Kunst für ein Stück Brot verrieten, denen der Mensch als Mensch nichts galt, die die „Spielwiese" rücksichtslos und ohne Finessen verwirklichten (Menschen-

fleischragout, männlich-weiblich, männlich-männlich, weiblich-weiblich, kreuz und quer durcheinander, schließlich war es gleichgültig, wer mit wem, männlich oder weiblich).

Auch du warst nur ein Stück Fleisch, wenn du auch nicht so weit gingst. Du hattest keine Angst, warst fasziniert, und ertrugst diese Demütigung, anonym, also kein bestimmtes menschliches Wesen zu sein mit wollüstiger Verzweiflung über dich selbst. Ein Jahr zuvor in Florenz dasselbe. Das „Weib". Der sporadisch auftretende Wunsch, „Hure" zu werden. Davon bist du geheilt. Du weißt........

Eine noch tiefere Demütigung, die körperliche Abhängigkeit von einem Mädchen, das dich überwältigte (dieses Mal mit Finesse, dieses Mal das „Böse" gepaart mit hoher Intelligenz, Schlauheit, stärkste Anziehung und Abstoßung zu gleicher Zeit).

Sie „liebte" mich als Madonna, ich sie als „Teuflin", und wir beide spielten unsere Rollen. Sie erfahren, bewußt, geschickt in Liebeskünsten, ich das Gegenteil.

Dazu kam das Zwitterhafte, die Verwandlung ihres Gesichtes in meinem Liebesmeer, bei Flut ihre Jungenhaftigkeit, bei Ebbe das Mädchen. Dabei auch deine eigene "Zwitterhaft" entdeckt, dominant das „weibliche". Da unerwartet, unvorhergesehen, umso einschlagender.

Ihr gegenüber bist du noch nicht ganz frei (die Träume).

Ob du jemals wieder einer lesbischen Erfahrung geneigt sein wirst? Körperlich unwahrscheinlich. Du weißt.........

Ihre Karikatur (dieselben Mundzüge, nur verzerrt) in Mannequin (Nymphomanin), die völlige Abhängigkeit vom Sexus, das Leiden, wenn die Begierde nicht sofort gestillt wird, das Tierisch-Hilflose, ihr Stöhnen. Das alles auch in dir, nur tief, tief verborgen, mit X Schutzvorrichtungen, Sonderhebeln, Abzweigungen versehen.

Und dieses Mädchen lerntest du in der „Selbstmordabteilung" kennen! Überleitung zum nächsten Kapitel, aber morgen: Böse – Sexus – Tod (Selbstmord) – Wahnsinn – ?

27. 3. 64

Nachtrag zu gestern: Das „Böse" überwunden, seine Faszination, durch Aufhebung des Verbots.

H. hat recht, das Leben ohne Tabu, vollendete Langeweile. „Der Fremde." Und nun, Thema „Liebe und Tod", die Worte sind kaum noch auszusprechen, es sei denn, als Überschrift eines Schlagertextes. Und was sollte sich darüber noch sagen lassen? Abgetragene Klamotten.

Aber sie gehören für dich zu der Liste dieser Worte, die du nicht auszusprechen wagst, aus Angst vor ihrer unfaßlichen Bedeutung, wie das

Wort „Schweigen" unter anderen.

Beiden gemeinsam: die Bewegung des Fallens, der Selbstaufgabe, die Auflösung des Ich mit all seinen Bürden und Anstrengungen, sich zu behaupten. Für dich waren sie immer untrennbar verbunden, und nicht nur sie; ein Komplex, der alles umgreift: Kunst, Naturgefühl, Religion (früher).

Hör auf, das führt in mythische Fernen, und denen bist du nicht gewachsen. Beim allumfassenden Eros bist du schon angelangt.

Also, mein lieber Tod, meine tödliche Liebe, früh fingt ihr an, mich sanft zu locken, und wenn ich mich euch näherte, erhielt ich Schläge auf meine Pfoten. Bis zur Meskalinumarmung. Da drücktet ihr mich an eure allgewaltige Brust, sodaß ich keine Luft mehr bekam und nach Hilfe schrie. Vorläufig hab ich genug von euren Liebkosungen, sie stoßen mich ab.

Der Schlag saß: Totalauflösung (ich bin der Tisch, das Schrankglas, die Tasse, ich bin Bewegung, ich bin nicht) — schade, daß du dem nicht gewachsen warst —, die Luft zieht sich zurück, als hätte sie mit mir nichts mehr zu schaffen, das Blut (Lebenselement) geruht, sekundenweise stehenzubleiben, und das Bewußtsein, du stirbst, Unterbewußtsein. In dieser hochdramatischen Situation ein paar klägliche Gedanken:

„Du stirbst, und willst nicht sterben".

„Du darfst den Namen des Meskalingebers nicht verraten".

„Du hast Angst, Christian und H. könnten sich Gewissensbisse machen, unglücklich werden in dem Gedanken, sie hätten meinen Tod mitverursacht".

„So weit bist du also mit deinen Experimenten (Über-menschenhybris) gegangen, das ist die Bezahlung".

„Die Qual ist so groß, sie sollen dein Bewußtsein löschen, zeitweilig oder für immer".

Und? Du lebst.

Auch die Faszination des Todes (es kostet viel Mühe, dies Wort zu schreiben) beseitigt? Nein, das nicht, aber von Selbstmordgedanken bist du geheilt (vorläufig?).

Dann im Krankenhaus die Sammlung der Tablettenschlucker und Pulsaderschneider, die banalen Gründe, und die Gespräche, nachdem sie wieder aufwachten, — it's boring, you are boring, my dear child.

Du weißt..........................kannst nicht wissen.

Und nun, als Hintergrundskolorit die Wahn-grenze.

All diese hochtrabenden, na wie nennsich, Schweife.

Es wird Zeit, pack die Katze am Genick und laß den Sack fallen.

So, du glaubst, indem du ihn, den Hintersinn, jetzt kennenlernst, neben dir, im Gang, auf der Treppe, bei Spaziergängen, in dir, indem du ihm gegenüberstehst, und er sich mit gewaltigen Tatzen vor dir aufrichtet, du ihn siehst, ihn überwindest.

Und seine Anziehungskraft übertönte bis jetzt alle anderen (Hettlage u. a.). Augenblicklich wird er durch seine Extreme (Fratzengesichter, die kaum noch etwas menschliches haben), banalisiert, entmythologisiert, entschärft, du hoffst es zumindest. Auf keinen Fall darfst du ihm ausweichen, du mußt stark genug werden, ihm deine „Stirn" zu bieten.

Du weißt......................noch nicht.

28. 3. 64

Du weißt...................etwas.................mehr,
daß du im Augenblick nicht stark genug bist.

1. *„Zuerst alle Erleichterungen von sich weisen, sich in einem so bodenlosen Kosmos finden, wie es mir nur möglich ist, in einem Kosmos von der maximalen Reichweite meines Bewußtseins, und das erfahren, daß man auf die eigene Einsamkeit und die eigenen Kräfte angewiesen ist — dann erst, wenn dich der Abgrund, den du nicht zu zügeln vermocht hast, aus dem Sattel wirft, setze dich auf die Erde und entdecke von neuem das Gras und den Sand". (Gombrowicz, Tagebuch S. 325) Kommentar überflüssig.*
2. *„Erstens, daß der Mensch ein in den Menschen eingefaßtes Wesen ist, daß über sein ganzes Verhältnis zur Welt sein Verhältnis zum Menschen bestimmend ist. Zweitens, daß wir uns nicht vertrauen können, daß das einzige, was uns die Persönlichkeit sichert, das schärfste Bewußtsein eben dieser Abhängigkeiten ist, die es gestalten". (S. 325)*

Das Ziel, den Wunsch, Gras und Sand zu finden, verbinden mit der zweiten Erkenntnis, also schärfstes Bewußtsein der Abhängigkeiten, die die Persönlichkeit gestalten.

Vorgestern abend lerntest du sie kennen, einen Teil deines Selbst im Extrem, seit Jahren übergibt sie sich dieser „Therapiemaschinerie", hat sich übergeben, und nichts blieb, kein Lebensfunke, kein Restchen Eigenwille, kein Interesse, kein „Selbst", nichts.

Du, im Januar dieses Jahres, verwirklichte Sinnlosigkeit, nur nicht so extrem. Als du sie sahst, wußtest du Bescheid, erschrakst. In der Nacht im Traum packte sie dich als Wahn-Besessene an den Hals, du flohst, hattest unfaßbare Angst vor ihr, vor ihrem Wahn, vor dir.

Am Tag, der Rückfall beim Spaziergang.

Seit einem halben Jahr erkennst du dich in deinen Karikaturen, die eine deiner latenten oder offenen Eigenschaften verzerrt am hellichten Tag mit sich herumtragen, manchmal mit ihnen eine Schau veranstalten.

Du möchtest ihr helfen, sie gefällt dir, vielleicht gelingt es dir ein wenig, da du glaubst, sie zu verstehen. Sie leidet sehr. Sie bestärkt dich darin, die Abhängigkeiten strengstens zu überwachen, keinen gewaltsamen Eingriff zu dulden.

Gib acht!

Die Gläubigen:

Du glaubst, oder dir ist keine Gnade zuteil geworden.

Die Marxisten:

Du bist Marxist, oder dein Denken ist vom kapitalistischen System eingeengt.

Die Adornos oder die Subversive Aktion:

Du bist subversiv, oder dein Denken ist verstaatlicht.

Die Psychologen:

Du glaubst an die Psychologie, oder du hast Angst vor ihr.

Alle Dogmatiker, Überzeugte, Gläubige:

Du glaubst, ...oder irgendetwas ist verkehrt bei dir.

Die Einengung des Bewußtseinshorizontes, Vereinfachung des Weltbildes gibt es für dich nicht, deshalb wirst du auch keiner überzeugten Gruppe angehören, sie beschnuppern, ja, aber nur, um weiterzugehen, beim Weitergehen Sand und Gras finden, dich nur mal kurz niederlassen (Flirt, Spiel mit kleinen Kindern, Sport, Natur).

Verdammt, da ist etwas, das ist stärker als du, stärker als deine stärkste Waffe, das Bewußtsein. Du willst leben und du wirst kämpfen, um zu leben und lebst, um zu kämpfen (Wortspiel). Dieser Rückfall ist härter als der erste, denn er zeigt dir, es wird lange dauern. 3 x verdammt.

Ein demütigender Zustand, Patient zu sein, für dich besonders, auf die Hilfe der Ärzte angewiesen zu sein; bei körperlichen Krankheiten gerade noch erträglich, bei nervlichen.....unerträglich. Weshalb? Die Authentizität der Person wird angegriffen. Und demütigend für dich, sich so lange mit diesen deinen Problemchen abzugeben.

„Die Gedanken sind frei"..................

30. 3. 64

Tränen, Tränen, Tränen.... sonst nichts
Abgründe
Und doch! Du mußt weitermachen!
Das Netz zieht sich über dir zusammen.
Über der Ameise senkt sich ein Schuh.

1. 4. 64

Du lebst in einem bösen Traum, lebst ihn und bist zugleich hilfloser, verzweifelter Zuschauer, und du hast vergessen oder nie gewußt, mit welchen Mitteln du aufwachen könntest. Der Kopf unter einer klebrigen, noch flüssigen Lavamasse begraben.

Sei ein Frosch im Milchfaß, strample so lange um dein Leben, bis die Milch Butter wird.

Wo ist deine erhöhte Position geblieben, das ganze Leben als Zirkusspiel und Narrenspaß zu betrachten! Ohne es zu merken, rutschte dir dein Sitz unter dem Hintern in die Tiefe, und nun kostet es dir Mühe, die Bühne noch knapp mit den Augen zu erspähen.

Dir schwindelt vor dem Anblick dieses Affentheaters, vor deinen Bären, die sich nach einer fremden, dir unheimlichen Musik drehen, und du selbst bist der Dirigent dieser Musik.

Wer schrieb diese entsetzlichen Noten?

Und wer der Zirkusdirektor, der dich mit eiserner Klammer den Taktstock heben läßt? Wie einfach, nur mitzuspielen, zu folgen oder nur zu betrachten! Aber beides zugleich!

Jetzt, wo du zum ersten Mal weißt, was du zu tun hast und was du willst, noch mehr, was du nicht willst, bist du zu hilflos, um es auszuführen. Hilfloser als ein kleines Kind, das mutig und neugierig sich hinausbegibt, um die Umgebung zu erforschen.

Aus Angst vor der Angst wagst du es noch nicht einmal mehr, spazieren zu gehen.

Du willst Ilsedore nie in diese Abgründe blicken lassen, bis vor einem Jahr folgte sie dir, deiner Entwicklung. Du fühltest dich für sie verantwortlich, wolltest sie vor dem bewahren, vor dem Märtyrerweg zur „Freiheit". (Spiel dich bitte nicht auf!)

Jetzt ist sie dir lieb als partytrunkener Teenager, mit Distanz. Ein wenig ehrlicher: sie war deine einzige Vertraute.

2. 4. 64

Du hast dich entschlossen, dir helfen zu lassen.

Dieser Satz ist sprachlich ebenso häßlich wie inhaltlich.

Kommentare erübrigen sich.

13. 4. 64

Wenn die Schlange das Symbol für den Phallus darstellt (beide „Gift sprühen", für mein Empfinden schleimig-eklig, angeblich auch heilsam um den Stab des Äskulap geschlungen), so lehrt der Phallus nach alt-

testamentarischer Mythologie das Weib, das „Böse" vom „Guten" zu unterscheiden, so hellsehend wie Gott zu sein. Köstlich!

Du spürst die Ähnlichkeit beider, das Gleitende, in deinen Händen. Immer wieder sind es deine Hände, die verborgene Zusammenhänge tasten. Der Wunsch, sie auf fremde Stirnen zu legen, auf Sorgenfalten und gequälte Augen (Frau Strohschneider-Kohrs, Marion), Ruhe hinüberströmen zu lassen, oder....

zusammenpressen, zudrücken, um den Birkenhals legen.

Der Wunsch, mit den Fingerspitzen Gedanken zu lesen, Blindenschrift zu entziffern.

Kurz, das Reizspiel mit dem fremden Körper.

Für dich gibt es nur Ähnlichkeit der Empfindungen, keine Symbole, nur „Komplexe", die weite Bereiche ergreifen, mit Berührungspunkten, -flächen, -räumen. So stellt die Schlange für dich nicht das Symbol für den Phallus dar, sondern beide berühren sich in der Empfindung des Gleitend-Gefährlichen, des Schlüpfrigen, also ein Assoziationsgefüge.

Ebenso bei der Sprache: das einzelne Wort bedeutet nicht mehr etwas Bestimmtes, sondern löst eine Assoziationskette aus, Erinnerungen.

14. 4.

> *„Die Autonomität der Sprache hat realitätsverdoppelnden Charakter. Es ist eine Veräußerung des halluzinativ auftretenden Sprachdings, durch Vokabeln und durch Sprachmuster sichtbar, in der Nähe mythischer Entrückung. Das Gedicht ist nicht mehr erfaßbar in einer symbolischen Redeweise. Es definiert sich nicht mehr in Beziehungen zum Innern des Subjekts." Heissenbüttel (Sprache im technischen Zeitalter, 9-10, 1964)*

Du stehst zwischen der symbolischen und autonomen Sprache. Für dich ist der Bezug des Wortes zum Ding und zum Innern des Subjekts noch vorhanden, in gelockerter Weise, als Hindeuten mit größtmöglicher Offenheit.

Kein „Idealismus" und kein „Nominalismus". Das Wort als Geste, die sich selbst und etwas anderes ausdrückt, wobei das „Selbst" und das „Andere" untrennbar zusammengehören.

Das Einfangen der „Welt" mit der Sprache.

Erkundung neuer grammatischer—syntaktischer—lautlicher Konstruktionen, die Aufhebung des indogermanischen Subjekt—Prädikat—Objekt—Verhältnisses.

Plädoyer für Müßiggang und Spiel.

Die Stufe der höchsten Vollkommenheit, frei von Bedürfnis und Zweck, frei von Normen, Tabus, Leistungsprinzipien, frei von Hemmungen und Krampf, frei für alle Möglichkeiten.

Dieser Gedanke fasziniert dich schon seit Jahren, er begann in dem Moment zu blühen, als du daran verzweifeltest, jemals den Sinn des Lebens zu finden. Damals, als du an dieser Sinnlosigkeit beinahe zerbrachst, sahst du darin deine letzte Rettung.

Jetzt erschließt er dir so viele neue Perspektiven, daß ihr beide gemeinsam neu erblüht. Nicht mehr die letzte Rettung, der letzte Krampf, sondern gelöster Übermut mit Neugierde gepaart. So soll auch deine Kunst ausschauen. Du wirst nie eine Tragödie schreiben können. Auch das Groteske darf nur noch spärlich angewandt werden, es ist heute oft zu unglaubwürdiger Manier erstarrt. Die Freude am Formenspiel muß überall durchblinken, das wesentliche Element der Kunst und des Lebens sein.

Und das in einem Staat, der die Menschen darauf ausrichtet, zweckvoll zu handeln, sich möglichst reibungslos im Gesellschaftsprozeß einzuordnen, „ein nützliches Mitglied der menschlichen Gemeinschaft" zu werden. Noch schlimmer im marxistischen System.

Indem du für die Offenheit, die ungeprägte Kindlichkeit eintrittst, wirst du immer ein Anarchist sein.

Gib acht, daß du nicht eingefangen wirst, weder von deinen Trieben noch von den Greifzangen und Schmeichelkünsten deiner Umgebung, gib acht, gib acht, mein Kind.

Dein Leben als „Experiment", als „Spiel", als „Erkundung von Möglichkeiten", als „Müßiggang" soll diese Abhängigkeit nicht leugnen, wie so oft bisher, sondern sie erkennen, und wenn es geht, durch Freude besiegen, und wenn notwendig, bekämpfen.

Eine Utopie, mein Kind, doch wie sie glänzt!

Dazu 20. 4. (Nachtrag)

Und die Gleichgültigkeit?

Was wird sein, wenn sie die Freude am Spiel, die Neugierde überwältigt? Gestern hattest du eine Ahnung davon, jenseits von Verzweiflung, Angst, Depression.

 wird sein, ein leeres Quadrat, ein Automat

oder.........

16. 4.

Mitleid: du hast nur Mitleid mit den Menschen, deren Leiden ähn-

lich ist wie dein eigenes, die dein Leiden in dir erwecken, also Selbstmitleid.

Witz und Lachen: der Heitere lacht nicht und ist nicht witzig, er lächelt und hat Humor. Witz und Lachen als Spannungsäußerung bei Verlust des Gleichgewichts. Humor und Lächeln als Ausdruck der überlegenen Weisheit. Komik ist also eine Wirkung der Perspektive. Es gibt nur zwei Perspektiven, die keinen Sinn für das Komische zulassen, der bewußtlose Zustand und das vollendete Bewußtsein. Alle Zwischenstufen sind gespannt: je stärker die Spannung und wacher das Bewußtsein, umso schärfer der Witz.

Du lachst, bist aber nicht witzig, obwohl du mannigfaltige Geräte zur Aufnahme von komischen Situationen besitzt: phantastische Fern- und Nahgeräte, Kristallgläser, feingeschliffen, Spiegelsäle, Frosch- und Falkenaugen, und, wenn es sehr bitter wird, der Lachtränenblick.

Doch es scheint mir, als wären all diese Geräte für lange Zeit eingeschlossen gewesen, unerreichbar für mich, gerade in Situationen, in denen ich sie notwendig gebraucht hätte. Nun ja, das ist vorbei, hoffentlich. Und heute ist der erste Tag, an dem ich sie wieder liebkosend ergreife.

Künftig sollen sie alle Eindrücke in ein schillerndes Farbspiel verwandeln.

Du möchtest schon wieder ein Narr sein (enge Verbindung mit der Spieltheorie), doch nicht mehr ein Narr, der beim Lachen die Züge grausig verzerrt.

Es gibt bestimmte Gedankenkreise, denen du nicht mehr entweichst; dazu gehört das Narrenbewußtsein, das Bewußtsein einer unaufhörlichen Lächerlichkeit seiner selbst, seiner Umgebung, des ganzen Lebens.

Meine Liebe, denk daran, du bist augenblicklich in deine Urheimat eingekehrt, ins Narrenhaus und bist hier zum ersten Mal durch fatale Umstände dazu gezwungen, vernünftig zu sein. Zum Lachen!

Überschrift: Die Vernunft im Narrenhaus.
Unterschrift: Die vernünftige Närrin I. B.

Dazu 20. 4. (Nachtrag)

Gibt es einen Narren, der seine Züge nicht grausig verzerrt?

20. 4.

Ordnungsprinzip des Menschen: Ähnlichkeit entdecken, Symbolisierung, hinter dem Anschaulich-Sichtbaren etwas Geistiges vermuten, verborgene Zusammenhänge annehmen, platonische Urbilder.

Magische Symbole der Höhlenbewohner, die Zeichnungen an den

Wänden, die Pfeile treffen zugleich ins Herz der Zeichnung und ins Herz des Tieres.

Christliche Symbole, beim Abendmahl, die Madonnenverehrung. Ursprünglicher Charakter der Kunst, die göttliche Mania, Zaubersprüche, das Bannen und Beschwören durch das Wort.

Dein Verhältnis zum Wort ist ursprünglich, unsachlich, du fürchtest dich, viele „Dinge" beim Namen zu nennen, du sprichst gern leise. Dein Verhältnis zum „Symbol" ist zwiespältig, denn du glaubst nicht an d a s „Allgemeine", d a s „Prinzip", d e n „Begriff", an d a s „Jenseitig-Geistige", zumindest weißt du nicht, kannst nicht wissen. Interessant: der Bezug, den Ernesto Grassi zwischen den Urbildern (Archetypen?) und den angeborenen Verhaltensweisen herstellt. Noch nicht zu Ende gedacht, alles im Keim.

22. 4.

Da es für dich das „Ding an sich" nicht gibt, ist jede Erkenntnis Selbsterkenntnis.

Du bist deine Welt.

Je vielfältiger, je differenzierter du bist, umso vielfältiger und differenzierter ist deine Welt. Uexkülls Umweltslehre. Armut der Zecke. Je weniger differenziert, umso sicherer das Verhalten. Die Schwierigkeit, Maßstäbe des Handelns zu finden, wenn einerseits die Instinktsicherheit durchbrochen und andererseits die sittlichen Wertsysteme relativiert sind.

Denkbar: ein fluktuierendes, dem Augenblick angepaßtes Wertmaß. Oder ist es möglich, ohne Wertung zu leben?

Jede Handlung, auch die kleinste, fordert eine Entscheidung, eine Auslese von vielerlei Möglichkeiten, Leben ohne Wertung ist Leben ohne Handlung, also Tod.

Dein fluktuierendes Wertmaß: der sinnig-geistliche Genuß. Vorraussetzung: die volle Bejahung der Tat (sehr schwer) und größtmögliche Bewußtheit.

Häufiges Ziel: Wiederherstellung des Gleichgewichts. Aber wer bist du? Subjekt und Objekt zugleich, ein wandelbares Etwas, das sich von Minute zu Minute ändert, das keine „äußere Wirklichkeit" anerkennt, aus Ein- und Ausflüssen besteht, ein locker zusammengefaßtes Bündel aus Sinneswahrnehmungen mit poröser Haut, kein Ich, kein Charakter, keine Persönlichkeit, keine Seele, ohne abgrenzbare Eigenschaft, also undefinierbar wie alles andere.

Bleibt: Du bist deine Welt.

Übrigens: gib es auf, zu philosophieren.
Deine logischen Fähigkeiten sind beschränkt, gegen zu abstrakte Begriffe

(Sein, Seiendes, Ding an sich...) hegst du einen unüberwindlichen Widerwillen, du mißtraust jedem Gedanken, der dir vorgelegt wird, oder den du selbst denkst, fast jedem Wort.

Silence..... silence

Ist etwa die Therapie für dich willkommenes Kampfmaterial, um die eigene Position des Zweifelns zu prüfen und zu stärken?

Du bist davon überzeugt, daß sie an deiner intellektuellen Haltung nichts ändern kann. Wohl wird sie dir viel Vergessenes und Unbewußtes bewußt machen, dir die Angst davor nehmen, deine Freiheit vermehren. Freiheit — Unabhängigkeit — völlige Bejahung seiner selbst — größtmögliche Bewußtheit.

Es bleibt: die Entwürdigung, daß du es nicht allein geschafft hast, und das ist bitter, sehr bitter. Nicht, daß du jede Abhängigkeit verwirfst, im Gegenteil, nur sie weckt in dir verborgene Schlafgeister, gräbt Schätze aus, an die du aus eigener Kraft vielleicht nie gelangt wärst. Doch dann ist es ein spontanes Vertrauen, Freundschaft, Liebe. Dies bleibt ein bezahltes Arzt-Patientenverhältnis, auch wenn der „Gegner" noch so vertrauenswürdig ist. Du kannst es als letzte Notlösung akzeptieren, nie ganz bejahen.

Deine Gesellschaftsmaske erscheint dir im Augenblick grotesk, du lachst, sprichst, reagierst automatisch, als Fremde, und jeder Ausdruck um ein Grad zuviel, eine Karikatur.

Und dazu diese Überempfindlichkeit. So bist du nicht lebensfähig. Bitte, mein Fräulein, eher Selbstbeherrschung, aber kein Krampf, kein „keep smiling", und drehe dich nicht immer um die eigene Achse!

6.5.

Du ärgerst dich, daß du sowenig diesen ungewöhnlichen Bewußtseinszuständen gewachsen warst, daß du mit Angst reagiertest statt mit Neugierde.

20. 5.

Die Klarheit der geometrischen Figuren, der Kreis, das Quadrat. Oder der Stein, die Schneefläche.

Weiß.

Klarheit, Ruhe, Bewegungslosigkeit — Schweigen.

Und doch Formen von äußerster Intensität, gesammelte Intensität, konzentrierte Dynamik, Statik und Dynamik, Formen der Anschauung, eine Frage des Stand- oder Fluchtpunktes.

Ebenso Leben und Tod?

Es regnet, Schritte im Flur, Geschirrklappern, ein Spatz unter der

Kiefer, er schüttelt sich, die Bewegung der Blätter, meine Hand, die Linien auf dem Papier.

Bedürfnis nach raffiniert einfachen Strukturen.

23. 5.

Und? Führst du ein Doppelleben oder ist diese zur Schau getragene Fröhlichkeit „echt"? Beides. Du bist erstaunt, daß du dich wieder dem Leben öffnen konntest, nachdem du glaubtest, mit allem abgeschlossen zu haben.

Eben, der Mond, der sich von Zweigen halb verdeckt im Teichwasser spiegelte, die Bewegungslosigkeit der Nacht. Noch immer ein Gefühl von Unheimlichkeit in der Dunkelheit.

Die Menschen. Das Ungewöhnliche ist gewöhnlich geworden, vice versa, je nach Perspektive, du hast in der letzten Zeit zu viele merkwürdige Schicksale, zu viele Grenzgänger kennengelernt, diese Neugierde ist gestillt.

Die „Therapie": eine notwendige Auseinandersetzung mit dir selbst. Du hast viel Klarheit gewonnen, wenn du die Therapie auch ein wenig als intellektuelles Spiel betreibst, wobei deine Spielregeln immer raffinierter werden.

Du weißt, was du willst, besser, nicht willst, du weißt, daß der Zick-Zack-Pfad, auf dem du künftig entlangwandeln wirst, mit einem Taststock ausgerüstet, sehr schmal ist, daß du auch bei großen Versprechungen nicht Zuckerbrot aus der Hand fressen wirst, daß deine Sohlen weicher als die Steine sind und daß Barfußlaufen nicht leicht fällt.

Du fühlst dich wieder stark genug, deinen Weg zu gehen, auch in der Verbannung.

Der Trampelpfad des Lebens (sich ehrlich und, soweit möglich, ohne Kompromisse durchzulavieren) ist ebenso schmal wie der der Kunst. Denn „im Prinzip" wollen alle nur dein Bestes, vorrausgesetzt, du folgst ihnen.

Notfalls nennen sie dich krank, neurotisch. Auch so wird das Gleichgewicht wieder hergestellt.

Hie — die Gesunden, Normalen, Gut-Gesinnten

Da — die Kranken, Anormalen, Böse-Gesinnten

Die gängige Psychologie verbanalisiert alles, will die Komplexität des Lebens auf ein paar lächerliche Phänomene reduzieren. Dein Widerwille gegen oberflächliche Kausalität bleibt, weil, weil, weil, ad finitum.

Und doch ist es ein gewaltiger Interpretationsversuch. Das Freud'sche System. Jung reizt dich mehr, schwierig, fast esoterisch.

Du liebst dein Leben zu sehr als Kunstwerk, um es in ein festgelegtes Denkschema zu pressen, und ein Kunstwerk ist porös, durchlässig für viele Deutungen, nie ganz faßbar, hermetisch und offen zugleich.

25. 5.

La condition du poete: agi et travaillé par les forces qu'il libere et jette dans le monde. 3)

28. 5.

Du bist träge, schläfrig, faul geworden, glücklich und ruhig. Sollte wirklich ein umgekehrt proportionales Verhältnis zwischen innerem Glück und geistiger Anstrengung bestehen? Du hast seit langem nichts mehr geschrieben, liest wenig, denkst wenig. Bist du etwa gezähmt? Oder ist es nur eine vorübergehende Entspannung nach zu intensiven und tiefgreifenden Erlebnissen? Deiner Aggression ist der emotionale Boden entzogen, augenblicklich.

Doch, du hast viele neue Erkenntnisse über dich selbst gewonnen, bereits vorhandene vertieft. Die Opposition gegen die Behandlung hat dich zu einer Radikalität dir selbst gegenüber veranlaßt, die dich weit gebracht hat. Überhaupt scheint geistige Opposition fruchtbarer zu sein als Zustimmung, natürlich nicht Opposition per se.

Es ist merkwürdig, du hast eine Aversion gegen Privates, gegen Aufzeichnungen von persönlichen Nöten, wenn sie sich nicht in Form kristallisieren. So mußt du auch erst deine Tagebuch-Form finden.

Jetzt, nachdem allzu drängende innere Nöte beseitigt sind, beginnt die künstlerische Hauptarbeit oder der Stillstand, du wirst nichts forcieren, sondern abwarten.

4. 6. 64

Anarchistin a. D., im Ruhestand, weiterhin das Doppelleben, die bewußte und gewollte Schizophrenie, dein Verhältnis zur „Gesellschaft" bleibt gespannt, von morgens bis abends kleine Lügen, kleine Kompromisse, Freundlichkeit mit einer Fratze hinter dem Rücken, Worte und Gespräche, über die du lächelst.

Ist egal, Theorien baust du nicht mehr auf, eine „Situationistin"— alles hängt von den augenblicklich gegebenen Umständen ab, nach denen du dich bewußt oder unbewußt entscheidest, ein Kompromißweg, du kannst es nicht leugnen, zwischen dem radikalen Widerstand und dem resignierten Schweigen.

6. 6. 64

Auffallend ist die Stille, in dir, und spiegelbildlich, „außen". Die scheinbare Abwesenheit von Bewegung. Schon das Aufschreiben dieser Worte empfindest du als Störung dieses Schweigens. Deshalb das leere Blatt an H. Die Nacht.

Am Tag lebst du einen bewußten Traum. Du beobachtest, wie sich die Menschen bewegen, sprechen (alle Sätze sind gleichwertig), du lachst. Funktionierst.

„J'écris d'un pays lointain." 4)

Hast du jetzt diese so sehr ersehnte Leichtigkeit erreicht? Du schwebst in der Luft. Gib auf die Sonnenstrahlen acht! Und doch voll Zauberkraft.

«Die Frühschriften» von Marx

Anfang Juni wurde ich aus der Klapsmühle nach Hause entlassen. Für mich war es klar, daß ich nach München zurückkehren wollte.

Meine Eltern setzten mich unter starken Druck, daß ich in jede andere Stadt gehen könne, aber nicht nach München, denn sie meinten noch immer, daß es der schlechte Einfluß der anderen gewesen sei, der mich so widerborstig gemacht hat – sonst würden sie mir keinen Pfennig Geld mehr geben.

Für mich stellte das damals in meinem labilen Zustand eine nicht unerhebliche Bedrohung dar, aber noch stärker war der Wille, mich nicht unterkriegen zu lassen. So gab es eine heftige Auseinandersetzung, in der ich meinte, daß sie sich ihr Geld an den Hut stecken könnten. Als sie merkten, daß sie mit dieser Tour nicht durchkamen, gaben sie nach aus Angst, mich ganz zu verlieren oder aus konfusem schlechten Gewissen.

Aber von dieser Zeit ab wurde ich in der Familie als gefährliche Person eingestuft; und sie versuchten, meine beiden Schwestern von mir fernzuhalten, damit sie nicht meinem schlechten Einfluß unterliegen; selbst meine Vettern und Kusinen wurden vor mir gewarnt. Je mehr ich zum negativen Mythos gemacht wurde, um so mehr mußten sich diese Kinder mit mir identifizieren oder sich völlig anpassen.

Aufschwung gab mir ein Brief von Frank, ein paar Zeilen auf dem Plakat „Suchanzeige" der Subversiven Aktion, das mit den Sätzen *„Wir glauben, daß Wissen nicht Bewältigung ist. Wenn auch ihnen das Mißverhältnis von Analyse und Aktion unerträglich ist, schreiben sie unter Kennwort ––––– verantwortlich: Th. W. Adorno 6 Ffm Kettenhofweg 123".*

Adorno war später entsetzt, daß sein Name zu einer praktischen Aktion mißbraucht werden konnte und erstattete Anzeige.

Nur wer jemals in einer Einsamkeit wie Knast oder Klapsmühle gehaust hat, kann begreifen, welche Wirkung selbst belanglose Zeilen in solch einer Situation haben können. Bei Frank spürte ich, daß er keine Angst davor hatte, mich wiederzusehen, was ich bei den anderen nicht wußte. Und dabei waren es teilweise höchst fragwürdige Sätze wie *„Papst Kunzelmann ist etwas vorsichtiger im Umgang mit Menschenmaterial geworden. Mehrere schlechte Erfahrungen haben ihn dazu gezwungen."* Aber ein ermutigender Schlußsatz: *„Für alle revolutionären, psychologischen, literarischen usw. Auseinandersetzungen stehe ich dir jederzeit zur Verfügung."*

Für mich war dieser Brief damals von unschätzbarer Bedeutung; ich fühlte mich ernstgenommen und stellte mir die Rückkehr nach München nicht mehr so schlimm vor.

Vorher, um ein wenig andere Luft zu schnuppern, fuhr ich mit einem Verlegerehepaar, das bei uns in der Nähe wohnte, zu einer Tagung „Literatur und Gesellschaft" in der evangelischen Akademie von Loccum.

Dort kam ich nach einem kritischen Redebeitrag mit einem älteren Herrn ins Gespräch, den ich B. nennen will. Wir hatten es uns vom ersten Moment an über alle Maßen angetan und machten uns mit kurzen, ironischen Bemerkungen und Augenzwinkern über die anwesende Gesellschaft lustig; ich war nach dem langen unfreiwilligen Exil aufgedreht und vor Übermut kaum noch zu halten; er warf mir so eindeutige Blicke zu, daß mir doch ein wenig mulmig zumute wurde und ich lieber verschwand. Später wurde daraus eine lange Geschichte, womit ich jedoch damals nie gerechnet hätte.

Die Rückkehr nach München war schwerer, als ich es gedacht hatte; ich war doch noch sehr labil und bekam bei der kleinsten Aufregung Herzklopfen und leichte Angstgefühle. Die ersten Nächte verbrachte ich in einem engen dunklen Hotelzimmer, mit Horrorträumen. Dann wohnte ich nacheinander erst bei Gisela, bei Jobst und schließlich bei einer Freundin von ihm. Sobald Gisela und ich wieder zusammen waren, vergaßen wir die uns gegenseitig zugefügten Verletzungen und hatten uns lieb. Es gab mit und bei ihr ein paar „literarische Abende" mit jungen Dichtern, auf denen mir meine Rolle so unerträglich wurde, daß ich nur noch „als lästig" auffallen wollte, was mir auch gelang. Gisela verreiste dann den Sommer über und kam erst zum Wintersemester nach München zurück.

Ich entschloß mich nach langem Zögern, im September allein nach Frankreich zu fahren, um wieder Mut zu mir selbst zu gewinnen, denn ich lebte noch ständig unter der Angst, es könnte ein Rückfall kommen und klammerte mich deshalb an jeden nächstbesten Schutz.

Für mich war diese Reise ein Sprung ins Wasser, bei dem ich nicht wußte, ob ich noch schwimmen kann. Und bis auf ein paar Angstzustände gelang es mir auch, zurechtzukommen, sogar behutsam-abenteuerliche Geschichten zu erleben, bei denen ich ein Gefühl von schwebender Leichtigkeit empfand, mit viel Sonne und Klarheit.

12. 6.

„Es besteht eine Tendenz, alles im menschlichen Verhalten, was ungewöhnlich, nicht allgemein bekannt oder allgemein verständlich ist, als neurotisch, psychopatisch, unreif, pervers oder als Ausdruck seelischer Störun-

gen anzusehen." Kinsey, „Das sexuelle Verhalten der Frau".

22. 6.

Wieder im „Leben" drin: literarische Gespräche, Flirts, Menschenjagd, Menschenflucht, Schratgelächter, Katzenjammer, Komödienschweif.

B., nach langer Zeit wieder ein Mensch, geschaffen für Übermut und clowneske Winkelzüge, ein Mensch? Das Gesicht, eine seltsame Mischung von Tier und Intellekt, heterogen, die vorgeworfenen Lippen, die geröteten, halbtrunkenen und doch hellwachen Augen, hochgeladen, anziehend und abstoßend zugleich. Dem traust du alles zu. Spielernatur. Ein starker Wüstenstrom.

Unheimlich, und doch.

Man wird dich für seine Geliebte gehalten haben (deshalb das Interesse für dich, als er fort war) oder für eine verborgene Schriftstellerin, er dich für intelligent oder verrückt, wahrscheinlich beides, auf jeden Fall schreibend. (Möchtest du!)

Übrigens merk dir: wenn du mit dem Spiel beginnst, dich toll gebärdest, mußt du es bis zum Schluß durchführen, ohne Rückfall in private Anliegen, nur so bleibt alles in der Schwebe.

Im Ganzen: für den Anfang nicht schlecht. Dann der kafkaeske Jüngling von „Christ und Welt", das Gegenteil von B., seine K.-Erzählungen, die liebenswürdige, betont bürgerliche Haltung, doppelbödig.

Wieder die Berührung mit sich kreuzenden Strömen.

Merkwürdig; du behandelst alle, je berühmter, umso mehr, wie Kinder, und du selbst das Superkind.

Sonst. Ja, das Thema: Das Verhältnis von Literatur und Gesellschaft. Die Einsicht, daß die Breitenwirkung von Kunstwerken, die durch die Sprache in neue Bewußtseinsbereiche vordringen, immer gering sein wird, daß das schriftstellerische Engagement an die Tagespolitik nur mit Niveausenkung möglich ist, daß dies nur in publizistischer Form (Manifesten unter anderem) geschehen kann, die mit Kunst nur noch wenig zu tun haben, daß die Literatur die Aufgabe hat, neuartige Erfahrungen neu zu formulieren, und so, wenn sie Glück hat, den Leser für neue Möglichkeiten zu öffnen.

Übrigens: die Wirkung jeder Tätigkeit ist begrenzt, merk dir diese Binsenweisheit. Genug theoretisiert. Endlich wieder wach.

Dein Spiel: du machst alle neugierig, und es ist nichts dahinter.

8. 7. 64

Andere Menschen bewußt zu langweilen, eine neue Art von Sadismus, hochernste, intelligente Wesen mit Banalitäten zu beköstigen, bis es sie ekelt. Unmöglich, noch irgend ein ernstes Gespräch zu führen, weder über Literatur noch über „Persönliches". Gib acht, Schmalspur. Totale Isolierung kannst du dir nicht leisten. Spiele ernst. Überhaupt und..... Ja, du, sie trafen sich, sie dich, du sie.

Z., nicht mehr viel Bedeutung, er ist zu tief in dir eingegraben, der Sargdeckel über seiner lebendigen Leiche kann durch seine Gegenwart nicht emporgehoben werden.

W. Na ja, erübrigt sich, eklig.

H. Trotz aller Vorbereitungen ein harter Schlag, fünf Minuten eiskalte Hände.

Es hat sich seitdem mehr oder weniger, viel, viel mehr nicht, mehr als, viel mehr geändert. Weiter (drei Seiten lang). Disziplin, unersättliches Lesebedürfnis, und französische Grammatikübungen.

Wenn du nicht aufpaßt, bist du in einer Woche wieder fertig. Was dann? Ist sicher schnuppe.

11. 7.

Na und? Bauz, da fiel sie um! Fiel.

Man sollte annehmen, daß ein Körper, der viele Schläge empfangen hat, gegen sie abstumpft. Denkste, die Haut wird von Jahr zu Jahr dünner und die Nerven reizbarer. Hast dir schön viel eingebildet, wie sicher du ihnen entgegentrittst, ironisches Lächeln in den Mundwinkeln, Zeugnis deiner reichen (Lebensgefahr) Lebenserfahrung, der Zustand jenseits der Höllenfahrt „Wo ist der — die — das, der — die — das mich erschüttern könnte?"

Nichts da, klein, kleiner, am kleinsten. Es traf. Was traf? Er legte seinen Arm um sie und du gingst in dich. Schön banal. Also noch immer. Wider alle mühseligen intellektuellen Vorkehrungen. Du mußt ihn sehen, zur Ernüchterung, oder nicht, je nachdem.

Unentwirrbare Knäuel, die Verbindungslinien auf denen wir entlangtanzen, ohne sie zu sehen. Ja, die müßte man auch zeichnen können, schreiben, jedes Handlungsgefüge ist bereits zu grob, also: Gestricheltes, Bruchstückhaftes, angedeutet. Die Passagen von Michaux.

Nicht ertragbar der Gedanke, daß du dumm bist und unfähig, etwas auszudrücken, zu formen. Bei dir ist alles weiche Materie, labil, ohne Konturen, so wie dein Äußeres. Das kostet Disziplin und Disziplin. Wenn du dir all diese besonderen Fähigkeiten, diese Ausnahmestellung nur einbildest, wenn nichts von dem vorhanden ist? Nein, du wirst weiterhin an dich glauben. An deine Schwäche, die du in Stärke verwandeln mögest, Strenge und Ruhe.

Sehnsucht: alles in mathematische Formen zu verwandeln, in reine, ungestörte Linien, den Kosmos in Zahlen einzufangen, oder Kunst nach Zahlen.

Unvergeßbar: der Maskentraum, infernalisch. Das riesige leblose-lebendige Gesicht mit den winzigen Augen (höhnisch?), wie du zu ihm emporkletterst, mühsam, wild auf die Lippen küßt, um es zu wecken. Gehört zu deinen drei schlimmsten Traumnächten.

12. 7.

Da ist etwas in dir, was ständig „n e i n" ruft, was den Sinn all deiner Handlungen und Gefühle bestreitet, schon die linke Hand zweifelt, was die rechte tut, indem sie es tut, der unberechenbare und unbrechbare Widerstandsgeist, auch gegen das Leben selbst.

Gefühl eines fortschreitenden Niedergangs mit Unterbrechungen. Nein, nein!

15. 7.

Widerlich: Dies ständige Kreisen um sich selbst, die Unmöglichkeit, sich über sich selbst hinwegzusetzen, die Affektionen als Störungsfaktoren, deine Schwerfälligkeit, Schwäche, labile Konstitution, Verkrampfung, all das und noch viel mehr, unendlich viel mehr. Dann die Versuche des Neubeginns und in den Schenkeln die Last der Vergangenheit, ja, und die Lust der Zukunft.

Bitter: die Erkenntnis deiner Grenzen.

Was sagte N.? Inga, glücklich ge- und verliebt, = bourgeoise in persona. Liegt da der Kern all deiner Unruhe, deines Wissensdranges, deiner Zerrissenheit? Vielleicht, und warum nicht! Das Resultat bleibt das gleiche. Das Leben, ein Verzicht, Stück für Stück, ein bißchen mehr oder ein aussichtsloser Kampf, bescheidenes Glück oder der Sprungschanzenweg.

Doch, da gibt es was: die unmeßbare Ferne zwischen den Wolken oder über dem Meer, wo sich das Licht in deinen Augen widerspiegelt, wie das Lächeln in den seltenen Momenten der Übereinstimmung, eine ferne Berührung mit Worten, die du zwischen deinen Fingern schmelzen läßt, oder die kristallen sich selbst reflektieren, Salzkristalle, ja,

die Ruhe einfacher Linien, der weißen unbeschriebenen, unbemalten Fläche, eine Form, Kontur, Hand, ineinander geschachtelte Häuserwinkel auf dem Hinterhof, ein paar Töne, die assoziativ Wellen um sich schlagen, die Offenheit für Welle überhaupt.

20. 7.

Versuch einer Entscheidung: (das ist es, du weichst jeder Entscheidung aus, nicht für, nicht gegen, bitte kein Verlustgeschäft, ich will ja nur mein Bestes, Angst vor der Kettenreaktion eines noch so geringfügigen Entschlusses, die Problematik als Vorwand)

Frage: 1) Ferienreise. 2) Studium

1. Was willst du? Arbeiten (Lesen, Sprachstudium), interessante Unterhaltung, Schwimmgelegenheit, ja, auch Sicherheit (du bist noch immer reichlich „gefährdet"). Du wirst ein Arbeitspedant werden, mußt es! ....Laß das: derartige Erörterungen sind bei dir inflationskrank.

23. 7.

Faszination: durch „Archetypen" des praeformierten Bewußtseins? Wer fasziniert mich? Die Verkörperung meiner Wunschbilder, der erträumten Möglichkeiten meiner selbst. Sind diese Wunschbilder durch die Gesellschaft praeformiert oder ursprünglich?

Ursprüngliche Wunschbilder müssen angeboren sein, also angeborene Schemata, nach denen wir handeln, die uns reizen, die als Auslöser von bestimmten Reaktionen dienen, die Jung'schen Archetypen, das Instinktverhalten der Tiere (Menschen), die platonischen Ideen.

Sie sind also praeformiert wie wir selbst durch die Gesellschaft praeformiert sind, wie alle Wertvorstellungen, die wir haben. Faszination als Steigerung von Bewunderung, in H. B. Der Mut zur Kompromißlosigkeit, die relative Gleichgültigkeit gegen die Wertschätzung der anderen, ja, die Konsequenz, das zu tun, was man für richtig hält. Also die Verwirklichung deiner Möglichkeiten, zu der du selbst zu feige bist.

Ebenso G., aber mit umgekehrten Vorzeichen.

Übrigens sind alle deine Wertvorstellungen auf dich selbst bezogen, Selbstverwirklichung, du willst niemanden überzeugen, ändern, eben, weil sie nur für dich und in diesem Augenblick gültig sind.

Du bist eine Mühle, die beim Mahlen das Korn selber auffrißt, sodaß nichts rauskommt.

Keine subversive Aktion!

D i e s u b v e r s i v e P a s s i o n !

Die beschauend-reflektierende. Langsam, langsam dreht der Wolf. Nein, über den Schatten springst du nicht.

27. 7.

Doch, du springst und wirst über den Schatten springen. Offenheit für den anderen, und auch der Versuch, ihn zu ändern, ihm zu helfen, wenn du es für notwendig hältst.

„Revolutionäre Kontemplation" contradictio in adjecto.

Mißstände dürfen nicht nur festgestellt werden, sondern auch vor allem bekämpft, selbst wenn die Wirkungsmöglichkeit relativ klein ist.

31. 7.

Ja, das war einer der schwersten Vorwürfe deines Lebens, auch wenn du ihn noch nicht ganz verstehst, nicht ganz klar ausdrücken kannst. „Du kreist im Leeren, du entscheidest dich nicht, du bist nur mit deinen kleinen Problemchen beschäftigt, ohne einen großen Zusammenhang zu sehen, du bist letztendlich zu feige, dich zu dir selbst zu bekennen, du weichst aus, möchtest allen gefallen, deine Motive sind unlauter, der Tanz auf allen Hochzeiten, um nichts zu verlieren."

Nein, nicht Oberflächlichkeit, aber unfruchtbare, schwammige, ständig brodelnde Tiefe. Keinerlei Linienführung, Angriffspunkte.

All das, was du an A. am meisten verachtest. Güte aus Mitleid und Schwäche wie dein rundes, aufgedunsenes Gesicht. Du gehst immer am Wesentlichen vorbei. Vielleicht bist nur nicht mehr als gewöhnlich, und dein Ehrgeiz treibt dich dahin, anzunehmen, daß du auch zu einer größeren Leistung fähig seist.

Deshalb konntest du die Gespräche mit I. nicht ertragen, du fühltest dich durchschaut und in deiner Winzigkeit erkannt, sahst deine Schwächen entblößt.

Warum klingt es so bitter zu sagen: ich bin ein liebes, einfaches Mädchen? Die Angst, langweilig zu sein oder zu wirken? Und doch wäre das Bekenntnis zu deinen minimalen Fähigkeiten das Ende deiner Entwicklung, ein relatives Glück wäre mehr oder weniger gesichert, auch eine weitreichende Sympathie deiner Mitbürger.

Hast du aufgehört zu suchen? Bist du eingeschlafen? Fast. Dein Ziel, ein normaler, angepaßter Bürger und Anerkennung einer gewissen Besonderheit, die dir die Norm erst schmackhaft macht?

Dein Bewußtsein schläft, hat vielleicht immer geschlafen. Erträgst du das Wachsein nicht? Brauchst du immer Narkotika, um die Augen ja nicht zu öffnen?

Ein Mensch, den du in keine deiner Schubladen einordnen kannst, Selbsterkenntnis durch den anderen, fast zum ersten Mal ohne erotische Beimischung. S e l b s t e r k e n n t n i s, wohlgemerkt, nicht Selbstbestätigung. Ich hoffe, dieses Mal wird es dabei bleiben.

10. 8. 64

Selbsterkenntnis, nicht Selbstbestätigung, das ist es. Das Asoziale als Vorwand, um sich interessant zu machen. Die Banalität und Unehrlichkeit des Balzens. Wenn als Spiel, dann gekonnt und bewußt, aber nicht als Selbstvorspiegelung falscher Tatsachen.

Also doch die höheren Werte: die Anständigkeit den anderen und sich selbst gegenüber. Erotik als Belebungsstoff bei Gesprächen, aber auch die Gefahr, den Bannkreis des Allzupersönlichen nicht zu verlassen. G.'s Koketterie ist überzeugend, da weitgehend naiv, bei dir wirkt sie lächerlich.

Nicht gefallen wollen! Die verdammten Schliche der Eitelkeit, selbst auf den sublimsten Umwegen.

18. 8. 64

Also, keine Panik, meine Liebe, sie ist wieder da, deine süße Freundin, die Angst, in Begleitung von jagendem Herzklopfen, Schweißausbrüchen und Atemnot. Hoffentlich kein historischer Augenblick, kein Rückfall, kein Stoß in die Tiefe, um neue Vulkane, vielmehr schlafend verborgene, hervorbrechen zu lassen, um noch einmal von vorne beginnen zu müssen, noch einmal die „Hölle" zu durchschreiten, du bist gebrannt, und für immer werden die Narben bleiben. Wie dünn ist doch die Haut, die sie bedeckt, und wie leicht einzuritzen! Du wußtest es, aber du mußtest es wagen, wieder ganz selbständig zu werden. Selbständig? Du schwaches Wesen wirst es nie sein, immer schutz-bedürftig bleiben. So kannst du natürlich nie aus dem Teufelskreis springen, um dich in irgendeiner Weise zu transzendieren.

Ich wünsche mir eine unendliche Portion träger Müdigkeit, ohne Träume, für ein paar Stunden. Ist das zuviel? Menschenskind, so kommst du auch nicht weiter. Entweder „schläfst" du und kommst zu nix, oder du bist angstwach, und diese Freundin raubt dir den letzten Grips. Wenn es wenigstens noch ein paar anständige Visionen wären (du unterdrückst sie ja, Feigling), aber nein, nur banale körperliche Symptome. Eigentlich leidest du gar nicht, nur äußerste Wachheit und Unruhe, das Unbehagen, wenn der Feind näher rückt, allzumal es dunkel ist und du schon einige böse Erfahrungen mit ihm gemacht hast. Ein übler Beischläfer, dem nicht zu trauen ist. Wenn es wenigstens noch originell wäre. Aber nein, die Seuche dieser Rasse ist überall verbreitet. Schließlich führt es dich doch noch in den Schoß der Mutter Kirche zurück oder zumindest zu Therapeuten, wär schon ein verdammter Mist, nachdem ich dachte, alles überstanden zu haben.

Na, vielleicht geht es nochmal gut.

23. 8. 64

Es ist gut gegangen. Du bist traumhaft ruhig, lebst das Leben, „wo jeder vor jedem bewußt oder unwillkürlich eine Komödie aufführt, um jener rational fast ungreifbaren magischen Wirkung willen, die man Prestige nennt".

11. 9. 64

Fast alle Eigenschaften, nach denen du strebst, werden allgemein als männliche Eigenschaften bezeichnet: Entschlossenheit, Wille zur Klarheit, der Wunsch, etwas zu schaffen, besitzen, hochgespanntes Bewußtsein, Wachheit; wie vereint sich dieses alles mit den weiblichen, nachgiebigen Formen deines Körpers?

Ja, du wärst gern weniger weich, sinnlich, weiblich, noch immer. Wirst du mit dieser Substanz fertig werden, sie in kristallene Formen verwandeln, in denen sich die Sonne in allen Farben spiegelt?

Wohlgemerkt: verwandeln, nicht zwängen.

Von Frankreich zurückgekehrt, zog ich wieder in die Amalienstraße, wo ich auch schon die Jahre zuvor mit Jobst gelebt hatte, allerdings nicht in seine Wohnung, sondern ein Stockwerk höher zu zwei Frauen, die ich nicht kannte. Die Wohnung im ersten Stock hatte ich derweil an ein paar Subversive vermittelt, an Franks Bruder Volker, seine Freundin Birgit und andere. Erst jetzt begann ich, mich wirklich intensiv mit der Gruppe auseinanderzusetzen.

Am 15. 11. 64 schrieb ich an Ilsedore *„Kurz: Allgemeines Wohlbefinden, erweiterter Bekanntenkreis nach innen und nach außen, ohne besondere Abenteuer (auch kein Bedürfnis danach), viele Gespräche, Wellenbewegung von und zu Gisela, einige interessante junge Mädchen, Birgit und die Kleine von Böckelmann, ein distanziertes Engagement an die Subversive Aktion, geistige Auseinandersetzung mit derselben, überhaupt das Gefühl eines Fortschritts. Wohin? Oh doch, ich merke, wieviel ich in diesem Jahr gelernt habe, wieviel freier, wacher, lebendiger ich geworden bin, auch wenn mein augenblickliches Interesse an Jungen gleich Null ist,........"*

Mit Birgit war ich viel zusammen: sie erzählte mir von ihren Schwierigkeiten mit Volker, von dem brutal-autoritären Verhalten in der Subversiven, das mich nicht gerade ermutigte, mit der Gruppe näheren Kontakt aufzunehmen. Obwohl Birgit selbst ein wenig dogmatisch war und auch verächtlich gegenüber denen auftrat, die nicht dazugehörten, mochte ich sie gern; ich wurde für sie eine Art Muttersatz, wie auch für die anderen Subversiven, die mich besuchten. Sie konnten ihre Probleme bei mir abladen, ihren Hunger stillen oder sich auch Geld borgen.

Am kompliziertesten war meine Beziehung zu Co, der Freundin von Frank; sie wurde für mich das Idealbild gelebter Freiheit; sie verwirklichte ihre Phantasien, ohne Angst zu haben, dafür als verrückt angesehen zu werden. In der Gruppe galt sie nur als die Kleine von Böckelmann, ihm voll hörig und zugetan. Aber ich empfand sie als mutig, fast als tollkühn; sie faszinierte mich so, daß ich mich von ihr in meiner Vorsicht und Feigheit durchschaut fühlte und in Frage gestellt. Und sie hat dies Leben, sich auf der Grenze des Wahnsinns zu bewegen und ihre Phantasien auch in ihren schlimmsten Ausformungen auszuleben, noch lange durchgehalten. Natürlich weiß ich, wie beschissen es ihr ging, und wie teuer diese so selbstverständlich anmutende Freiheit erkauft war, eben mit Erziehungsheim, Klapsmühle, Selbstmordversuchen, fast tödlichen Unfällen......... Aber in dieser Ablehnung gängiger Tauschwertprinzipien von Anerkennung und Sicherheit lag ein unschätzbares Moment von Befreiung, selbst wenn ein neuer Tauschwert an dessen Stelle trat, der des Exotischen.

Wenn ich heute versuche, mir darüber klar zu werden, welche Rolle die Frauen damals in der Münchner Subversiven gespielt haben, so komme ich zu einem sehr widersprüchlichen Ergebnis. Einerseits wurden sie noch brutaler ausgebeutet, als es später im SDS der Fall war, also nicht nur mit Tippen, Haushalt, Vögeln.....sondern auch zum Geldverdienen, Klauen, ja bis zum Strich. Andrerseits war das geforderte Bild der Frau eher ein abenteuerliches und nicht so klischeehaft und der Reklame angepaßt wie später in der Studentenbewegung.

Im ganzen ist es typisch, daß heute nur von Männern gesprochen wird, wenn von der Subversiven die Rede ist, so als hätte es dort nie eine Frau gegeben.

Ich zog es vor, mich eher mit den theoretischen Grundlagen der Subversiven auseinanderzusetzen als mit der Gruppe selbst; damals begann ich, Marcuse, Bloch und Erich Fromm zu lesen.

Zusammen mit Gisela besuchte ich ein Seminar über „die Frühschriften" von Marx mit dem Thema „Was heißt Freiheit des Individuums?". Das ganze Semester über beschäftigte ich mich mit diesem Gedanken und schrieb zum Schluß eine für mich sehr wichtige Seminararbeit: *„Die Interpretation der ‚Elf Feuerbachthesen' durch die ‚Frühschriften' von Marx, speziell das Problem ‚Theorie und Praxis.'"* Die Arbeit endete mit den Worten: *„Man geht am Revolutionstheoretiker Marx vorbei, wenn man ihn, wie es heute in den meisten Hochschulen geschieht, in die Rubrik große Philosophen einreiht, wenn man ihn zum ebenso ehrenwerten wie unschädlichen Klassiker macht, wenn man den Marxismus als ein geistesgeschichtliches Problem unter anderen behandelt. ‚Die Philosophen haben die Welt nur verschieden interpretiert, es kommt darauf an, sie zu verändern'."*

Heute mag das alles sehr naiv und selbstverständlich klingen; damals waren das für mich grundlegende neue Erkenntnisse, und ich stellte nach Beendigung der Arbeit fest, daß ich jetzt eigentlich verpflichtet sei, aus diesem neuen Wissen praktische Konsequenzen zu ziehen.

Aber mein Widerstand gegen die Subversive war zu groß, als daß ich Lust bekam, mich ihr anzuschließen. Eine andere Möglichkeit kannte ich nicht. Auch glaube ich, daß ich emotionale Barrieren hatte, mich zu engagieren. Ich wollte keiner Gruppe angehören und war eher an Vorstellungen eines radikalen Individualismus fixiert.

Damals veränderte sich auch das Verhältnis zwischen Gisela und mir. Je mehr wir zusammenarbeiteten und unsere Probleme im alltäglichen Leben kennenlernten, umso stärker verloren sich unsere gegenseitigen Projektionen, ohne daß die Intensität unserer Beziehung nachließ. Ende des Semesters fuhren wir beide nach Paris.

Heute die Tagebücher wiederzulesen, die ich damals in Paris geschrieben habe, fällt mir sehr schwer. Aber da ich mir vorgenommen habe, meine Geschichte so radikal wie möglich noch einmal zu durchleben und zu bearbeiten, habe ich keine Kürzungen oder Veränderungen vorgenommen, sondern gebe die Eintragungen so wieder, wie ich sie vorgefunden habe.

Noch ein paar Versuche mit der Liebe und ihre Abtreibung

7. 3. 65

An der Ecke „rue St. Andre-des-Arts" und „Git le coeur", in der Nähe der „rue Danton" (Babel). Das Gelächter und das Knirschen des Bettes im Nachbarzimmer, nicht nur im Nachbarzimmer, und die wechselnden Partner, einer verläßt für den anderen das Zimmer, und Du: unendlich müde, unendlich gleichgültig, im Bett, weit entfernt.

Und die Zeichnungen von Michaux: mit sparsamsten Strichen – das Wort „Strich" ist beinahe zuviel – neue ungeheuerliche Welten entstehen zu lassen, Ungeheuer, die nicht da sind, die nur vom Betrachter entdeckt werden können. So wie unter dem Einfluß von Meskalin einfache Schreiblinien in unheimliche Visionen verwandeln können.

Wieder einmal: „je voudrais pouvoir dessiner les effluves qui circulent entre les personnes (ich möchte die Ströme zeichnen können, die zwischen den Menschen zirkulieren)". Aber wie mit Worten? Nicht mehr Gegenstände, sondern Ströme, Ströme, für die es noch keine Worte gibt und für die die Sensibilität um ein Vielfaches gesteigert werden muß, dazu dieser halbwache Zustand, der diese Magnetfelder wahrnimmt, ohne sie sogleich in Schubladen einzupacken. Es gibt keine Flucht in die Aktivität, in die Reisen, in amouröse Abenteuer mehr. Du mußt versuchen, dich auszudrücken. Im Ausdruck dein Gleichgewicht wiederherstellen, in dir bisher unbekannte Gebiete kennenlernen, dich an sie herantasten.

Künstlerische Aktivität besteht aus Tastvorgängen.

Noch entschiedener Du selbst sein.

Du seist nicht stark genug für Paris, sagen sie.

Abgesehen davon, daß eine Stadt wie die andere ist, worin besteht ihre Gefahr? In Klischeevorstellungen. Die Last der Erinnerungen, die die Gegenwart bestimmt. Deine „Geschichte", die slawisch-orthodoxe Kirche, etwa die Anpöbelungen, deine Flucht ins vollends Private, das Sichgehenlassen, deine Schwäche, Trägheit, Anfälligkeit für alles, was von unten kommt, keine Kraft, allein zu leben, ohne Aufpasser, Besorger.

Du wirst es tun, gerade und nicht nur deshalb, du wirst in dieser Stadt einen Weg bahnen, durch das Dickicht der Großstadt, in den überfüllten Metros, den dunklen, engen Gassen, durch die unverschämten Blicke, denen du noch immer nicht standhalten kannst, denen du ausweichst. Du wirst die Uni regelmäßig besuchen, du wirst in den Bibliotheken sitzen, du wirst schreiben, nur wenige Menschen um dich herum sammeln, versuchen, an-

ständig zu leben, der Gleichgültigkeit Trotz bieten, wenn auch nur beim Schreiben, immer den Tod und die Nichtigkeit vor Augen haben, so handeln, als wäre es die letzte Handlung, die du begehst, daraus poetischen Reiz schöpfen, dich keiner Verzweiflung, keinem Selbstmitleid hingeben, eher schnoddrig bis zum letzten sein, keinen Kult mit deiner Einsamkeit treiben, aber auch nicht funktionieren. Bewußtsein, auch Übermut, der Übermut, bei dem nichts geschehen kann, da nichts mehr geschehen kann.

Woher kommt diese Schwäche, sie ist angenehm, sie verleitet dazu, sich langsam fallen zu lassen und dann ganz, ganz langsam einzuschlafen, für immer. Vorbei. Nein du darfst nicht, du darfst dich nicht fallen lassen. Du bist stark genug für Paris.

14. 3. 65

Du bist verdächtig schnell in deine Privatsphäre heimgekehrt, aber ohne Hoffnung, dich dort heimisch zu fühlen.

Also von Augenblick zu Augenblick, ohne bestimmtes Ziel, tragend und getragen, aufmerksam, streng gegen dich selbst, entlarvend z. B. Bett- und literarische Illusionen. Warum ist es so schwer, die Werke von den Schreibenden zu trennen. Du wirst es nie ganz trennen können, du wirst immer fragen, wer was sagt oder schreibt. Zwei große Enttäuschungen kurz hintereinander, ausgerechnet bei den Menschen, deren Schriften dich bestimmend beeinflußt haben, Adorno und Celan.

Karg sein, dann treibt dich der Teufel zum Teufel, der sich als bloße Projektion entlarvt.

15. 3. 65

Pariser Abrechnung Nummer Eins: Ich seh sie schon kommen, die ernsten Worte, die du jetzt über dich schreiben möchtest, höhnisch und zerfratzt, wie sie dich angrinsen, bevor du sie in der Hand hast. Erst die Frivolität auf die Spitze treiben und dann der große Katzenjammer, nee, meine Liebe, das geht nicht, du wirst das Süppchen ausfressen, meinetwegen mit einem grippenverseuchten Galgenhumor.

Nun, du wolltest das alles kennenlernen, das auch, die Bettspiele in allen Variationen, oh nein, es waren lange nicht alle, eigentlich wie alles, ganz harmlos, ich glaube deiner Frivolität nicht, übersteigerte Zerstörungssucht, das ist alles, alles kaputt schlagen, kaputt, kaputt, kaputt, besonders all das, was dir sehr lieb ist, damit nichts mehr übrig bleibt, was dich verletzen könnte, das Narrenfell als absolutes, es muß ein stachliges Fell sein, stachlig nach außen, bitte, doch ich befürchte, daß es sehr bewegliche Stacheln sein werden, die sich bei zu großem äußeren Widerstand sofort durch das Fell hindurch nach innen richten und vielleicht in der Haut stecken bleiben.

16. 3. 65

Vor der Kraft, die du in dir spürst, könntest du erschrecken. Sie sollen es büßen, das Raubtier in dir zu wecken. Ein verflucht ähnlicher Beginn bei G. und B., bei B. halt ein Mann, leidenschaftlicher (tierischer), intelligenter, dafür weniger zärtlich....... bei dir dieselben wilden Blicke, äußerste Abwehr, Spannung und Haß (das Wort reicht hier nicht aus), Abscheu, der Arme, das Opfer deiner teuflischen Projektionen.

19. 3. 65

Nun könntest du ein paar Linien ziehen, ein paar Schubladen öffnen, um das Neue, das Unbekannte dem Alten, dem Bekannten zuzuordnen,

die lebeleichte Linie (G — B), die engagierte, revolutionäre (SA — S?), die rein künstlerisch engagierte (H — A), nein, so leicht geht es nicht, und doch ist es gut, Anhaltspunkte zu haben, sodaß das Fremde nicht gar zu fremd ist, nicht gar zu bedrohlich neu, deshalb ist es gut, erst die Ähnlichkeiten festzustellen, dann wenn du dem Neuen gewachsen bist, die Unterschiede, die Differenzierungen.

Je einfacher das Schubladensystem, umso stärker, aber auch gröber die Waffe, s. Dogmatismus.

Oh ja, sie haben recht, wenn sie sagen, daß du Jahrtausende alt bist, Erde, passiv-raubtierhaft, trotz aller Leidenschaft menschenfeindlich, besser neutral-gleichgültig. Er ist dabei, die tiefsten Schichten in Dir aufzuwekken, tief vergraben unter dem, was die Menschen seit Jahrhunderten gedacht haben. In seiner Nähe spürst du das Bedürfnis, in einer Oase zu leben, tief verschleiert, nur für seinen Körper (sein „Geist" bleibt dir fremd) zu leben, demutsvoll und wild zugleich, ganz Weib, als Weib unter vielen anderen Weibern, liegend, weit ausgestreckt, während er den Samen in dich hineinträufeln läßt, du haßt (liebst) ihn, wie nur eine Sklavin ihren Herrn hassen (lieben) kann, ganz abhängig, unbestimmt, halbverschlafen sinnlich, weich, ohne Konturen, sie zerfließen in seiner Hand, reiner Besitz, weit, nein kein Mensch, keine Person, das Unbewußte, schwere Ströme, vage Trägheit.

Er ruft all das in dir hervor, was du als größten Feind jahrelang bekämpft hast, was deine allzu schmale Bewußtseinsschicht immer von neuem bedroht, was dich in unbekannte Fernen zerfließen läßt, Fernen, vor denen du Angst hast, weil sie so wenig ins alltäglich-nüchterne Leben hineinpassen, seine schwer erworbenen Umrisse zerstören. Nachdem dich sein Blick zum ersten Mal erschreckte (s. Tagebuch vom 22. 6. 64), flohest du vor ihm, er spürte es, wie ein hungriges Tier das Erzittern seiner (vielleicht) zukünftigen

Beute spürt und natürlich umso größeren Hunger kriegt.

Ich weiß, du könntest das Ganze banalisieren, er hat sie lieb, sie ihn auch, ist nur noch schüchtern, aber es ist mehr, es ist der Kampf zwischen dem Mann und dem Weib, meinetwegen der Liebeskampf, und es gibt nur einen Ausgang, der dich befriedigt, deine Unterwerfung,rein körperlich, nein, keine Partnerschaft, wir wollen uns nicht erkennen, nicht unsere Gemeinsamkeit, die literarischen Interessen.......

„Geistige Gespräche" bilden beinahe einen Störungsfaktor im Zusammenspiel, noch ist es keins, noch gibt es von deiner Seite aus nur äußerste Abwehr, die jedes Mal schwächer wird, von seiner Seite aus behutsame Eroberung. Was wird sein, wenn du eines Tages wirklich schmilzt, wirst du dann noch die Kraft finden zu arbeiten, zu denken, wirst du dann nicht immer wieder schmelzen, anonym schmelzen s. Catherine aus „Jules und Jim".

Bist du wirklich so sehr Weib, oder bildest du es dir nur ein, weil du das Weibsein noch nicht kennst, weil du Angst vor ihm hast, eine fast metaphysische Angst zu fallen, unaufhörlich zu fallen.

Du m u ß t dich fallen lassen, mußt es, es gibt keine Ausflüchte mehr, du mußt dich stellen, so überwältigend es sein mag, was hilft es, daß du weißt, daß es ein Butterbrot sein kann ohne all diesen phantastischen Ballast, vielleicht auch für dich später. Vielleicht wird das Bewußtwerden nach dem Fallen leichter sein, vielleicht ist diese Lösung auch für dein Schreiben notwendig, um es nicht durch pubertäre Verkrampftheit zu belasten, vielleicht für das Dasein überhaupt.

Und warum nennen dich so viele Menschen „Mutter", obwohl du noch wie ein Kind aussiehst, ein Wort, das in deinen Ohren furchtbar hallt, weil, ja, warum eigentlich, weil es heute verpönt ist, mütterlich zu sein, weil es zu viele Assoziationen zu Gutbürgerlich-Runden-Langweiligen hat.

Du kannst das Mütterliche in dir nicht verleugnen, auch nicht im Verhältnis zu Gisela, deine starke Zuneigung zu jungen Mädchen, deine Zärtlichkeiten ihnen gegenüber, Ilsedore. Gewiß ist der Wunsch, ein Kind zu haben, in dir sehr stark, du hast ihn vollkommen verdrängt, mehr noch als dein Weib-Sein, das zu erwachen beginnt, bitte denk daran, sodaß es dich nicht eines Tages allzu sehr trifft.

Könntest du diese ganze kindliche Angst loswerden, daß dein sinnliches Erwachen dein geistiges Wachsein vermindern wird, nein, ich glaube, diese Gefahr ist nicht groß, du bist jetzt zu weit dazu, hast zuviel gedacht, geschrieben, gelesen.

Du bist dabei, zwei andere Grenzen zu überschreiten, an denen man sehr vorsichtig sein muß, die eine, das Spiel zu dreien, in diesem Fall (es blieb bei zärtlichem Reizspiel, sehr zurückhaltend, weich) erlaubt. Du wirst nicht vergessen, wie ihr (Gisela und du) euch beide aneinander klammertet als er eintrat, der feindliche, böse Onkel, wie zwei Kinder, die sich fürchteten, er wird gewiß geschmunzelt haben. Sonst wirst du der Frivolität ein Zaumzeug auflegen, weil Kostbarkeiten behütet werden müssen, damit sie nicht platt in den Straßendreck fallen, auch der Straßendreck kann reizvoll sein, darf nur nicht zur Gewohnheit werden.

Und die Bezahlung? Ein starker erotischer Reiz, bezahlt zu werden, sich dann ganz als Objekt genießen zu lassen. Warum nicht. Aufpassen!

Und du dachtest, die erotische Spannung zu Gisela wäre erloschen. Natürlich kann sie zwischen Mädchen selten so stark sein wie zwischen Mann – Frau, sie war es anfangs bestimmt. Wie oft hast du ihr erzählt, daß es zwischen euch ab jetzt, zumindest sexuell-erotisch, vorbei ist, du hattest sie vorher noch nie so frei lieb gehabt, vielleicht der Abschlußfunken, wer weiß; was für einen großen Unterschied gibt es doch zwischen Mädchen- und Mann-Weib-Liebe, das Mädchen, das ganz auf den Körper des anderen Mädchens eingeht, das fast dieselben Gefühle dabei hat, die Übereinstimmung, die sich über die ganze Hautfläche ausbreitet, überhaupt ist die Erotik beim Mann viel mehr zentriert, zielbestimmt, mehr Sexualität als Erotik, wenig Zärtlichkeit, nein, diese Art von Übereinstimmung kann es zwischen dem Mann und der Frau nicht geben, wohl mehr Leidenschaft, mehr Spannung, mehr Ekstase, aber kein zartes Versinken, schade. Hartmut stellte damals so eine Art Mischung von Mädchen und Mann dar, sehr reizvoll, jetzt „liebst" du zum ersten Mal einen Mann, arme Männer!

P i t i é a v e c l e s h o m m e s . 5)

22. 3. 65

Nein, du wirst in der Kunst kein übergeordnetes, kein alles umfassendes Gestaltungsprinzip finden; dir wird es schwerfallen, die einzelnen Teile, selbst formal, miteinander zu verbinden. Ist heute Einheit, selbst formale Einheit, in der Kunst noch zulässig, wird dadurch nicht eine falsche Harmonie hergestellt, die an der „Wirklichkeit" vorbeigeht? Jetzt verstehst du Gombrowics „Ferdydurke" besser. Du spürst, daß das, was du in den letzten Tagen geschrieben hast, ein Krampf ist, daß du viel weicher bist, als du schreibst, und daß du diese Weichheit (ohne Sentimentalität) mit ins Schreiben hineinnehmen mußt, daß auch dein Tagebuch bisher ein Krampf war, ebenso wie dein Verhalten anderen Menschen gegenüber.

Spürst du, wie deine Masken zu fallen beginnen? Was wird übrig bleiben, wenn sie gefallen sind, soweit Masken überhaupt fallen können?

Er weiß, daß seine Macht über dich sehr groß ist, deshalb deine Angst, deine vergeblichen Flucht- und Abwehrversuche.

Es ist gut, daß du den jungen Komponisten kennengelernt hast, es er-

innert dich vieles an Christian, die Disziplin sich selbst gegenüber als Schutz vor dem Chaos, und diese Hingabe an das Werk, sein Leben besteht aus Noten, aus Musik, alles andere ist aus seinem Weltbild als Störfaktor ausgeschlossen, er könnte in der Musik sehr weit vordringen. wenn sich das Chaos nicht eines Tages rächen sollte, doch, seine Art gefällt dir, die Schüchternheit, das leise, behutsame Sprechen, seine Verschlossenheit, welch ein Gegensatz zu B., und du brauchst beide, du könntest keinen von beiden missen, er wird dir als Beispiel dafür dienen, daß eine minimale äußerliche Ordnung dazugehört, um „innerlich" ungestört arbeiten zu können, überhaupt mehr Konzentration auf das Werk und keine falsche Schwäche sich selbst gegenüber.

9. 4. 65

Und nun?

Jetzt, wo du die „Freiheit" hast, alles zu tun oder zu lassen, was du willst – übertrieben –, jetzt legst du dir Beschränkungen auf, wirst einfach, bleibst also doch innerhalb der Grenzen deiner „privaten Anständigkeit", verkaufst dich nicht, beschränkst die Frivolität auf natürliche Zuneigung. Du könntest beide liebhaben, aber das geht nie gut, also hast du dich entschieden. Entschieden? Vielmehr wurdest entschieden, von ihm. Nein, gegenseitig. Nein, du kannst noch nicht darüber schreiben. Später.

Gut, daß er so stark ist, dich zu ertragen, deine fast grenzenlose Zärtlichkeit wie deine Brutalität, ja, Brutalität. Noch nie hast du so ein starkes Bedürfnis gespürt, jemandem körperlich weh zu tun, du hast ihn geohrfeigt und gebissen, er dich nicht, weil er weiß, daß er stärker ist und die Ohrfeige ein Ausdruck deiner Schwäche, deiner äußersten Abwehr. Wird das ein Kampf! Und dieser Kampf macht dir Spaß, auf allen Ebenen, körperlich wie intellektuell, er ist dir gewachsen. Hah! Welch Hochmut. Aber er hat dich nicht, noch nicht, du wirst mit a l l e n Mitteln kämpfen. Natürlich möchtest du, daß er siegt, es wäre das erste Mal, daß du wirklich besiegt wirst. Ob er oder du dazu fähig seid? Arme Inga, ich habe dann ein wenig Angst um dich.

Idyllisch wird es nicht, trotz aller märchenhaft zarten Anfänge. Er will dich ganz, und das ist viel.

18. 4. 65

XXX

9. 4. 65

Du wirst also „ja" sagen, zumindest mit dem Bewußtsein, ja zum Au-

genblick der Zuneigung, ohne an das augenblickliche und künftige Leiden zu denken, ohne Angst vor der Öffnung, vor der Bindung, der inneren Bindung. Ja. Ja zu deinem heißen Körper, zu deiner Schwäche und Sanftheit, zu deiner Leidenschaft, ohne Angst, ja, und so, als könnte jeden Moment all das enden.

Mors certa – hora incerta. [6)]

So, wie du dich an das hingibst, was du im Augenblick schreibst. Ganz, mit allen Eingeweiden, obwohl du weißt, daß das Unterfangen nur die Bedeutung haben kann, die du ihm gibst.

Du möchtest noch immer eine Heilige sein, dich in dich selbst zurückziehen, niemanden (außer X) einlassen, nun sei Heilige in der Handlung. Warum nennen dich so viele Menschen Madonna, sagen, daß du Atheist religiös seist?

Sagen, que tu portes la mort dans les yeux (daß du den Tod in deinen Augen trägst). Nennen dich „pauvre Ophelia" (arme Ophelia). Der sexuelle Akt als Opferhandlung für einen unbekannten (nicht vorhandenen) Gott, äußerlich ein Stück Brot, ein Sonnenstrahl.

Du hast viel von einem Gretchen (Faust) an dir, in dir.

Vielleicht ist es schön, einmal ganz und heftig zu lieben und dann zu sterben oder den Verstand zu verlieren. Du hättest Lust dazu, zu beidem. Nein, du wirst vernünftig bleiben, vorläufig.

Und dein Drang zum Absoluten wird nie gestillt werden.

Hungrig und durstig wie alle, die diesen Drang nicht aufgegeben haben. Der Film: „Der Diener". Er schlug ein. Das Fallen von Stufe zu Stufe, Niederlage, Passivität, willenloses Treibenlassen, bis zuletzt, das Kriechen auf allen Vieren, welch Assoziationen und Möglichkeiten der Schwäche in dir selbst.

Vielleicht genügt es, daß du weißt.

Paß auf den Teufel „Zerstöre-Dich-Selbst" auf!

Wollust der Selbstzerstörung.

Und sublime Zerstörung des anderen.

Dein jetziges Verhalten V. und B. gegenüber wird immer ähnlicher, die gleiche Verachtung ihrer Schwäche, ihrer sinnlichen Nachgiebigkeit; Du tust B. Unrecht, bist grausam-gemein, der Umschlag, deshalb ist es besser, wenn du ihn vorläufig nicht mehr siehst. Du haßt in ihm einen Teil deiner Selbst, eben diese Schwäche, diese Feigheit.

Warum glaubt er an deine Stärke, an die Stärke der Vaterkinder. Oder ist Stärke nur eine Möglichkeit äußerster Schwäche? Macht das Bewußtsein der Schwäche, der Niederlagen und Vergeblichkeit stark?

Vielleicht, wenn nicht schwächer, so stärker.

Er glaubt auch an deine Fähigkeit, sich durchzusetzen, durch die

Wände zu gehen. Du auch. Er möchte dich unbewußt, somnambul, eine Fledermaus, die blindlings ihren Weg vorbei an allen Hindernissen findet. Du nicht. Es könnte sein, daß du nicht zuviel Bewußtsein verträgst, daß es dann eine Störung im Gesamtaufbau gibt, aber die gibt's immer, so und so.

Nur keine Gewalt, kein Krampf, im Augenblick nicht.

20. 4. 65

Verwickelte Wege:

Mißtrauen ist ein Zeichen von Schwäche, von Feigheit, von Selbstunsicherheit, eine Folge von zu vielen bitteren Erfahrungen.

Dein Mißtrauen, wenn du jemanden lieb hast, übersteigt alle Grenzen. Da du dir nicht vorstellen kannst oder möchtest, daß sie dich wirklich gern haben, machst du sie zu dämonischen Spielern, die dich mit Neugierde als kleines Spielzeug gebrauchen.

Masochismus? Eine Form der Abwehr?

Du kämpfst mit allen Mitteln gegen deine Zuneigung. Du bist, warst verwirrt, wie vor zwei Jahren, als du Gisela kennenlerntest, die gleiche Eifersucht? Auf Ilsedore, nicht stark, doch soviel, daß sie dich noch mehr verwirrt, daß du nicht mehr weißt, was du tun sollst, dich nicht mehr rührst, wie immer in Situationen, denen du nicht gewachsen bist.

Als du eben „la bohemienne endormie"[7] *betrachtetest, war sie wieder da, der Sommer 63, deine Zuneigung zu ihr. Wie oft hast du sie schon verraten! Noch immer Verdrängung? Und du weißt genau, daß du sie wieder liebhaben wirst, sobald du mit ihr zusammen bist, jedes Mal anders, sie ist nicht mehr der überlegene Löwe und du bist nicht mehr das schwache, schlafende Landkind, ein wenig noch, aber tief verborgen.*

Deine Zuneigung zu Mädchen entspringt nicht nur der Angst vor dem Mann, nein, aber das wird ein Mann nie verstehen. Mit I. könntest du dir nur Zärtlichkeit vorstellen, keine Leidenschaft, oder ist es das übermächtige Tabu? Zumindest hat es Spaß gemacht, die Schwesternliebe vor B. zu spielen, der Arme, ein grausames Spiel, was wir mit ihm trieben.

Es genügt, daß du die Möglichkeit kennst, alle (imaginären) Grenzen zu überschreiten.

21. 4. 65

Ein merkwürdiges Spielchen: das Warten auf einen Menschen, den man lieb hat. Der Blick auf die Uhr, die Schritte vor der Tür, das Klingeln des Telephons, die vorbeifahrenden Wagen, mehr Anhaltspunkte gibt es nicht, fast Pawlowsche Reflexe.

Die Unruhe, ein ständiger Druck im Kopf.

Weshalb ist er noch nicht da, vielleicht kann er heute nicht kommen, vielleicht kommt er gar nicht mehr. Das Gefühl der Demütigung (Abhängigkeit), das schnell unterdrückt wird, Angst zu verlieren (Abhängigkeit), die sich schließlich in Tränen äußert. Versuch zu sublimieren, sich auf die Lektüre, auf das Schreiben, auf das Tagebuch zu konzentrieren.

*Süß-bittere Leidenschaft. Sie hat dich, du hast sie. Erinnert an die Kämpfe mit Hanko *, an den anfänglichen Kampf gegen die Leidenschaft (Abhängigkeit) für, von Gisela. Er hat dich? Du hast ihn? Beides gleich unsicher. Dein Stolz könnte sich aufbäumen, und du würdest fortgehen, vielleicht ins Kino. Nein. (So, um 19 Uhr, eine Beruhigung)*

Es macht dir Spaß, aus Stolz gegen deinen Stolz zu kämpfen, dich bewußt zu unterwerfen, Opfer zu bringen. Sehr gespannt, ihn heute wiederzusehen, du erwartest ihn wie einen Fremden, nein, nicht fremd.

„L'homme est un drole de corps, qui n'a pas son centre de gravite en lui-meme" (Ponge). Notre ame est transitive. Il lui faut un object, qui l'affecte, comme son complement direct, aussitot. Il s'agit du rapport le plus grave (non du tout de l'avoir, mais de l'etre.) 8)

22. 4. 65

Hanko, ja, das ist es, eine Mischung von Hartmut, Frank, Walter und Hanko, und das bedeutet Kampf auf allen Ebenen. Du bist aufgewacht, d. h. dein Spieltrieb, Bewußtsein, Stärke, Unabhängigkeit, nachdem du den äußersten Grad von Schwäche, von Abhängigkeit, Gehenlassen, „Ernst" erreicht hattest, ein Gefängnis an der Leine, in dich selbst eingeschlossen, Zimmer 32, rue St. Andre-des-Arts, und doch war es schön, Leidenschaft ist immer eine Art von Gefängnis.

Noch traue deiner wiedergewonnenen Freiheit nicht, zu sehr Spielball von inneren und äußeren Kräften, die dir im Augenblick vielleicht diese Freiheit nur vorgaukeln, um dich dann umso fester in Ketten zu verwickeln.

Das wiedererwachte Narrenbewußtsein.

Jetzt beginnt es oder hört auf. Du bist neugierig.

24. 4. 65

Zimmer 32, Theaterraum, kein Schauplatzwechsel, kein Kulissenwechsel, zeitlos, seltener Wechsel der dramatischen Figuren, wenig Handlung, aber leidenschaftlich, voll innerer Spannung, weiter Innenraum — je enger der Außenraum, je weiter der Innenraum — aber nicht mit Kulissen greifbar, kaum mit Handlung, am ehesten durch Erinnerungen, Assoziatio-

* Pferd

nen, Gesprächsfetzen, Andeutungen, Wiederholungen, Gesten...

26. 4. 65

Nun behalte den Kopf oben, meine Liebe. amour fou, du wolltest es nicht. Warum kannst du nicht einfach und schlicht liebhaben, dich hingeben, ohne Extravaganzen, ohne gleich an Selbstmord und andere Lächerlichkeiten zu denken. Warum sagst du nicht ja, warum folgst du nicht deinem Körper (Gefühl), der schon dreimal ja gesagt hat. **Du bist zu feige, Du hast Angst**, dich zu verlieren, du vergewaltigst dich, machst dich an dir selber leiden, du bist noch immer zu feige, zu deinem Körper ja zu sagen, zu deinem begehrenden Körper, du bist falsch. Gerechte Strafe, die Angst gestern, heute Nacht. Deine Probleme sind Problemchen, und viel leichter zu lösen als du denkst.

1. 5. 65

Was hilft es. Vergebens, die vielen Einwände, Überlegungen, dein Körper (Gefühl) macht nicht mit, dein Körper (Gefühl) will ihn ganz, ohne Einschränkung, er ist offen und heiß wie eine Wunde, er wartet und läßt dich leiden, schickt des Nachts Alpträume:

Was war das heute Nacht, dieser Traum: Du warst mit Kämpfern, mit Revolutionären zusammen, sie sagten, wenn der erste Kampf zur Niederlage führte, müßte nun, beim zweiten Kampf, alles rücksichtslos zerstört werden, bis zum letzten. Sie befahlen dir, im Keller zu bleiben.

Da standest du allein, plötzlich erschienen an den Fenstern die Feinde, sie schossen, warfen Messer. Du ducktest dich, unter anderen auch eine fast nackte Tänzerin mit einem Messer, noch bliebst du heil, ein Mann trat durch das Fenster ein, fügte dir mit dem Messer eine Wunde zu, das Blut floß, du spürtest einen merkwürdigen Schmerz, eine Schmerz-Lust, er sagte, daß du aus dem Mutterboden Kraft saugen könntest, daß nun die Verbindung wieder hergestellt sei, du wachtest auf.

Symbol für den Akt? Für Serge? Wahrscheinlich. Viele merkwürdige Träume, was für eine nächtliche Bilderintensität gegen das Denken am Tag, welch Chaos. Auf jeden Fall ist mir im Augenblick das Tageslicht, Nüchternheit, Klarheit lieber als die nächtlichen Stürme.

Ja, ein wirklicher Hanko-Kampf.

Ich habe den Verdacht, daß du nur das wirklich lieben, anstreben kannst, was für dich unerreichbar ist, daß du das Leiden willst, daß du es genießt, die vielen Tränen genießt, daraus einen Kult machst.

psych. Daß Leidenschaft für dich noch immer etwas Verbotenes ist, daß sie sofort bestraft werden muß. Wann wirst du diesem circulus vitiosus endlich entkommen? Warum bist du nicht einfacher Sinnenfreude fähig, *an der Oberfläche, leicht, schwebend? Du warst es und oft, aber diese Augenblicke hast du vergessen, eben, weil sie an der Oberfläche blieben.*

Die Lage: Er hat dich sehr lieb, du hast ihn sehr lieb. (Und sie konnten zueinander nicht finden.) Er ist gebunden, an allen Ecken und Enden festgebunden, Bindungen, die du nicht zerstören willst.

Also drei Möglichkeiten: du gibst dich ihm trotzdem ganz, mit Haut und Haar, Körper und Seele, eine sogenannte tragische Leidenschaft, gehst vielleicht dabei drauf, auch dazu bist du fähig.

Du gibst dich nur halb, also mit Abstand und einer Portion Leichtigkeit, halb Spiel, halb Ernst.

Du ziehst dich ganz zurück, ein anfangs sehr schmerzlicher Vorgang. So: Eine Stufe nach der anderen. Du wirst dich in diesen vierzehn Tagen noch ganz geben, mit dem Bewußtsein des nahenden Endes, leidenschaftlich, ein wenig spielerisch, du wirst versuchen, in Benrode etwas Abstand zu gewinnen, so daß der Juni traurig-sanft-heiter wird. Im Juli Abreise. Schöne Pläne! Was werden da noch für Querschiffchen kommen.

Du wolltest dich ganz verschlingen lassen, jetzt bläst du zum Rückzug. Und er, Serge, der Arme! Er ist stark genug. Du bist ein ganz schöner Egoist, meine Liebe.

„Car l'irruption des desirs, au milieu de nos connaissances qui les infirment, cree un conflit redoutable entre notre esprit ennemi de la Creation et le trefonds irrationel qui nous y relie. Chaque desir humilie la somme de nos verites et nous oblige a reconsiderer nos negations. Pour arriver au cynisme total, il faudrait un effort inverse de celui de la saintete et au moins aussi considerable. (Cioran: Precis de Decomposition S. 75) (Denn der Augenblick von Begehren, der uns trotz aller gegenteiligen Erkenntnisse erreicht, stürzt uns in einen tiefen Konflikt zwischen unserem Verstand, der der „Schöpfung" feindlich gesinnt ist, und dem irrationalen Untergrund, der uns daran bindet. Jedes Begehren demütigt die Summe unserer Wahrheiten und zwingt uns, unsere Negationen neu zu überdenken. Um den totalen Zynismus zu erreichen, braucht es eine Anstrengung, die der entgegengesetzt ist, die man benötigt, um die Heiligkeit zu erreichen, und die um nichts kleiner sein darf als jene." Cioran „Genauigkeit der Dekomposition")

– fascine par l'illusion de toucher aux confins des tenebres S. 78 (fasziniert von der Illusion, zu dem Urgrund der Dunkelheiten vorzudringen)

Nous ne sommes nous-memes que par la somme de nos eches? (S. 87) (Wir sind nur wir selbst durch die Summe unserer Niederlagen.)

Savoir que r i e n n e v a u t l a p e i n e devient implicitement une croyance, donc une possibilite d'acte. (S. 104) (zu wissen, daß n i c h t s w e r t i s t, wird unter der Hand ein Glaube, also eine Handlungsmöglichkeit.)

Nous interessons les autres par la malheur que nous repandons autours de nous. (S. 148) (Wir interessieren die anderen nur durch das Unglück, das wir um uns verbreiten.)

3. 5. 65

Der Verzicht, das große Leiden nach ein paar Minuten unsäglichen Glücks. Wird es immer so sein? Bitte kein Fatalismus a la „Dein Leben sei Verzicht"! Ein wenig steckt er in dir drin, eine fast religiöse, opfernde Haltung, „Madonna", die begehrende, sinnliche Heilige, Jesus hängt am Kreuz. Und doch ist der Verzicht häufig leichter als der Kampf bis zum Ende. Du mußt es. Nachdem du bereit warst, dich langsam ganz zu öffnen, dich ganz hinzugeben, mußt du Schritt für Schritt zurückgehen, dich schließen. Oder ist es doch möglich, für dich möglich, dich körperlich zu öffnen und seelisch zu schließen? Nein, nicht in diesem Fall. Langsam in ein Spiel übergehen lassen (aber mit welchen Anstrengungen) oder sich trennen, keine gewaltsame, plötzliche Trennung, das nicht.

Spiel, das wäre, sich mit weniger begnügen, oder mehr? Also leidenschaftliches Spiel, sich ganz verlieren und doch nicht verlieren.

– War dein ganzer bisheriger Mut nur eine gewaltsame Überspielung der Angst, Furcht? Warst du aus übergroßer Schüchternheit draufgängerisch? Warum bist du bei Menschen, die du wirklich liebst, schüchterner als bei denen, die dir gleichgültig sind? Natürlich.

4. 5. 65

Wieder- auf- ab- bruch, weiter, Ruhe, fern, Flucht, ein Reiseentschluß, um das Gefängnis zu sprengen, aus dem Alptraum, dem süß-bitteren Alptraum aufzuwachen. Und wieder wartest du, diesmal ruhig, ohne Spannung, etwas müde-traurig.

Das war, ist der erste Akt. Wird es ein Einakter bleiben? Oder war es die spannungsreiche Einleitung.

Zu Beginn das Sehen, die erste zarte Berührung der Haut, das gleitend-unbewußte-traumhafte Öffnen, mehr ein Verwundern als ein Lieben, das Wachsen der Begierde, die Leidenschaft, das Habenwollen, die Ungeduld bei wachsenden Hindernissen von außen, die alptraumhafte Spannung, Fessel, Gefängnis, Beschränkung des Welthorizonts auf einen Menschen, ständiges Umkreisen seiner Person, die die verschiedensten Gestalten annimmt, das Gefühl des Nicht-mehr-los-kommen-könnens, Zerreißprobe, bis die Spannung zu groß wird, auch bei ihm, Aufbruch, Abbruch? Ruhe (vorläufig), Abwarten.

9. 6. 65

Schmerzen im Unterleib, als werden dort Messerspiele veranstaltet, obwohl das Schlimmste vorbei ist und du weiterlebst, Klinik, du könntest alle Wände umschreien und darfst keinen Ton von dir geben, tapfer sein, bleiben, durchhalten, weitermachen, eine schmerzliche Frucht der Leidenschaft, aber du bereust nichts, bist stolz, daß du soviel gegeben hast.

Das andere, die Enttäuschung über die Reaktion des Erzeugers wirst du ertragen, nicht verstehen und nicht entschuldigen, ihn also nicht wiedersehen – hast du die Kraft? Bist du noch immer verfallen?

Die Enttäuschung über einen Menschen, den du sehr geachtet hast, nicht nur begehrt, war schlimmer als das, was geschehen mußte, was auch sehr hart war, ist, sein wird.

Gut, daß du ruhig geblieben bist, je untragbarer die Situation, umso ruhiger, zielstrebiger wurdest du, weil du wußtest, wenn du dich nicht zusammennimmst, alle Kräfte anspannst, stürzt du, also war wieder einmal das Bewußtsein deiner Schwäche, deiner Gefährdung, deine Stärke.

Bedenke denselben Zeitpunkt vor einem Jahr, auch da wurdest du Anfang Juni aus der Klinik entlassen, auch da standest du allein, wußtest nicht, wohin, was tun, wußtest nur, daß du dich nicht unterkriegen lassen wolltest, daß du nicht das wolltest, was die Menschen um dich herum von dir wollten, daß du das Streben nach Sicherheit, nach Geborgenheit, nach bürgerlicher Zufriedenheit ablehntest, daß du trotz aller schlimmen und furchtbaren Erfahrungen weiterhin lieber deiner Neugierde, deinem Abenteuerdrang in allen Richtungen folgtest.

Als ich nach Paris ging, befand ich mich in einem Stadium noch immer endlos um mich selbst kreisender Verzweiflung, wovon ein Brief an Frank zeugt, den er sehr kritisch beantwortet.

Paris, den 9. 3. 65 *Lieber Frank, zur Abwechslung werde ich mal meinen Katzenjammer an andere loslassen, also an Dich. Kein besonderer Katzenjammer, sondern ein totaler. Werde trotzdem weiterschreiben, essen, schlafen, mit anderen ins Bett steigen, weiter lesen, banale Scherze treiben, die mich anekeln, aber weniger anekeln als andere Dinge.*

Gestern habe ich an der Sorbonne einen Vortrag von Adorno über Kraus gehört, anschließend ihn auf einer kleinen Gesellschaft kennengelernt (die Vor- und Nachteile eines Playgirls), war sehr (— — — unleserlich), *weise, abgeklärt, nach allen Seiten hin verbindlich, ein alter Professor-Opa, habe ihn auf Euer Suchplakat hin angesprochen, doch, er erinnert sich an die Subversive Aktion recht gut, bringt sie irrtümlich mit Breton in Verbindung, schimpfte natürlich, wich aus und wußte nicht mehr, was er sagen sollte.*

Nein, ich werde nach Frankfurt nicht hingehen, nicht deswegen, aber es kann mir augenblicklich nicht viel weiterhelfen. Da ich mich mit keiner Ersatzlösung zufrieden geben will, werde ich mich also statt des revolutionären Engagements ganz dem Privatleben hingeben, mit dem Grundgefühl, daß alles sowieso schnuppe ist und mir den Buckel runterrutschen kann, auch die Männer samt Frauen, so von Tag zu Tag, von Augenblick zu Augenblick, dazu ist diese Stadt gerade gut, nicht weil ich in sie besondere Hoffnungen projiziere, im Gegenteil, sie ernüchtert bis zum letzten, wenn man sie aller Klischeevorstellungen entblößt.

Außerdem muß man ständig auf der Hut sein, daß man nicht ganz unter die Räder gerät, besonders ich, die sehr leicht jedes Gefühl für Maß und Grenze verliert. Es könnte sein, daß mich dies nach kurzer Zeit so anekelt, daß mir nichts mehr übrig bleibt, als das revolutionäre Engagement. Auf jeden Fall, Du sagtest es schon einmal, habe ich mit der existenzialistischen Lebenshaltung noch nicht ernst genug gemacht, bin noch nicht radikal genug. Ich frage mich nur, woher dieser destruktive Drang kommt, der mich immer, ja,springen läßt, vielleicht liegt da eines Tages der Sprung in die subjektive Notwendigkeit drin, vielleicht, noch immer alles offen, die Cuntanda. Aber wehe, wenn der Tiger ganz in mir erwachen sollte, wenn ich beginne, Rache zu nehmen, nicht an mir, sondern an all dem Ungeziefer, das um mich herum fleucht und kriecht. Da reicht die Atombombe nicht aus, „das utopische Chaos". Lieber Gott, laß mich älter werden, ich bin noch so entsetzlich jung, und gib mir ein paar Schubladen, in die ich mich ab und zu verstecken darf. Keine Angst, ich werde nicht ins Kloster fliehen, sondern mit meinen Erynnien durch die Ländle ziehen, und wir werden uns gegenseitig weitertreiben, sie mich und ich sie, lustig, lustig, tralalala.

Ich liebe diese Art von Exhibitionismus nicht, aber es muß im Augenblick sein, sonst fange ich mitten im Cafe an zu heulen, Du bist halt das zufällige Opfer. Ich hätte auch einen lustigen Brief schreiben können, habe heute dies (müßte jetzt in der Sorbonne sein), gestern das (mit einem berühmten Herrn ins Bett gestiegen, der allerlei los hat), vorgestern das (mich von der Michaux-Ausstellung, die größte bisher, stark beeindrucken lassen). Ah, das ist eine Idee, ich werde jetzt Jeremy schreiben, damit er die Zimmersuche aufgibt, außerdem will er Anfang April nach Paris kommen, und dann mich tief, tief in Michaux versenken, in die Ströme, die zwischen den Menschen, zwischen den Dingen, zwischen den Menschen und Dingen zirkulieren, in die Fratzen und Ungeheuer, die aus zartesten Linien emporsteigen, die je nach Blickwinkel andere Formen, ein anderes Aussehen erhalten, ja, wieder eine neue kleine Hoffnung, so leben wir von Tag zu Tag, doch, und schreiben werde ich, trotz allem, aber wie? Und leben werde ich trotzdem,

trotzdem, trotzdem.....

Michaux, mein lieber Michaux (Ich habe richtig Angst, ich könnte auch ihn jetzt kennenlernen und enttäuscht werden, woher nehme ich das Recht, überall absolute Maßstäbe anzulegen), so werde ich jetzt von vorn bis hinten Stück für Stück Michaux durcharbeiten, lieber Gott, erhalte mir meine Neugierde, meine Leidenschaft, meinetwegen auch das Bewußtsein, daß alles, was ich tue, schnuppe ist, daß jede meiner Handlungen die letzte sein kann, sodaß ich sie mit einem nutzlos-heiligen Weiheschein übergießen kann und meine Zunge rausstrecke.

Ich habe gestern während dieses entsetzlichen Adornoabends Sehnsucht nach Euch gehabt, mit Euch am liebsten die ganze Gesellschaft gesprengt, glücklicherweise ist mein Pascha noch einigermaßen aufgeschlossen und auch fähig, sich zu ekeln.

Tinte fast alle. Ich mag Euch gern, „Ihr", meine Lichtblicke, wobei Co im besonderen mitgemeint ist. Grüß bitte Birgit und Volker herzlich. Schreib bitte, aber nicht langweilig, sondern ehrlich.

Franks Antwort

Stuttgart, den 23. 3. 65

Liebe Schwester im Ekel! Auf Deine neueste Stimmung kann ich nicht eingehen; ich muß mich auf die beschränken, die mir Dein letzter Brief brachte.

Blicke um Dich: da hocken sie in luftigen Trauben zwitschernd auf Cafestühlen, zynisch sensibel, naßforsch radikal, narzistisch arrogant (und wenn Du's ihnen sagst, dann wissen sie das alles schon, und wenn du ihnen das auch noch sagst, dann haben sie's auch verstanden usw. usw.), fröhlich angekotzt, in der wässrigen frustrierten Luft des Quatschens, die beflissen angeekelten Intellektuellen. O ja, der Ekel ist in der Welt, die durch zwanzig Jahre Selbstbeobachtung und Selbstmitleid geschärfte Empfindsamkeit erkennt erschöpft und mit Haßliebe das Immergleiche, das Versagen, die Öde, die naive Absicht hinter allem, in jeder Handbewegung, in jeder Zeile, im blöden Eifer der Manager, Propheten und Casanovas. Es ist nichts da, was ihrem Ekel entgeht. Er ist ein riesiges L o c h , er ist das Wissen um alles, was gleich kommen wird, wie alles sein wird, daß es nie anders sein wird. Man bringt dem Leben die mitleidige, höfliche Aufmerksamkeit entgegen wie der kleinen Schwester, die das entdeckt, verarbeitet, was man schon längst bis zum Überdruß kennt und hinter sich gelassen hat, und die einen nun mit ihrer Begeisterung langweilt. Es ist, als ob man schwaches Kopfweh hätte, als ob man fröstelte, und man zugleich gezwungen wird, etwas zu tun, was einem zuwider ist. Es ist die große Scheiße, der Haß gegen sich selbst, der nicht auf einmal, sondern ungeheuer langsam, „bei kleinem

Feuer", freigelassen wird, jahrelang, etwas, was man auch mit der geübtesten Perversion der Empfindungen nicht genießen kann. Aber die genießen es ja trotzdem......

Und nun rückt er mit seinem stur-faszinierenden Dogma heraus, der Böckelmann, nun wickelt er alles in ein großes Tuch und schmeißt es auf den Abfallhaufen der Bourgeoisie o. ä., nun richtet er in trockener Einseitigkeit das Gegenbild auf, was ? ? ?

Aber wie soll ich mit Dir reden, wenn Du doch alles schon weißt, wenn ich nicht hoffen darf, daß da irgendwo, irgendwo noch ein kleiner Gedanke sitzt, der den ganzen Ekel – akadabra simsalabim – als einen logischen Widerspruch, als einen dialektischen Irrtum entlarven würde? Nein, es gibt diesen Gedanken nicht mehr, jedenfalls für Dich, was man vom gesichert-engagierten Standpunkt aus sagen könnte, das ahnst Du sicher, das kennst Du ja alles, das ist ja alles recht und gut, das ist ja alles redlich und treuherzig, aber wie soll es auf die Scheiße eines Lebens antworten können? ? Und was heißt schon „Antwort", was heißt schon, wenn im Bewußtsein die Einsichten sich die Hand reichen... aber die Wirklichkeit ist eine differenziertere und widersprüchlichere Sache, da kommt so was Geradliniges und Unmondänes wie Marxismus irgendwie nicht ran. Nein, der Ekel ist kein logischer Widerspruch, keine Klein- oder Großmädchen-Dummheit, die die kluge, eindringliche und nachsichtige Stimme des revolutionären Spezialisten auflösen wird. Der Ekel ist kein Irrtum. Wenn man ihn erklärt, spricht man über ihn, man w e i ß ihn, aber er bleibt. Der Ekel ist der Ekel.

Aber natürlich, eh ich's vergesse, da gibt es ja noch ganz andere, das letzte Aufgebot, die Lebenskünstler auf Teufel komm raus, die den verzweifelten Entschluß gefaßt haben, aus allem, aus der schalsten Unterhaltung, aus den „kleinen Schönheiten des Lebens", aus der Art, w i e die Leute charmant, doof oder überkandidelt sind, aus den Hauptstraßen, ja sogar aus den Wundern der Technik usw. eine phantastische oder lyrische Entdekkung zu machen, Freude zu saugen.

———Was ist nun verblendeter, was ist nun unglaublicher, was ist schizophrener, der in seinen eigenen Untergang verliebte Snob-Kotzer oder die selbst verordnete Heiterkeit, das blanke Grinsen angesichts der allgemeinen Idiotie? Das gibt ein totes Rennen.....

Liebe Inga, auf Grund von tausend vergangenen Gesprächen, deren Ergebnis bla bla und Bitterkeit war, verweigere ich die sozialpsychologische Therapie. Nur e i n e s : Es gibt keine Liebe an sich, es sei denn, man liebt. Es gibt keinen Haß an sich, es sei denn, man haßt. E s g i b t k e i n e n E k e l a n s i c h, e s s e i d e n n, d i e s e r E k e l f ü h r t z u i r g e n d e i n e r T a t, d r ü c k t s i c h i n i r g e n d e i n e r

K o n s e q u e n z   a u s . Und deshalb glaube ich letztlich der masochistischen Erschlaffung nicht mehr. Wer Jahr um Jahr bei seinem Ekel aushält, der hat ihn liebgewonnen, oder er war nie da.

Es gibt den Ekel nicht. Ich verschließe meine Augen und Ohren vor allem, was vor sich geht, wenn es nicht den Kreislauf der Onanie überschreitet. Wir haben nur ein Leben. Warum soll man es nicht für eine Konsequenz opfern können, wenn man nur die Negation des Lebens erfährt? Viele kotzen. Die ganze Welt ekelt sich an. Voila, einer mehr oder weniger.....

Man soll das genießen, was diese Welt einem ermöglicht, ohne Verrat zu tun: da ist noch immer die Lust des Fleisches, ohne daß man deswegen sanft und still werden sollte, die Lust der Einsicht, die Freude, eine Konsequenz ziehen zu können, sein schlichtes Leben leicht und ohne Reue einem Kampf hinzuwerfen, ohne den man es nicht mehr bei sich aushalten kann. Haben wir denn so viel zu verlieren ? ? ?

Die meisten Abenteuer sind falsch und schal geworden, sie sind keine mehr. Beim Reisen überwindet man keine Entfernungen, weil man irgendwo anders anlangt, die Dschungel der Städte sind keine Dschungel, sondern Attrappen, die Möglichkeiten des Exhibitionismus sind abhängig vom Gegenüber, das es nicht mehr gibt; das einzige Abenteuer ist heute die Organisierung des Widerstands, auch die geistigen Abenteuer können sich nur dem auftun, der dies einzige heute mögliche lebt. Es grüßt Dich   Dein Frank

Dies ist übrigens ein Brief, der heute nach dem Niedergang der Studentenbewegung auf eine neue zynische Generation der Intellektuellen, auch gerade der angeblich linken Intellektuellen, voll zutrifft. Auch da ist es im gesellschaftlichen Umgang höchst unfein, noch irgendwelche Hoffnungen zu haben, und noch unfeiner, an der Verwirklichung seiner Hoffnungen praktisch zu arbeiten. Im Rahmen der Nostalgiewelle darf man sich in Uniseminaren und in der Kneipe mit dem Surrealismus, der Schwarzen Romantik, auch mit dem Gedankengut der Situationisten und der Subversiven Aktion beschäftigen und seine Karriere damit machen, aber wehe, irgend jemand zieht Konsequenzen oder bleibt einfach auf der Seite des Widerstandes — der wird endgültig aus dem Kreis der Zynisch-Gescheiten, derer, die alles wissen, ausgeschlossen — glücklicherweise gibt es immer genügend Beispiele von mißlungenen Versuchen der Veränderung. So ist das Wort „Hoffnungslosigkeit" ein neues Erkennungszeichen für die feineren intellektuellen Kreise geworden.

Damals war es umgekehrt: ich gab mich den „gehobeneren Abenteuern" des Lebens hin und beschimpfte die, die es wagten, gegen die Misere anzukämpfen. Das wenige, was ich mir dabei zugute halten muß, ist, daß ich diese Bettgeschichten nicht der gesellschaftlichen Anerkennung wegen betrieben habe und in diesem Zusammenhang eher entsetzt reagierte, wenn mir Angebote gemacht wurden, die sonst nicht ohne Reiz für mich gewesen wären, wie Veröffentlichungen in bekannten Literaturzeitschriften u. a.

Es waren überaus intensive Beziehungen, auf allen Ebenen, die meinen damaligen Phantasievorstellungen voll entsprachen.

Zumindest habe ich diese Erfahrung gemacht: als Geliebte darfst du all das sein, was einer Ehefrau selten zugebilligt wird, also du darfst spinnen, am Rande leben, phantasievoll sein, Verkörperung von Freiheit und Leidenschaft, aber du darfst keine ernsthaften Schwierigkeiten haben, vor allem nicht machen, dann bist du nur noch lästig; dann werden diese vorher so leidenschaftlichen Männer zu feigen Schweinen, dann verkehren sich die großen Versprechungen ins Gegenteil, dann ist plötzlich nie etwas gewesen.

Als ich nach einer Unvorsichtigkeit von Serge schwanger wurde, war er auf einmal nicht mehr dafür zuständig, hatte nie etwas stattgefunden.

Es bleibt mir ein Rätsel, daß ich bis zu diesem Zeitpunkt weder über Verhütung nachgedacht hatte, noch daß irgendjemand mit mir darüber gesprochen hätte. Gut, Anti-Baby-Pillen waren damals noch wenig bekannt, aber es gab doch andere Mittel! Die Männer praktizierten den coitus interruptus, oder man ließ das Vögeln. Aber warum hat nie jemand mit mir darüber gesprochen? Warum habe ich nicht darüber nachgedacht? Vielleicht ließ ich Sexualität nur in einem so traumhaften Zustand über mich ergehen, daß diese Dinge gar nicht in mein Bewußtsein gelangten, daß ich sie nicht wahrnehmen wollte, nicht wahrnehmen durfte.

Als ich Serge mitteilte, daß meine Regel nicht käme, lachte er nur und meinte, zur Not gäbe es ja in der Schweiz genug Möglichkeiten. Erst als ich für kurze Zeit nach Deutschland zurückgekehrt war, erfuhr ich durch den zweiten Schwangerschaftstest das positive Ergebnis. Obwohl ich Serge einen sehr vernünftigen Brief schrieb, ihm mitteilte, daß ich es mit der Abtreibung schon allein schaffen würde, aber ein wenig Geld brauchte, antwortete er barsch in ein paar Zeilen, daß er mir nicht helfen könne, auch nicht mit Geld – plötzlich war von der Schweiz nie die Rede gewesen; er war damals immerhin nebenbei Unternehmer in Fischgeräten, heute bekannter Theaterschriftsteller. Wir hatten in unserer Beziehung überaus intensive Momente der Übereinstimmung, auch gerade intellektueller Übereinstimmung erlebt, ja, von großer Ernsthaftigkeit. Seine Reaktion hinterließ in mir einen nicht wieder zu heilenden Riß, mein eh schon vorhandenes Mißtrauen gegen Männer wurde entscheidend verstärkt.

Zu fragen ist, ob diese empfundene Intensität von vornherein verlogen war, ob sie nicht gekoppelt war an Bedürfnisstrukturen, die genau diese Säuischkeit mitenthielten. Es bleibt: die Leidtragende ist die Frau. Der Mann zieht sich einfach zurück, hat sein kleines oder großes Abenteuer gehabt; es gibt ja die wartende und vielleicht liebende Ehefrau, die meistens noch nicht einmal etwas von den anderen Geschichten weiß; und so läßt sich's für den Mann gut weiterleben, wenn nur beide, Ehefrau und Geliebte, brav ihre jeweiligen Rollen spielen. Ein „Seitensprung" von der Frau ist etwas anderes, oft nur einmalig, und wird in den meisten Fällen noch immer hart bestraft.

Da ich den Mann wirklich lieb gehabt hatte, war für mich die Vorstellung, sozusagen die Liebesfrucht abzutreiben, schmerzlich. Kurze Zeit überlegte ich, ob ich das Kind nicht doch zur Welt bringen sollte, aber dann entschied ich mich dagegen. An Gisela schrieb ich: *„Also wird mir einiges bevorstehen, da ich nie und nimmer unter diesen Umständen die Verantwortung auf mich nehmen kann, ein Lebewesen auf die (in die) grausame Welt zu setzen. Ich will tapfer und vernünftig sein, bin ruhig, blicke gefaßt dem entgegen."* Eine Freundin von mir, Gisela von Oertzen, bot mir damals an, das Kind neben ihrem eigenen mitaufzuziehen. Ich fand das sehr lieb, aber es kam nicht in Frage.

Es war für mich selbstverständlich, daß zu Hause außer Ilsedore niemand etwas davon erfahren durfte.

Ich hatte jedoch keine Ahnung, wie ich die Abtreibung bewerkstelligen sollte. Zuerst lieh ich mir von Gisela, die inzwischen in Frankfurt wohnte, Geld; dann fuhr ich nach München. Mit Mühe bekam ich mein Zimmer zurück, in dem ich inzwischen Co hatte wohnen lassen. Anstatt alle, die ich kannte, zu fragen, ob sie eine Möglichkeit wüßten, ging ich von Arzt zu Arzt. Überall mußte ich mich in diese demütigende Stellung auf den Untersuchungsstuhl begeben. Ich habe vieles verdrängt, doch ich glaube, daß die meisten Ärzte nicht brutal waren, mich jedoch mit einem Achselzucken und ohne eine hilfreiche Andeutung wieder hinausschickten. Ich war bei mindestens zehn Ärzten.

Schließlich sagte mir jemand eine Adresse von einem Arzt, mit dem man nur über Umwege eine Verbindung aufnehmen konnte, weil er bereits von der Polizei gesucht wurde. Ich hatte sogar den Frauen, mit denen ich zusammenwohnte, nichts von meinem Zustand gesagt, so sehr schämte ich mich der Abtreibung wegen. So machte der Arzt die Einleitung in meinem Zimmer ohne Betäubung, damit ich jederzeit aufstehen konnte; und ich biß die Zähne aufeinander, damit kein Laut aus meinem Mund kam, obwohl der Schmerz unerträglich war, denn die anderen Frauen in der Wohnung durften nicht aufmerksam werden. Vorher hatte ich ihm 500 DM in die Hand gedrückt.

Dann rief ich Volker an, der unten im Haus wohnte, damit er ein Taxi bestellt und mit mir in die Klinik fährt. Ich hatte das Gefühl, als würden meine Eingeweide aus mir rauslaufen.

In der Klinik hatten sie Routine; die Ausschabung in Narkose fand schnell statt. Da mein Fieber nicht zurückging, mußte ich eine Woche bleiben, was meine finanziellen Reserven, das geliehene Geld, voll erschöpfte.

Was diese Abtreibung für mich bedeutete, schrieb ich kurz danach Ilsedore in einem Brief.

Liebe Do, *München, den 12. 6. 65*

jetzt weiß ich, weshalb ich Dir solange nicht schreiben mochte. Mit all den anderen kann ich auf einer Oberflächenbasis verkehren, auch wenn sie den Tatbestand kennen. Sie haben keine Ahnung, daß es Dinge gibt, die für mich trotz aller überstandenen körperlichen Schmerzen schlimmer sind, als das, was geschehen mußte.

Und Du weißt es. Erst jetzt setze ich mich damit auseinander, Schritt für Schritt, bisher wagte ich es nicht, schob es beiseite, lebte also nur halb, auf Schmalspur, denn ich hätte nicht die Kraft gehabt, alles auf einmal zu bewältigen. Ungeschoren gehe ich aus diesem Schlamassel nicht hervor; aber von Unterkriegen keine Spur. Natürlich hätte ich Dich gerne in München gesprochen, sogar seeehr gern, aber noch ist alles zu verwirrt; ich möchte vorher Ordnung schaffen. Wir holen es später nach.

Noch immer fällt es mir schwer, die ganze Tragweite dessen, was geschehen ist, zu überblicken, aber ich weiche nicht aus.

So bleibt die ungeheuerliche Frage: Wie konnte Serge so reagieren? Natürlich habe ich keinen Brief geschrieben. Ich werde ihn noch einmal in Paris sprechen, hart auf hart.

Nein, Ilsedore, ich bereue nichts.

Ich habe in Paris etwas erlebt, was man nur sehr selten im Leben erlebt. Diese Momente vollkommener Übereinstimmung und Gelöstheit vergesse ich nicht; und ich war bereit, alles zu geben, mehr, als jemals zuvor. Sie waren keine Lüge. Sie sind ebenso wahr wie der Brief. Und es ist derselbe Mensch. Ich habe bisher die wenigen Augenblicke vollkommenen Glücks sehr teuer bezahlen müssen; vielleicht ist es immer so; und das eine ist ohne das andere nicht möglich; und man lebt nur für diese wenigen Augenblicke, die dann ungeahnte Abgründe aufreißen. Das Leben ohne die Mittellage der Zufriedenheit, ohne ständige Vorsicht, die die Extreme in beiden Richtungen ausschaltet. Und doch werde ich zukünftig mehr auf Sicherheit bedacht sein müssen, mehr auf meine Grenzen, also auf das Mittelmaß; um zu überstehen, um mich nicht ganz zu verlieren, besonders um geistig wieder ruhig arbeiten zu können.

Es tut mir leid, daß Du dies alles miterlebt hast, denn Deine Skepsis gegenüber dem männlichen Geschlecht ist auch so groß genug.

Auf der anderen Seite bist Du vielleicht davor gefeit, das gleiche durchzumachen wie ich; und glaube mir, es ist sehr hart, sehr viel härter als ich dachte; kommt natürlich auf die Umstände an; und ich bin trotz allem jetzt erleichtert...

Am Tag, als ich aus der Klinik entlassen wurde, kam B. aus Paris und gab mir 500 DM, was ich sehr lieb fand, denn ich hatte mich ja schließlich von ihm wegen Serge, dem Vater des Kindes, getrennt. Meine hilflose Situation, meine Müdigkeit und Laszivität, geilten ihn auf, sodaß er sich noch am gleichen Abend auf mich stürzte, allerdings ohne mit mir zu vögeln. Mir war alles gleich; schon vor der Abtreibung hatte ich in München mit irgendwelchen Typen geschlafen, an die ich mich kaum noch erinnere.

Der einzige, der mir damals wirklich half, war ein Psychologe, der mich sehr gern mochte, und dem ich mich ohne irgendwelche Anzeichen von Gefühl hingab. Er glaubte, mich nach der Abtreibung wieder auf den rechten Weg führen zu können und versuchte, mit mir über die Ursachen von psychischen Schwierigkeiten zu sprechen. Es tut mir leid, daß ich ihn so abwertete und wahrscheinlich schlecht behandelte, was er gewiß am wenigsten verdiente. Er hatte mich nur ein einziges Mal auf der Heimfahrt vom Großen Latinum gesehen, und dann, ohne meinen Namen zu kennen, anderthalb Jahre aufgrund von äußerst vagen Indizien nach meiner Adresse geforscht und schließlich gefunden. Er schrieb mir sehr liebe und eingehende Briefe, die mir damals als viel zu bieder erschienen, und die ich deshalb ablehnte, während ich heute fast mit Rührung auf bestimmte Zeilen reagiere, wie z. B. auf folgende Passage aus einem Brief, den er am 2. 4. 65 schrieb:

„Beim Lesen Ihres Briefes war ich sehr betroffen um nicht zu sagen erschrocken über einen Satz: Sie haben sich entschlossen von der Hand in den Mund zu leben, mit Bindungen, die jederzeit wieder aufgelöst werden können, Bindungen an Menschen, an Orte......

Wenn eine Frau wie Sie das wirklich ernst meint, das zur Lebensmaxime macht und nicht nur mit diesem Gedanken kokettiert, muß sie in der Regel schon viel gelitten haben, muß ihr naives Vertrauen zur Welt, ihre Geborgenheit schwer erschüttert worden sein, sodaß sie innerlich an einem Abgrund entlang balanciert, muß sie durch eine Phase innerer Zerrissenheit, Depression um nicht zu sagen Verzweiflung hindurchgegangen sein, ehe sie sich zu diesem Weg entschlossen hat........"

Nun, so einfach ist es tatsächlich nicht, aber es bleibt die Vermutung, daß ich Menschen, vor allem Männer, die mir helfen wollten oder die mich einfach lieb hatten, gar nicht wahrnahm, daß ich sie kaum beachtete.

Von dem alten Münchner Freundeskreis war Birgit die einzige, die mir noch nahestand. Sie hatte kurz vor mir auch eine Abtreibung durchgemacht unter sehr schlimmen Bedingungen, was schließlich zur Trennung von Volker führte, die ich sehr unterstützte. Leider ging unsere Freundschaft dann bald auseinander, wahrscheinlich deshalb, weil wir in zu verschiedenen Vorstellungswelten und Bereichen lebten; sie war ganz der Ideologie der Subversiven Aktion zugetan und blieb auch weiterhin in diesem Umkreis, während ich meinem Radikalindividualismus nachging. Und als sie sich später resigniert und enttäuscht ins „Privatleben" zurückzog, fing ich an, „voll einzusteigen".

Erst jetzt vor kurzem trafen wir uns nach inzwischen äußerst verschiedenen Lebenswegen in der Frauenbewegung wieder; diese Wiederbegegnung, mit der wir beide nicht gerechnet hatten, hat uns stark beeindruckt und auch Mut gemacht.

Frank und Co zeigten mir gegenüber ein unglaublich arrogantes Verhalten, was mich umso schmerzlicher traf, als ich ihnen in Notlagen oft genug geholfen hatte. Allerdings erfuhren sie erst spät von meiner Situation.

Gisela stand mir zwar mit Geld bei, war aber sonst abwesend und unerreichbar. Sie hatte den „Mann ihres Lebens", Chris, getroffen und war nun auf dem Wege, ein neues, ernsthaftes Leben zu beginnen, wobei sie an ihre Vergangenheit nicht erinnert werden wollte und Chris eine weitere Beziehung zwischen Gisela und mir aus Eifersucht ablehnte, was wir auch beide befolgten, obwohl wir uns noch kurz zuvor geschworen hatten, nur Freunde zu akzeptieren, die auch unser Verhältnis bejahten.

An Ilsedore schrieb ich kurze Zeit später: *„Frankfurt: Es war sehr wichtig, daß ich Gisela wiedersah, und mit Chris zusammen — in Benrode wären all die Veränderungen durch ländliche Vergnügen überspielt worden — Gisela hat sich durch Chris sehr verändert, ist ernster, engagierter, kämpft für die DFU, liest gesellschaftskritisches Schrifttum, die Götter der Subversiven Aktion, ist dem Mann treu ergeben, dazu Verteidigerin experimenteller Lyrik — kurz: sie verteidigt heute all das, was sie früher bekämpfte — dieser Umschwung ist für mich noch zu unheimlich, um ganz an ihn glauben zu können — vielleicht sind tatsächlich durch Chris alle Goldgruben aufgebrochen worden — zu solchen Wundern soll Zuneigung ja fähig sein — abwarten — Unser Verhältnis wird dadurch sachlicher, geistiger, mit einem Rest Fremdheit, der uns ganz auseinanderführt oder es zu fruchtbaren Auseinandersetzungen kommen läßt, was wahrscheinlicher ist, ähnlich wie bei Jutta und Dir — über Chris möchte ich nichts schreiben. Du wirst ihn selbst einmal kennenlernen.*

Ich habe während dieser Zeit viel über mich gelernt, gerade wegen dieser Unterschiede, die mit Worten so schwer zu ergreifen sind, vermut-

lich bin ich selbständiger als Gisela, unreifer, abenteuerlustiger, herber, beinahe gröber (Deine und meine Abneigung gegen zu schöne Worte und Gesten), also weniger ästhetisch, auch weniger denkgewandt...

Vermutlich bin ich gar eifersüchtig, denn es gab ein(e) Chrisgis (ich will es offen lassen, wer der männliche und wer der weibliche Part ist)

und Ich.

Aus dieser völligen Apathie, in der ich mich damals befand, riß mich eine Frau heraus, Inge, die mit mir eine Nacht lang diskutierte, während ich müde und willenlos auf dem Bett lag. Sie sagte mir, daß ich diesen Kreislauf von Leiden nie werde überwinden können, daß ich überhaupt nicht mehr hochkäme, wenn ich mir jetzt nicht etwas Ernsthaftes vornähme. Und in dieser Nacht entschloß ich mich, nach Paris zurückzukehren, um dort im nächsten Jahr ein Abschlußexamen zu machen; ich wollte mit dieser Stadt kämpfen, bis sie mich nicht mehr bedrohte. Und das Lehrerexamen, das ich mir vorstellte, würde ein Jahr harter Arbeit erfordern, aber zu schaffen sein.

Genet, Bordell und Existenzialismus

Vorerst zog ich endgültig mit meinen Klamotten aus München fort, regenerierte meine Kräfte in Benrode, lernte diszipliniert jeden Tag französiche Grammatik und Literaturgeschichte und fuhr dann im Herbst nach Paris.

Es war schon ein wenig verrückt, daß ich ausgerechnet an den Ort zurückkehrte, der mir vorher soviel Leiden verursacht hatte. Dazu in völliger Isolierung, da ich fast alle Kontakte zu meinen früheren Freunden abgebrochen hatte. So hauste ich in meinem kleinen Hotelzimmer, büffelte von morgens bis abends, um mich für die Aufnahmeprüfung an der Sorbonne vorzubereiten. Es passierte wieder, daß ich tage-, wenn nicht wochenlang, mit keinem Menschen sprach.

Das konnte nicht gutgehen; und meine Spannung wuchs zuweilen ins Unerträgliche, ja, ich würde sagen, bis dicht an die Grenze des Wahnsinns, wenn ich mein Tagebuch wieder lese.

Heute fasziniert es mich, mit welcher Radikalität ich im Denken und Handeln früher bestimmten Gedankengängen nachgegangen bin, selbst wenn sie unaussprechliches Leiden verursachten. Ich wollte mich mit dem Existenzialismus auseinandersetzten, und das auf meine eigene Art.

„Es ist an der Zeit, daß du den Existenzialismus zum ersten Mal gründlich studierst, ohne an der Oberfläche zu schwimmen. Erst dann wirst du innerlich für den Marxismus offen sein" Tagebuch vom 6. 10. 65

So entdeckte ich die eingehende und äußerst feinfühlige Analyse „Saint Genet" von Sartre zur rechten Zeit. Natürlich war meine Identifikation mit dem Schicksal von Genet vermessen, aber sie ermöglichte es mir, gründlich und in allen Variationen über meinen Objektstatus als Frau und über meinen Masochismus nachzudenken. Die Abtreibung muß in mir ein Chaos von ohnmächtiger Wut und unverdaulichen Schuldgefühlen hinterlassen haben.

So war es wohl ein mutiger Gedanke, den Männern ganz bewußt nur noch meinen Körper zur Verfügung zu stellen, während ich sonst fast unbeteiligt blieb, – eine Form von sublimer Rache. Doch es war ein ohnmächtiger Protest, der von den Männern gar nicht wahrgenommen werden brauchte und schließlich in Selbstbestrafung steckenblieb.

Ich fühlte mich lange Zeit wie eine lebendige Tote, die nur noch mit großer Distanz wahrnimmt, was um sie herum passiert.

Es ist äußerst schwierig für mich, nach alldem, was sich in den letzten Jahren an neuen Erkenntnissen und Lebensformen in der Frauenbewegung entwickelt hat, meine damaligen Erfahrungen und Interpretationen so wiederzugeben, wie ich sie im Tagebuch vorgefunden habe, aber jede Kürzung und Veränderung wäre eine Fälschung.

Motto des Tagebuchs: Man befreit sich von einer Sache nicht, indem man sie vermeidet, sondern indem man durch sie hindurchgeht.

30. 9. 65

Deine Neugierde und dein Übermut werden dich zum Galgen führen. Deine erotische Laufbahn besteht aus einer Folge von Schockerlebnissen – sollte es so sein, daß ein Schockerlebnis eine Kette von ähnlichen Schockerlebnissen nach sich zieht, daß aus diesem Kreislauf kein Entrinnen ist, daß du diese Schocks provozierst, diese brutal-außergewöhnlichen Erlebnisse? Du hast die Anlagen dazu, in anderen Menschen die tiefsten Urschichten aufzuwecken, also auch tierische Brutalität. Deine angsterfüllten Augen wecken in anderen den Machttrieb, den Drang zu quälen, mit deiner Angst zu spielen.

Spielte er mit deiner (Todes-)angst? Fürchtete er, dich zu verlieren und wollte dich mit Gewalt halten? Ist er wirklich verrückt, zumindest schwer gestört?

Diese Stunden: Mit einem Verrückten ?, der droht, dich zu töten, in einer winzigen Dachkammer eingesperrt zu sein! Der dich nach Fluchtversuchen gewaltsam in die Kammer zurückgeschleppt, sein Gesicht in Zuckungen verzerrt, sodaß du Angst hast zu schreien, um ihn nicht rasender zu machen! Der die verzweifelt-traurigen Augen eines Lustmörders hat!

Zusatz am 18. 12. 65 Mais si nous pensons tres fortement a cela le hasard travaillera pour nous. (Genet) (Aber wenn wir sehr intensiv daran denken, wird der Zufall für uns arbeiten.)

Dieser winzige Schritt, mit ihm hinaufzugehen, um eine Platte zu hören, zerstört mehr, als du in drei Monaten aufbauen konntest. Und es mußte eine Reihe von Fehlschritten nach sich ziehen. Warum gabst du zum Schluß deine Adresse, obwohl du ihn nie wieder sehen willst!

Warum durchbrachst du mit ihm deine Askese und wird es Folgen haben? Wird er sich rächen? Du traust ihm allerhand zu. Werde nicht zu dramatisch-lächerlich! Warte ab!

Auch er hieß Serge, auch er beschäftigt sich mit dem Theater, auch er ist eine Mischung von Slawen, Österreichern und Franzosen. Welch unglückliche Augen und dies wechselnde Gesicht von mann-hart bis knabenweich, manchmal fast kindlich.

Er reizte dich körperlich, aber welch Abgründe und Schmutz, sichtbarer Schmutz – dein unstillbarer Drang nach unten.

Warum lügte er unaufhörlich, kindlich? Sollte das alles ein Spiel gewesen sein, und du türmst es durch deine Angst zu einem Ungeheuer auf? Wo führte dich deine Phantasie während dieser Schreckstunden hin, zum Erstechen, Ausrauben, äußersten erotischen Perversionen – er sagte, meine Mutter will uns nackt sehen, will sehen, wenn wir..... Du überlegtest, wie du aus dem Fenster springen könntest, du überlegtest alles, stelltest dich in deinem Verhalten auf eine Irrenwärterin um, die einen Tobenden mit sanften, einschmeichelnden Worten und Gesten beruhigen muß.

Und wenn es ein Spiel war, welche Lächerlichkeit und Dummheit auf deiner Seite!

Eben das machte dich so hilflos, daß du nicht wußtest, ob oder ob nicht. Wolltest du auch das erleben?

Und die Folgen? *Ruhe!*

Vernunft!

2. 10. 65

Wolltest du dies alles, was dir passiert ist? Führt dich ein geheimer Selbstzerstörungstrieb immer wieder in derartige Gefahrensituationen? Ist es Beliebigkeit, reiner Zufall? Nein, es gibt keinen Zufall, ebensowenig wie eine erkennbare Notwendigkeit. Das Wort „Neurose" reicht als Erklärung nicht aus, obwohl es gewiß etwas damit zu tun hat, auch die Worte „Neugierde", Abenteuerlust sind nur intellektuelle Hilfsstützen. Aber wie nennst du es dann? Du glaubst an kein Schicksal, an keine Sündenstrafen.

Bemerkenswert, daß du für jene Erlebnisse fast immer die Verantwortung trugst, daß dich niemand von außen her zwang, es war keine Kriegssituation, kein Konzentrationslager, kein Ausnahmezustand.

Du hast von außen gesehen alles, was einen Menschen glücklich machen kann: Passables Aussehen, Geld, Gesundheit, passable Intelligenz, Freiheit, ja, auch Charme, sinnliche Anziehungskraft – aber Pickel im Gesicht und diese unberechenbaren Störungsfaktoren.

Du wirst weiterkämpfen, was noch kommen mag. Bei dir ist alles Kampf, bei dir gibt es nur oben oder unten, aber keine Partnerschaft, keine ausgewogene mittlere Ebene, die erst menschlich, human ist. Deshalb die Unfähigkeit, leichte, normale Gespräche zu führen, die Unfähigkeit zur Unverbindlichkeit, zu den gesellschaftlichen Umgangsformen, zu dem, was sich gehört.

Natürlich ist es Unfähigkeit und Trotz zugleich. Machte der Trotz dich unfähig oder die Unfähigkeit trotzig? Beides.

Und bei alledem bleibst du ein deutsches Gretchen, naiv-treuherzig, voller Liebe, Zärtlichkeit, Hingabe, etwas tumb-passiv, eben rührend. Ha, ha!

6. 10. 65

Und wenn es daran liegt, daß du immer zu feige warst, den zweiten Schritt nach dem ersten zu gehen?

Wenn du durch deinen anfänglichen Mut Hoffnungen erwecktest, die du dann durch feige Zurücknahme doppelt enttäuschtest? Daß du dann, wenn es gefährlich wird, wenn es darauf ankommt, in die bürgerliche Schutzhülse zurückkriechst, und das auf banalste Art und Weise!

Daß du bei den Menschen, die etwas außergewöhnliches von dir verlangten, die dich über dein bisheriges Sehen hätten hinausführen können, versagtest! Bedenke, daß du dich noch nie ganz hingegeben hast. Davon abgesehen, daß die anderen dich brauchten und daß du sie im Stich ließest.

Du darfst skrupellos handeln, wenn du stark genug bist, es zu ertragen. Du nicht. Und dann bitte, keine halbe Skrupellosigkeit, sondern eine volle, runde, bewußte. Aber bei dir ist alles halb.

Welche Ansätze! Und was machst du daraus! Und dann die Flucht in die Oberflächlichkeit, in Zerstreuungen!

Welche Angst, ganz du selbst zu sein! Sauberes Denken und sauberes Handeln, ohne Promiskuität! Also dein altes-junges Reinheitsideal! Reinheit im Handeln, – nicht in der Askese, im Kloster, in der Bibliothek, – also mitten im Lebensstrom.

Du bist das, was du aus dir machst.

Es wäre schön, alle deine Kräfte auf eine Sache zu konzentrieren, auf einen Menschen. Warum all diese kleinlichen Vorsichtsmaßnahmen, und dann dies Selbstmitleid, die Anklage eines unbekannten, bösen Schicksals.

Es mag sein, daß du dir eine Härte, eine Stärke vorspiegelst, die du nicht besitzt, dann sei bitte schwächer. Daß dein Hochmut ungerechtfertigt ist. Schließlich kannst du dich nur an den Ansprüchen messen, die du an dich selbst stellst. Mag das Wort „Aufrichtigkeit" als Sammelbegriff dienen! Und du bist nicht aufrichtig genug, besonders dir selbst gegenüber. Noch hast du genug Achtung vor dir selbst, sei vorsichtig.

Nur diese Achtung gibt dir die Kraft, allein zu sein, etwas zu wagen, was aus dem Rahmen fällt. Wieviel stärker neigst du doch noch zum Existenzialismus als zum Marxismus! Es ist an der Zeit, daß du den Existenzialis-

mus zum ersten Mal gründlich studierst, ohne an der Oberfläche zu schwimmen. Erst dann wirst du innerlich für den Marxismus offen sein.

Bedenk, wie sehr du noch alles auf deine Person beziehst, wie du das gesellschaftliche Gefüge aus deinem Denken ausklammerst!

So stellst du dir in unregelmäßigen Abständen immer wieder die gleichen Fragen, stehst vor den gleichen Problemen: wie soll ich leben, mich verhalten, zynisch-angepaßt, revolutionär-wahrhaftig, zurückhaltend oder draufgängerisch, eher teuflisch oder eher heilig, gleichgültig entfernt oder voll und mitten hinein? Und vergißt jedes Mal, daß es so eine Entscheidung nicht gibt, daß man kein „neues Leben" anfangen kann, daß du immer deinen jeweiligen Stimmungen unterworfen sein wirst und daß diese Stimmungen dein Denken und Wollen beeinflussen, daß du also morgens zynisch-gleichgültig aus dem Bett steigst, mittags nur an dein Zahnweh denkst und schon engagiert bist, nachmittags ein paar Töne Musik hörst, die dich weich machen, wonach du sehnsüchtig auf ihn wartest, mit ihm ins Kino gehst, einen Film siehst, der dich rebellisch und wild macht; doch er zähmt dich oder nicht, und du kriechst zufrieden oder unzufrieden ins Bett — die Onanie liefert den Rest. So sieht's aus. Dein unverbesserlicher Fehler, daß du diese Stimmungen als absolut betrachtest. Willst du noch immer nicht einsehen, daß dies alles relativ ist und daß es letztendlich nur den Wert hat, den du ihm beimißt, daß du deshalb umso mehr aufpassen mußt — denn es gibt noch Werte für dich, leugne es nicht. Und bilde dir nicht ein, du besäßest die Stärke, eine reine Verbrecherin oder eine reine Heilige zu sein — alles Mischformen. Die Zeit der großen Abenteuer dürfte für dich vorläufig vorbei sein — wie wär es, wenn du es mit dem Kult des Stils, der Form, kurz: der geprägten Nuance versuchtest! Das wäre für dich ein neues Abenteuer.

Aber die Form schließt Verzicht ein, einen Verzicht auf die ursprüngliche freie Äußerung von Gefühlen, von Gedanken, ein Verzicht auf deine allzu eklatante Kindlichkeit, die du größtenteils nur spielst.

10. 10. 65

Nein, die Zeit der großen Abenteuer ist für dich nicht vorbei, vielleicht beginnt sie erst.

Und es wird dein geheimer Traum bleiben: Eine Tat zu begehen, nach der es kein Zurück mehr gibt, die dich leicht und vogelfrei macht, die so furchtbar ist, daß dann alles erlaubt ist.

Gibt es so eine Tat, die dich schlagartig außerhalb jeder Norm stellt, die dich endgültig verdammt und heiligt?

Bedenk, daß du schon viele Abgründe erblickt hast, schon einige Male dachtest, daß es vorbei sei; und doch wieder aufstandest, frisch und mun-

ter in deinen alten Trott hineinsprangst, daß du auf dieser Höhen- und Tiefenstufe nicht lange atmen kannst.

Noch mehr: daß du nach jedem Tiefen- und Höhenflug eine lange Zeit banalster Mittelmäßigkeit erlebst, als Ausgleich, in der du direkt in den elterlich-heimatlichen Schoß zurückkehrst. Und es wird höchste Zeit, daß du es endlich lernst, ganz unabhängig von zu Hause zu leben.

Also muß die „Freiheit" langsam erlernt werden, nicht durch einen Paukenschlag, der dich dann umso mehr zurückwirft.

– Kindlichkeit: Du kannst auf sie nicht verzichten, weil sie in dir ist, also behalte sie und behüte sie eher, als daß du sie gewaltsam verletzt, indem du dir eine Maske aufsetzt, die dir nicht gehört.

Also keine Anpassung unter dem Deckmantel: Leben als Theater.

Trotzdem bleibt das Faszinierende an der Form, am Ritus, am Theaterspiel. Das heutige bürgerliche Drama mit den psychologischen Knalleffekten, das „natürliche" Spiel auf der Bühne ist widerlich, wie heute die beiden Einakter von Duras. Bei Beckett besteht die Gefahr, daß das Groteske bei ihm nicht verstanden wird, indem man ihn melodramatisch endzeitlich auslegt und spielt.

Ionesco wird leicht zu klamaukhaft-unglaubwürdig. Eine gewisse Schwere muß vorhanden bleiben, sonst artet der Ritus in Ringelreihen aus. Es bleibt der „Balcon" von Genet und „Yvonne" von Gombrowicz. Weitersuchen.

11. 10. 65

Da ist es: kaum beginnst du, ein paar kühne Gedanken zu denken, schon schwindelt dir und du suchst Boden unter den Füßen, aus Angst, du könntest davonfliegen.

Und was für ein köstliches Gefühl, das Fliegen: Wie du ihn, den schwulen, schönen Jungen eben in der Metro anlächeltest, ganz frei, und voll Einverständnis. Du weißt, daß du in diesen Momenten sehr schön bist, der Glanz in den Augen, und die halb geöffneten Lippen, ganz bei dir selbst, bereit, über alle davonzuschweben, durch sie hindurch; und du gehst leicht die Straße entlang wie eine Tote – dann kommt der Bruch. Ist dieser Zustand normal? Ist es das Vorzeichen einer neuen Krise, vielleicht ein manischer Höhepunkt? Nimm ein paar Hovaletten, das wird dich beruhigen, normalisieren – verdammt.

––– Es gab Menschen, in denen du dies Freiheitsideal verwirklicht sahst – bis du feststelltest, daß sie nicht weniger bürgerlich waren als die anderen, daß sie die Libertinage als gesellschaftliche Maske trugen, um sich interessant zu machen. Deshalb wichen sie zurück, wenn du ihnen gegenüber zu wahrhaftig wurdest, wenn die Ansprüche zu groß wurden, deshalb

wollten sie deine Flut in vorgezeichnete, anerkannte Bahnen lenken, angeblich aus Fürsorge, damit du nicht überschnappst. Der Teint „enfant terrible" war zulässig, bis sie Gefahr witterten, bis es ihnen unheimlich wurde.

Es gab einen, der an dich Anforderungen stellte und bei dem du versagtest, auch aus Angst, Feigheit, Unsicherheit, derjenige, der bisher diesem Freiheitsideal am nächsten kam — das schmerzt; er hätte dich weit führen können. So mußt du es alleine schaffen. Seine Mißachtung hätte dir beinahe die Achtung vor dir selbst geraubt.

13. 10. 65

Und das ist das Gemeine, Verfluchte, Unerhörte, Verdammte, daß du in dem Moment, wo du beginnst, ein paar kühne Gedanken zu denken und sie zu verwirklichen, eins auf den Deckel kriegst, daß dir Hören und Sehen flöten gehen und du schleunigst auf allen Vieren krabbelnd festen Boden, den Boden der Mittelmäßigkeit und der Zerstreuungen, suchst. Sind die Menschen so wenig für kühne Gedanken geschaffen, müssen sie immer wieder in den alten Salattopf zurückfallen? Nein, es liegt an dir, du wirst dich an diese inneren Weltreisen gewöhnen, stark genug für sie werden, und du wirst weiterhin dein Leben im Licht der Zeremonie betrachten, also jede Handlung weihen.

20. 10. 65

„Mort en bas age, Genet porte en lui le vertige de l'irremediable, il veut mourir encore". (In frühem Alter gestorben, wird Genet vom Schwindelgefühl des Unheilbaren getragen, er will immer wieder sterben.)

„Travaille, famille, patrie, honnete, propriete: telle est sa conception du Bien, elle est gravee pour toujours dans son coeur. Il aura beau, plus tard, voler, mendier, mentir, se prostituer: il n'en changera pas. M. le Cure dit que c'est une nature religieuse." (Arbeit, Familie, Vaterland, Ehrbarkeit, Eigentum: das ist seine Vorstellung vom Guten, sie ist für immer in ihm eingegraben. Später wird er vergebens stehlen, betteln, lügen, sich prostituieren: er wird sich nicht ändern. Der Priester sagt, daß er von Natur aus religiös ist.)

„Il lui plait que les saints ne relevent que de Dieu, qu'ils veuillent s'arracher a l'espece et qu'ils s'appliquent en prenant le contre-pied de leurs desirs les plus legitimes, a realiser en eux-memes une anti-nature." (Es gefällt ihm, daß die Heiligen nur von Gott abstammen, daß sie der Gattung entfliehen, daß sie danach streben, das Gegenteil ihrer Begierden zu leben, daß ihr höchstes Ziel die Verwirklichung einer Anti-Natur darstellt.) Sartre: „Saint Genet"

Was ist das überhaupt: Dein Wille? Ist es ein kindlicher Trotz, eine Schutzmaske? Kannst du es nicht ertragen, dich von Gesetzmäßigkeiten bestimmt zu fühlen?

Du willst dich groß fühlen; und dein Wille soll dich groß machen.

Einverstanden: Du hast genug geklagt. Aber fang nicht wieder an, all deine Abhängigkeiten, deine Schwäche zu leugnen, um sie dann um so mehr zu spüren. Es gibt keinen Sprung über alle Schwierigkeiten hinweg – und wenn du dein Leben jetzt bewußter in die Hand nehmen willst, dann bitte langsam, ohne Vergewaltigung.

Alles andere ist Trotz, Krampf, Faszination – du bist kein Übermensch, keine Anti-Natur – du kannst nicht endgültig mit allem brechen. Erstens gibt es nichts endgültiges als den Tod und zweitens das Wort „brechen". Wie oft bist du aufgebrochen und dann kriechend zurückgekehrt.

Also langsam – du hast noch viel vor dir. Erkenne die Lage, schätze dich richtig ein, sei vernünftig, bis auf weiteres, bis du mehr Überblick hast, dir mehr leisten kannst. Was nützen die großen Gedanken, wenn du bei den kleinsten Anforderungen versagst! Behalte sie, verliere keinen von ihnen, aber festige den Unterbau, sonst kippt der Turm beim kleinsten Windstoß um.

24. 10. 65

Wenn es auch bei dir dies Erlebnis gab, das dein Leben in zwei Teile spaltet. Damals, als er mit dir sechsjährigem Gör spielte, als er dich halbwegs vergewaltigte, dann immer wieder, und du die Lust entdecktest, noch unschuldig, bis die Polizei dich verhörte, bis sie dich auf dem Hof Hure nannten, an die Wand stellten, dich auf dem Schulweg vorweggehen ließen und spotteten, lachten.

Sollte er damals begonnen haben, dieser endlose Kreislauf, daß du immer halbwegs vergewaltigt werden möchtest, daß du nur die Menschen lieben kannst, die sich dir nicht hingeben, denen du letztlich gleichgültig bist, daß du als Objekt behandelt werden möchtest, als etwas Totes.

„Ce premier viol, ce fut le regard de l'autre, qui l'a surpris, penetre, transforme pour toujours en objet. Un viol peut devenir dans notre conscience morale une condamnation inique et pourtant ineluctable." (Diese erste Vergewaltigung, das war der Blick des anderen, der ihn für immer überrascht, durchdrungen, in ein Objekt verwandelt hat. Eine Vergewaltigung kann in unserem Bewußtsein eine ursprüngliche und unauslöschliche Verdammung werden.)

„Il decide de dire oui du fond du coeur a chaque accusation portee contre lui, il se jette a aimer ceux qui le meprisent." (Er entschließt sich,

aus tiefstem Herzen jeder Anschuldigung gegen ihn zuzustimmen und jene zu lieben, die ihn verachten.) Sartre: „Saint Genet"

Also fühlst du dich im Tiefsten auf Lebenszeit verdammt – und diese Verdammung genießt du – sie macht dich einsam, unglücklich, anders.

Diese Gedanken sind nicht neu für dich: der Leidenskult, Kreislauf von Schuld und Sühne, Genuß mit gleichzeitiger Bestrafung, also verbotener Genuß.

Aber gewollte Unterwerfung, um Macht zu gewinnen? Während dich der andere körperlich besitzt, verleibst du ihn dir geistig ein – bleibst immer in Distanz, auch wenn du sagst „nimm".

Äußerste Demut als Hochmut.

Welch ein Gedanke: Alles, was geschehen ist, zu wollen. Passivität in Aktivität umschlagen lassen. Zumindest ist dann Selbstmitleid ausgeschlossen, Klagen, das ist schon viel. Aber wie willst du dies Wollen greifen? Deine Erklärungsversuche sind nicht mehr kausal (psychoanalytisch, marxistisch) ausgerichtet, sondern final, kausal und final zugleich.

Zwei Bilder: Du als Ameise unter einem Schuh, der sich langsam nähert. Du als Riesin, die sich über eine Bühne beugt und Spielfiguren, Menschen, tanzen läßt.

Du wechselst von einem zum anderen und liegst dazwischen.

„Il ne s'agit pas de s'evader mais de depasser la realite" (Es geht nicht darum, der Realität auszuweichen, sondern sie zu überschreiten), und nur dein Bewußtsein kann die Wirklichkeit überschreiten, indem du den Dingen, den Gesten, den Handlungen eine höhere Bedeutung gibst. Deine alte Symboltheorie; und„du bist deine Welt" . Du willst die anderen Menschen nicht erkennen, du willst nur dich in ihnen erkennen. Also liebst und haßt du nur dich selbst. Das Leben als Spiel, als Zeremoniell, als Theater, als Gottesdienst, als Tragik-Komödie. Die äußerste Verzweiflung in einen ästhetischen Wert umformen; das Schwebend-Balettartige, das dich an den Romanfiguren Genets und am japanischen Theater fasziniert. Und doch werden es bei dir immer Figuren bleiben, nie reine Sprachexperimente. Eine unheimliche Vorstellung: Du trittst in ein Bordell ein wie in ein Kloster. Immer wieder die Opferhandlung.

26. 10. 65

Hah, Bordell, das wär was, möchtest du wohl gern, so mit einem Messerschnitt den gordischen Knoten lösen, genau das tun, was du am meisten fürchtest, was dich am meisten abschreckt.

Hinein in den Abgrund, dort, wo es am tiefsten, wo es am dunkelsten ist; und alle Zwischenstufen überspringen. Weil du zu gehemmt bist, natürlich deine Hand auf den Arm eines Mannes zu legen, willst du gleich mit ihm schlafen.

Na ja, und welche Frau reizt das nicht, ganz Objekt zu sein, ganz genommen, erobert zu werden, geopfert auf dem Altar des Herrn, nach vielen Widerständen. Nein, mon petit, so geht es nicht, die Bedeutung der Handlung liegt nicht in der Handlung, sondern in der Bedeutung, die du ihr gibst. Aber dann gehörst du zu den Tausenden von kleinbürgerlichen Intellektuellen, die alles verstehen, aber nie eine Konsequenz daraus ziehen, die davon träumen, in ein Bordell einzutreten, aber brav ihre Lehrerausbildung fortführen. Ja, mon petit, zu diesen Massen gehörst du, auch wenn du manche Bocksprünge hinter dir hast.

Du trägst in dir zwei Wertsysteme, die sich fast ausschließen: das gutbürgerliche, rechtschaffene, deren höchste Verkörperung J. ist (der Mensch ist das, was er tut, was er leistet; sein höchstes Ziel: die Karriere, die gesellschaftliche Anerkennung, die Frau) und das andere, das du nicht so fest umreißen kannst, da es sich nicht darin erschöpft, der Spiegel des gutbürgerlichen Wertsystems zu sein, also eine umgekehrte Wertskala. Es ist vielmehr der Versuch, sich von der Rangskala des Leistungsprinzips zu lösen, um zu einer Lebensform vorzudringen, die weniger entfremdet ist, die dem Sein des Menschen mehr gemäß ist.

Die Schwierigkeit: wie willst du zum Sein vordringen, wenn sich alles psychoanalytisch und marxistisch auflösen läßt, wie willst du dich finden, ohne in eine Antiposition zu verfallen, die ebenso abhängig ist wie die gutbürgerliche Position. Besteht deine ganze Freiheit wirklich nur in der Erkenntnis der Abhängigkeiten und der Auswahl von Möglichkeiten? Und ist jede Entdeckung eine Interpretation? Ja, ja, ja.

Und doch willst du mehr. Du willst der Grund deiner selbst sein, dich selbst schaffen, erschaffen, durch alle Abhängigkeiten hindurch; indem du dich zwingst, auf alles zu verzichten, was dir lieb ist, glaubst du, unabhängig zu werden — dein altes Askese-Ideal — sich selbst beweisen, daß es nichts gibt, was dich ans Leben binden kann — und das nennst du Reinheit (Krampf wäre berechtigter).

Es bleibt die Faszination, alles das zu tun, was du nicht tun möchtest, und umgekehrt. Alles, was dich bisher zu Klagen gegen dein Los herausforderte, mit Stolz auf dich zu nehmen, es zu wollen. Hah, hah! Da haben wir den Fisch: Es ist einfacher, das zu wollen, was du mußt, als es nicht zu wollen, das erleichtert vieles. Du kannst den Gedanken zu Ende spielen, du kannst, wenn du stark genug bist, auf die Anerkennung der vielen pfeifen, du kannst ihnen willentlich mißfallen, du kannst deine „Fehler" bis ins Groteske verzerren, sie als Heiligtum verherrlichen. Du kannst dich als Verrückte brandmarken lassen und darauf stolz sein. Das alles ist eine Trotzreaktion und nicht mehr; weil du die Spannung nicht ertragen kannst, trampelst du mit Füßen. Das Nichtgefallenwollen ist ebenso abhängig wie das Gefallenwollen; nur ist der Vorgang komplizierter und schmerzvoller.

Noch siehst du in deiner psychoanalytischen Situation keine Lücke, um eine existenzialistische Freiheit einzubauen; und du dürstest nach ihr, gib es doch zu. Du erträgst nicht den Gedanken deiner Passivität: Du, nicht mehr als ein Spielball von verschiedenen Kräften. Du möchtest die Herrin aller Dinge sein; die Welt soll nur durch dich bestehen, dein Machttrieb ist unersättlich. Auch wenn du unterworfen werden willst, willst du beherrschen.

Nein, das Gute willst du nicht, und zum Bösen bist du nicht stark genug, ist dein Leidensbedürfnis nicht groß genug.

Puh, jemandem weh tun, um sich selbst weh zu tun. Deine uralte Frage mit dutzend Antworten: warum w i l l der Mensch leiden? Will er von Natur aus leiden, oder ist es nur gesellschaftliche Verformung. Schuldgefühle, Selbstbestrafung, Ressentiment, sexuelles Leidensbedürfnis – all diese Begriffe reichen nicht aus, Todeswunsch schon eher. Natürlich trifft das alles auf dich zu, du bist ein Bündel aus Komplexen, aus Verformungen, Krämpfen, Entfremdung – und vermutlich ist dein Wunsch zu sterben nur wenig schwächer als dein Wunsch zu leben. Dann entspringt auch dein Bedürfnis, in ein Bordell einzutreten, deinen Todeswünschen – also ein symbolischer Selbstmord.

Dein Leben, – eine Reihe von symbolischen Selbstmorden –, und doch ist der Tod das, was du am meisten fürchtest, was dich am meisten abschreckt. Und bei all dem wirst du das Gefühl haben, daß du schon tot bist. Nun, du kannst diesen Kreislauf bis zum Ende ausleben, bis zum bitteren Ende, immer weniger wollen – da es für alles eine Kompensation gibt – die große Genügsame, Strenge, Starke, Reine werden.

Du wartest nur auf diesen Moment, in dem sich die Erde in dir aufbäumt und schreit: Krampf! Du willst aus dir ein künstliches Gebilde machen, das nur um sich selbst kreist, sich für sich selbst schön macht, sich Händchen gibt und alles einverleibt, nachdem es das Unverdauliche verdaulich gemacht hat; die Welt als Nahrung für dein Riesenmaul; Kleingehacktes, mit Speichel Aufgelöstes.

Da sind wir wieder: Ich bin meine Welt.

27. 10. 65

Auch das ist möglich: statt Widersprüche aufzulösen, vertieft man sie, fördert die entgegengesetzten Tendenzen, die aufeinanderprallen, läßt die Spannung willentlich unendlich groß werden, um so mehr, wenn man diese Widersprüche lebt und nicht nur denkt, wie beim Akt, wenn man die Auslösung immer wieder verzögert. Ist nun das, was man als Glück be-

zeichnet, die äußerste Spannung oder die Entspannung, der Ruhezustand? Fast alle Philosophen sehen in der Ruhe, der Einheit das menschliche (göttliche) Glück. Kann man die Spannung um seiner selbst willen wünschen oder nur in Hinsicht auf die anschließende Lösung, die um so wohltuender wirkt, je größer die Spannung war? Suchst du das äußerste Leiden um seiner selbst willen oder nur deshalb, weil du glaubst, daß es an einer Grenze in Glück umschlägt, also einen Punkt erreicht, in dem sich alle Widersprüche auflösen? Willst du so deinen verlorenen Glauben wiederfinden? Flucht in Ekstase?

Ist das alles eine riesige schimmernde Seifenblase, die du mit einer Nadel auseinanderplatzen lassen kannst? Du — ein aufgeplustertes Ungetüm? Sollten all die recht haben, die sagen, daß dir nur der richtige Mann fehlt? Nein.

Natürlich ist alles eine riesige schillernde Seifenblase, die du mit einem Nadelstich auseinanderplatzen lassen kannst.

1. 11. 65

So, und nun, nachdem du Saint Genet mitgelebt hast, Schritt für Schritt seine Entwicklung nachvollzogen, was bleibt? Leere und die Erkenntnis, daß du weder das eine, noch das andere ganz bist, daß dein Leidensbedürfnis seine Grenzen hat und du schnell zum Normalen zurückkehrst, zu den Zerstreuungen, wenn du merkst, jetzt könnte es gefährlich werden, daß du nie „jusqu'au bout" (bis ans Ende) gehen wirst, immer schön auf Sicherheit und Ordnung bedacht, daß du diese äußerste Spannung nicht lange aushältst; daß du nur eine Miniaturausgabe von Genet bist, gerade so viel, daß du ihm in der Phantasie folgen kannst, dich von ihm faszinieren läßt, ja vom „Bösen" infizieren — immerhin weckte er in dir die Vorstellung, in ein Bordell einzutreten, was du natürlich nicht tun wirst. —

Er hat dich weit und tief geführt, über die psychoanalytischen Gründe hinaus deine geheimsten Gedanken so sehr beleuchtet, daß du sie nicht mehr verstecken konntest, dich vor dir selbst dazu bekennen mußtest. Ja, das ist es, das Bekenntnis zu dir selbst, zu deinem Willen, dich selbst zu übersteigen; und sei es nur Einbildung. Für dich wird es nur eine Möglichkeit geben, aktiv zu werden, ohne die Passivität zu verleugnen, das Schreiben. Wenn du nicht so feige wärst!

Was dich an beiden, Genet und Sartre, stört, ist dieser Todernst — so wichtig kannst du dich nicht nehmen — aus Angst?

Und dann deine bürgerliche Erziehung! Sie wird für immer an dir hängen bleiben, selbst als Hure. Du bist nicht Genet — nein, es gibt nichts, was du festhalten kannst, und doch, wenn man einen Gedanken zu Ende leben, zu Ende denken könnte! Serge wollte auch immer „jusqu'au bout";

und es war ein bout – du kannst, willst ihn nicht vergessen – ob das, was er dir angetan hat, dich noch fester an ihn bindet? Seine Worte, die kraftvoll gebändigte Zärtlichkeit in den Gesten, das Verstehen in den kleinsten Nuancen, trotz aller Leidenschaft zielbewußt – du bist ihm nicht schlecht verfallen, fast eine Sklavin – und das wollte er aus dir machen.

7. 11. 65

Verdammt: Du hast ihn wiedergetroffen, ihn, der dich töten wollte – und er ist wirklich verrückt, also war es kein Spiel, also ging es wirklich um deine Haut. Er scheint deine Adresse verloren zu haben, das ist beruhigend, ebenso deinen Namen. Noch verzweifelter und unruhiger als damals, bettelte um Geld. Er hat eine unheimliche Macht über dich gewonnen, du würdest ihm zitternd aufs Wort gehorchen; eine erotische Macht – das Gefühl, als er den Arm um dich legte.

Du mußt eine entsetzliche Angst vor'm Tod haben; jedesmal, wenn er in deine Nähe rückt, kriechst du auf dem Boden. Alles, was du tust, ist Verteidigung, nie Angriff – oder wenn, dann Angriff aus äußerster Angst. Wenn es doch eine Möglichkeit gäbe, dies Gefühl der Ohnmacht zu überwinden!

Du mußt aktiv werden, du mußt eine Form, einen Stil finden, und sei es eine verrückte Form, du mußt wieder den Mut zu dir selbst finden, den Mut zu schreiben – natürlich wäre es schöner, sich im Tanz, in Gesten auszudrücken, aber du kannst nicht tanzen.

Aber wie mit Worten schreiben, wenn du Bilder siehst?

11. 11. 65

Versuch, deine wesentlichen Widersprüche und Probleme in Worte zu fassen:

Utopie	*totale Entfremdung*
Reinheit, Güte	*Falschheit, Bosheit*
Einfachheit	*Künstlichkeit (falscher Glanz)*
sanfte Zuneigung	*Sado-Masochismus*
Ordnung	*Chaos*
Licht	*Dunkelheit*
wirklich emanzipierte Frau	*Frau als Objekt*
verständnis-, liebevoller Mann	*Mann als Verbrecher*
gesellschaftliches Engagement	*extremer Individualismus*
mehr Frankfurt	*mehr Paris*
Miteinandersein	*Alleinsein*
mehr philosophisch-soziologisch	*mehr künstlerisches Engagement*
Heilmittel	*Gift*

aufbauend	*zerstörend*
mehr Marxismus	*mehr Genet-Existenzialismus*
dialektisches Verstehen	*symbolisches Verstehen*
„gesund"	*„neurotisch" (bewußt)*

So, das alles beißt sich in den Schwanz und dreht sich im Kreis, ohne daß eine Entscheidung fällt. Und so einfach lassen sich die Dinge nicht gegeneinander stellen. Wird es immer wieder hin- und hergehen, im Augenblick Paris, dann Frankfurt? Auf die Dauer wird es dich nach links ziehen, und von der rechten Seite bleibt ein ferner Schimmer. Es ist leichter, die linke Seite zu verteidigen als die rechte, sehr viel einfacher, und du findest bestimmt Bundesgenossen; und einer bestätigt den anderen und fühlt sich groß.

Mehr Stärke (Kraft, die Einsamkeit zu ertragen) verlangt die rechte Seite, immer mit der Gefahr verbunden, dabei draufzugehen.

Du hast dich schon entschieden; und Paris war nur noch eine letzte Ausflucht, ein letzter Abenteuerversuch – bald wird Paris Frankfurt und Frankfurt Paris – Und das „Böse" ist normalisiert, eingeordnet; seine Faszination entspringt einzig und allein deiner eigenen Entfremdung. Und Genet, Saint-Genet, bleibt ein Traum. Du wirst weder Verbrecherin sein noch Heilige, noch hundertprozentige Bürgerin, noch Bäuerin, noch Revolutionärin (du wirst dich sozialistisch-kommunistisch engagieren, du wirst schreiben, du wirst unauffällig gekleidet sein und leben, du wirst wahrscheinlich irgendeinen Beruf ergreifen oder intensiv studieren, du wirst vielleicht mit einem Menschen zusammenleben, den du liebst, du wirst mit dem Elternhaus verbunden bleiben, du wirst deine Krisen haben, in denen du alles in Frage stellst und dich dann schnell wieder erholen, du wirst nur wenige Freunde haben, aber gute, und von ihnen geachtet werden).

Gib zu, daß dich dies Zukunftsbild erfreut.

Ja, so wird es sein, wenn nicht.......

Vorläufig wirst du bis Ende Mai durchhalten, allein und trotz aller Krisen.

27. 11. 65

Es lohnt sich, dieses Erlebnis zu analysieren. Vielleicht gelingt es dir, es zu normalisieren.

Das, was ihn ursprünglich anzog: Daß du den Kopf hochwarfst, mit kalt-blauen Augen um dich schautest und das Buch mit zusammengepreßten Händen hieltest, wie man einen Hals hält, den man erwürgen möchte. Dann deine reflexartigen Abwehrbewegungen, die er genau studierte, dein Blick (sinnlich-kalt), den er nicht ertragen konnte. Oder war es die Angst in den Augen?

Fest steht, daß die meisten Männer deinen Blick nicht ertragen können. Ganz verstehst du diesen Mechanismus noch nicht. Aber auch du selbst hast Angst vor ihm, besser, vor dir selbst, vor dem, was er ausdrükken könnte. Und was könnte er ausdrücken, was du unterdrückst: Begierde, Angst, Verzweiflung, kurz Gefühle. Er ist gewiß nicht frei, nicht emanzipiert.

Was war es, was dich anzog: Seine Unverfrorenheit, Sicherheit, mit der er dich berührte, dich sofort in äußerste Defensive drängte, die sinnliche Kaltblütigkeit, mit der er deine Bewegungen verfolgte, sie analysierte. Und dieser entsetzliche Wortstrom, einschmeichelnd, aber unglaubwürdig. Seine feste Überzeugung, er werde noch diesen Abend jede Stelle deines Körpers berühren. Er tat es, wobei du vieles zum ersten Mal erlaubtest. Abgesehen vom Mund, den er nicht berühren durfte. Merkwürdig, daß du Menschen alles erlauben kannst, jede noch so intime Berührung, aber ihnen den Kuß vorenthältst, unbewußt, es nur erlaubst, wenn du wirklich liebst. Bei H. und S. war der Kuß für dich mehr als alles andere, aber nur bei ihnen.

Dein Körper war wild, passiv, biegsam und weiß, und seiner? typisch. Selbst dabei bist du dir interessanter als der andere.

Er wollte vor dir knien, er wollte, daß du ihn schlugst, ihm weh tatest, dieser Satz: Tu n'a pas assez de sang-froid pour m'etrangler. Tu le feras apres. (Du hast nicht genug Kaltblütigkeit, um mich zu erwürgen. Du wirst es danach machen.) Du erschrakst. Selbst wenn du sonst ein starkes Bedürfnis spüren solltest, Männern weh zu tun — so, auf Befehl! Also auch das ist dir jetzt leibhaftig erschienen. Nein, es war unmöglich, oder erging es dir wie einem Sadisten, der einem Masochisten begegnet, der gequält werden möchte und ihm antwortet, mit einem hämischen Schulterzucken: Ne, ne. Er hat seine Zigaretten hiergelassen. Eben wolltest du eine von ihm rauchen — es ist dir unmöglich. Du dämonisierst alles, was dir begegnet, vielleicht war das Ganze nicht mehr als banal: eine Frage der Perspektive.

Er wollte aus dir, aus einer Quelle, einem Fluß, einem Brunnen Kraft schöpfen, sie aus dir saugen wie ein Vampir, sie stehlen — dies wiederholte er in unzähligen Bildern. Und er versuchte es in allen Tonarten, an allen Stellen (du folgtest ihm hingegeben, aber hellwach, mit dem Bewußtsein, daß es einmalig sein würde, also nicht wiederholbar, einmalig, stellvertretend. Hoffentlich unternimmt er keinen Versuch, dich wiederzusehen, er ist sich der Gefahr bewußt, die er für dich bedeutet, — du könntest ihm mit Haß verfallen —, und der ganze Kreislauf würde von vorn beginnen).

Was für ungeahnte Möglichkeiten „erotischer Perversion" gibt es doch. Gib zu, du warst neugierig. Nein, ich mag nicht, sei es tabu, sei es die Überlegung, daß man mit kostbaren Dingen vorsichtig umgehen müsse. Und ein zweites Mal wird dir diese Libertinage nur fade schmecken. Im übrigen: allerlei Ähnlichkeit mit B., nur unverschämter, direkter, mit weniger Angst, dich zu verlieren. Auch bei ihm der Wunsch, sich an deiner Seite in eine Frau zu verwandeln.

Nein, dieser Sado-Masochismus und Libertinage ist abscheulich. Du mußt diesem Kreislauf entrinnen, einfacher werden. Welch eine Wohltat dagegen Jean-Pierre, alles ist zurückhaltend, ohne ein überflüssiges Wort, sehr ästhetisch. Fest steht, daß du mehr und mehr aufwachst.

4. 12. 65

H.: Sie liest Genet – und die sogenannten Abenteuer.

F.: Wieder ein paar bekannte „Persönlichkeiten"?

H.: Du irrst dich, sie legt keinen Wert darauf, Salondame zu werden.

F.: Dann sucht sie einen Ehemann. Merkst du nicht, daß bei ihr alles den banalsten sexuellen Problemen entspringt, alles Scheinprobleme, die schlagartig in dem Moment gelöst werden, in dem sie den passenden bürgerlichen Partner findet, daß sie im Grunde nichts will als die bürgerliche Anerkennung?

H.: Ihre Verzweiflung ist echt.

F.: Wessen Verzweiflung ist nicht echt! Alle pochen auf ihr Recht; jedermann will ernst genommen werden. Aber wenn du sie aufforderst, etwas zu ändern, verkriechen sie sich – so echt ist ihre Verzweiflung. In alles steckt sie ihre Nase hinein, schnüffelt, leckt, aber wendet sich schnell ab, wenn es heißt, ein Stückchen mehr zu geben. Nichts als Spiel. Die gelangweilte höhere Tochter, die ein Spielzeug nach dem anderen ergreift, um es fortzuwerfen, wenn sie dessen müde geworden ist.

H.: Ich gebe zu, daß es wenig glaubwürdig ist, was sie tut.

F.: Und dann Genet – darauf ist sie wohl auch noch stolz – auch den liest sie – auch mit Revolutionären hat sie verkehrt, sie hat ihnen geholfen – und dann die vielen sogenannten Abenteuer – gibt es etwas, was sie noch nicht mitgemacht hat, in das sie noch nicht ihre Finger hineingesteckt hat? – Sie weiß alles, sie kennt alles: lesbische Liebe, Irrenanstalt, Schriftsteller..... Ich habe sie anfangs auch ernst genommen, aber ihr Verhalten im Frühjahr, die Briefe aus Paris, haben meinen Verdacht bestätigt – es stimmt nichts. Sie jetzt noch ernst zu nehmen, das wäre der Ehre zuviel. Sie ist für mich ein für allemal fertig.

H.: Bedenk, daß sie in der letzten Zeit viel durchgemacht hat, daß sie Zeit braucht, um sich wieder zu finden.

F.: Was hat sie schon durchgemacht! Sie sucht diese kleinen Abwechslungen – und es werden immer neue kommen. Folgt daraus etwas? Nein, keinerlei Konsequenzen. Immer weiter im alten Trott. Und dann noch Mit-

leid! Nein. Du hast zuviel Geduld mit ihr.
Deine Selbstverteidigung: Es waren und sind keine Spiele – oder doch? Das ist die große Frage. Möchtest du von ihnen verachtet oder anerkannt werden? Die nächste.große Frage. Von den Menschen am meisten verachtet werden, die du am höchsten schätzt. Nein, so darfst du nicht, das darfst du nicht wollen.

Gewiß, es gab vieles, was nicht hätte sein dürfen; aber es war für dich kein unverbindliches Spiel; der Einsatz war zu hoch. Wenn du dieselben „Spiele" jetzt weiterspielst, würden es Spiele werden – also wirst du es nicht mehr tun. Mehr Ernst und Schweigsamkeit – du wirst die Achtung nicht vor dir selbst verlieren, auch wenn die liebsten Menschen dich verachten. Natürlich mußt du dich ändern – und das wirst du.

12. 12. 65

Dann ist auch dieser Traum typisch:

Du fährst in einem Omnibus; du siehst den großen gefährlichen Hund, der von einem Mann bewacht wird. Der Hund nähert sich dir, du hast Angst, streichelst ihn (um ihn zu beruhigen, zu zähmen, und weil du ihn gern magst). Er folgt dir – es ist ein Hund, der lesen und sprechen kann – der Mann verschwindet. Du fliehst vor ihm auf einen hohen Tisch, liest etwas über Hunde, die sprechen können (um ihn zu verstehen, zu normalisieren). Er sieht dich vorwurfsvoll an, du bist beschämt. Der Hund verwandelt sich in Genet. Er, Gisela und du geht über die Heide. Er ist groß, herb, stark; er umarmt dich, legt seine Hand um deinen Hals. Du blickst ihn voller Angst an. Er sagt „nein, so nicht". Ich weiß, daß ich keine Angst haben darf, antworte, daß er recht habe.

Gisela hakt ihn ein, ich hake sie ein. Gisela fragt ihn, ob er Chris kenne...... Literaturgespräche – ich schweige.

Wir alle gehen zum Gefängnis: Er soll wieder festgenommen werden, Zuchthaus. Es ist dunkel, wir warten alle in der Halle. Ich sag ihm, daß er Charlie Chaplin ähnele, er lacht und versteht. Man ruft ihn, er steht auf, läßt sich schweigend festnehmen – ich weiß, daß ich ihn nicht wiedersehe. Ich bin sehr traurig. Festhalten: Verbindung zwischen Angst und Zuneigung; er ist gefährlich, stark, ein Außenseiter (Verbrecher) und für mich unerreichbar. Ich stelle mich ihm nicht, sondern weiche ihm aus.

21. 12. 65

Bah! Da stehen sie alle um dich herum und schreien: sie spielt, sie ist falsch, alles Getue. – Und nur weil das Spiel nicht weitergeht, sollst du nun umkehren und ernst werden, so, daß jeder sagen kann: Das ist sie, so ist sie glaubwürdig. Und wenn der Teufel ganz tief in dir drin sitzt, – diese Vor-

stellung macht dir Spaß, meine Liebe, im Mittelalter würdest du sagen und glauben, daß du vom Teufel besessen seist und dich womöglich auf dem Scheiterhaufen verbrennen lassen. – Herkules am Scheidewege, der Kampf mit dem Beelzebub – du kannst den Verlust des lieben, alten Herrgotts nicht verwinden, mußt dir neue Götzen suchen, und wenn du selbst dein eigener Götze bist – du schwafelst und schwafelst, ha, und wenn du lächeln willst, wird es eine Grimasse – du bist vom Bösen infiziert und kannst doch nicht böse werden – und so bleibt alles Mischmasch – weder Engel noch Fresse – Mußt alles mitnehmen und doch weiter – erst identifizierst du dich mit einer Madonna, dann mit dem Teufel – alles der gleiche Quark.

Hallo, Peregrina, *München, den 30. 1. 66*

ich rede Dich an wie Concordia, als ich soeben ihr Deinen Brief an uns weitergeleitet habe. Ich hab mir grad eine Flasche Bier einverleibt, und mache jetzt mit Pfefferminztee weiter – aber gescheiter werde ich auch nicht davon. Wegen Deines letzten Briefes. Susanna, was soll's? – Abgesehen davon, sind Deine Briefe sehr unterhaltsam und ermunternd. Man lebt mit. C'est Paris? – Gut, also zum vulkanischen Brief mit artifiziellem Ende. Mache mers kurz. Du schreibst von dem kindlichen Sex-Erlebnis und zitierst zur Bekräftigung Genet: „transforme pour toujours en objet". 9) *Dazu einmal die Bitte zu überlegen: wirklich vergewaltigt ist das Kind ja nicht worden, sondern verführt. Ich schätze, nach Deinen Aussagen, es hat sein Hinterteil mit Freuden dargeboten. Also ich könnte mir denken, daß ein z. B. dünnes, nervöses, rechthaberisches und mehr in der Phantasie lebendes Gör nicht so reagiert hätte, sondern eher den Onkel untersucht, seinerseits (haha! merke auf!). Also. Geh mal mit verschiedenen Kindern um, auch wenn sie keine Ahnung von kräftigem Sex haben – die diversen Typen reagieren auch sehr verschieden auf erotische Zuneigung, natürlich auch je nach Partner, das kommt dazu. Von einem Sex-Schock würde ich nur sprechen, wenn ein ahnungsloses Kind brutal überfallen und mißbraucht würde. Aber ich schätze auch, daß so etwas sogar ausheilen kann, etwa wie ein Schock bei einem Autounfall oder nach einer unverdienten – als so empfundenen – Tracht Prügel. Oder wenigstens „eingeordnet". – Gleich daran anschließend der wirkliche Schock bei Klein-Inga: daß die Umwelt sie zur „Verbrecherin" gestempelt hat – sowas wirkt allerdings nach. Weil ja keiner gern ein „Verbrecher" sein will. Ich glaube auch nicht, daß die anschließende Trutz-Haltung sich nur auf die Beziehung zu Männern, wie Du schreibst, ausgewirkt hat, sondern eben zu allen Menschen, besonders den als „erwachsen" empfundenen. Wenn man natürlich lieber gern passiv reagiert, was bei einer Frau wahrscheinlicher ist, besteht die Möglichkeit, daß diese Haltung fixiert wird. (nach Sartre: Neger, Juden,*

Frauen....). Bon. Du siehst, die Sache muß man weiter sehen. Ich an Deiner Stelle würde mit diesem Kindheitserlebnis nicht rumkokettieren, sondern es eben als Erfahrung einordnen. In unserer „westlichen" Zivilisation, besonders nach den Erziehungsmethoden bis zur letzten Generation, wird bestimmt ein Großteil aller Kinder und Jugendlichen mindestens einmal im Leben auf diese Weise frustriert. (Bleibt zu fragen, ob deshalb dieser „Sprung über die Schwelle" beim Beginn des Sexlife? Was eigentlich nicht selbstverständlich ist, aber bei den meisten Tatsache). Gut, manche kriegen die Prügel mit sechs (wie Du), manche mit neun (wie ich), manche mit sechzehn (wie mein Schwesterlein) undsofort. Herb ist es natürlich, wenn die Sache weite Kreise zieht und die Umwelt sich „unversöhnlich" zeigt und die Erziehung auf den einmaligen „Crime" abstimmt. So ist es eben Dir ergangen, was nicht zu ändern ist. Inzwischen kannst Du ja froh sein, daß Du den „Sprung" geschafft hast und machen kannst, was Du willst — „informiert" bist Du ja auch (entretemps, comme j'espere, ma bonne!). 10) *— Bei Deinen Kinderlein kannst Du's ja mal besser machen. Ich wünsche ihnen fröhliche Inzeste!!!! Gut, zum Ernst. Nämlich zum Mißtrauen der Umwelt gegenüber, pauschal. Ich will nicht sagen, daß es nicht berechtigt sein kann, in vielem, aber es dürfte nicht so weit gehen, daß Du aus einer Art Rechtfertigungs-Haltung alias Schuldgefühle (Zitate: Genet, ins-Bordell-gehen-überlegen) Dich weiter in dieser kindlichen Trutz- und Abhängigkeitshaltung fixierst, und das ausgerechnet beim Sex. Ich hoffe ja nicht, daß es so ist, wie Du schreibst, aber ich will präzisieren: es ist ein Unterschied, ob man eine bestimmte Art von Liebemachen bevorzugt (Hintern hinhalten, Passivität) oder ob man sich auch moralisch seelisch, in weitestem Maß passiv, abhängig macht. — Grad im Sex sollte man um Souveränität bemüht sein, was nichts damit zu tun hat, welche Art von Sex man gern treibt. Qui se fait brebis, les loups le mangent.—* 11) *Abgesehen davon, daß auch der Geschmack in solchen Dingen sich prozessiös wandelt, daß man durchreift, differenzierter goutiert und kultivieren kann. Mit den Jahren und den Objekten ändert sich vieles. Besonders mit den Partnern — was mich wirklich besorgt: man schnappt sich seine Leute nicht von der Gosse auf, einfach, weil man dann Gefahr läuft, daß einem irgend ein Psychopath die Gurgel durchschneidet.—*

Außerdem bitte ich Dich — obwohl sich über den Geschmack streiten läßt, besonders, wenn's einen freut — zu überlegen: wenn das Blut noch braust, macht man gern l'amour avec n'importe qui 12)*, aber wenn es dann Gewohnheit wird, erstickt man mit der Zeit eines Tages im Überdruß und weiß nicht, warum. Deshalb rede ich von Kultivierung, vom Artifiziellen in der Liebe — was man nur mit entsprechenden Partnern kann. Ce n'est pas seulement l'amour psysique, mais aussi les joies spirituelles.* 13) *So unge-*

fähr. Du bist ja noch en pleine puberte [14]*– pardon, aber wahr!– da macht vieles noch Spaß, was einen später degoutiert. Soweit dazu. – Zu Deinem Gejammer über die Passivitätsbevorzugung möcht ich noch sagen, daß es nichts unnatürliches ist, und, daß auch zu bedenken sei, ob man nicht bei zunehmender Liebe oder größerem Entzücken stärkere Lust verspürt, dem Partner ein Gutes zu tun, in holder Aktivität? Das kannst Du Dich ja wieder mal fragen, wenn nicht mehr vorwiegend die Lust, sondern auch die Liebe oder Ehrerbietung oder wie Du's nennen willst Dein Sexlife dirigiert. Also: Statt Mißtrauen = Mißachtung + Egoismus, stattdessen: Zärtlichkeit (echte) wird zu Eros.*

Sallam, Genossin, dann wollte ich noch zu bedenken geben, daß D u nur in einer einzigen Sache –eben im Sex– in Deinem Leben mit der Opposition, stärker: dem Verbot, dem Autoritätsdruck, dem Boshaftigen in der Umwelt in Konfrontation gekommen bist. Vielleicht neigst Du deshalb zur Überbewertung dieses einen Gebiets in Ausweitung auf alles? (Freud ist nicht so groß, wie die Laien glauben, aber Eros bleibt größer sogar als Freud glaubte). Ich möchte nur erinnern an Leute, denen man nicht nur ein Gebiet, einen Pfad abgeschnitten hat, sondern alles mögliche. Es gibt Menschen, die nicht essen dürfen, die nicht gesund sein dürfen, die ihren Beruf nicht ausüben dürfen, die sklaven müssen – viele Menschen, denen von Kindheit an alle Wege, auf denen sie vorwärts laufen wollten, zugeschüttet worden sind. Und viele von ihnen sind auch von aller Information abgeschnitten und können nicht wissen, warum sie unglücklich, böse oder befangen sind. – Du hast inzwischen Zeit gehabt, mit einer einzigen Frustration fertig zu werden (und Du hast sie ja reflektiert), und alle Arten der Selbstverwirklichung stehen Dir frei. Dazu bist Du jung, schön, gesund, kannst lesen, schreiben, rechnen und gehen, wohin Du willst, zu Menschen, in die Bibliotheken und auf den Himalaja. – Des Genets Klamotte würde ich mir nicht über den Inga-Leib zwängen, weil der Mann ganz recht hat, aber eben aus seiner Sicht und erst mal für sich. Das Allgemeine sei für Dich das menschlich allgemeine, und nicht das speziell Deine. –

Hu. Soweit für heute. Schade, daß Du den Bloch erst später lesen willst – Du könntest Dir durch die Lektüre manchen Irrpfad ersparen. –

Zu diesem Sermon bitte ich zu bedenken, daß er von einer Tempelpriesterin geschrieben wurde und nicht von einer Hetäre, was einen kleinen Unterschied ausmacht. Wenn ich einmal eine Hetäre sein sollte, kannst Du mich ja wieder fragen. Außerdem ist es speziell für Dich geschrieben, ergo nicht ohne hintergründige Pädagogik, huhu.

Du hast ja noch eine Menge Zeit, um perfekt zu werden. Wenigstens so, daß nicht mehr die Butterbröterpapiere neben den Kladden rumfahren in Deiner Bude und daß Du nicht jeden Deppen aus der Gosse wichtig nimmst, bloß weil er potent ist.

Bleib nur noch eine Weile in Paris. Vielleicht seh ich Dich dann mal in einem Chanel-Kostüm, statt der altbackenen Ammenröcke, und als Weib, das die Liebe mit Raffinesse (und Anti-Baby-Pillen) betreibt, – wollt sagen, mit Raffinesse und lächelnder Verschwiegenheit, und nicht pubertäre Ergüsse über läppische Baby-souvenirs mit Onkeln an perfide Priesterinnen schickt, die sich doch bloß halbtot lachen drüber.

Sei begrüßt von oben erwähnter – Peregrina

P. S.: Geh mal in Marylin-Monroe-Filme, vielleicht ist das fette Luder ein bißchen Vorbild für Dich? Very good.
P. S. P. S.: Der „Richtige" wird schon noch kommen, wenn Du Deinen Pfad vorwärts läufst und nicht in Spiralen. AMEN.

Ich habe an das Tagebuch den Brief von Inge angeschlossen, weil er für mich einen Wendepunkt kennzeichnet; diese äußerst kritische Analyse meines damaligen Problemhorizontes hatte mich so sehr beeindruckt, daß ich mich daraufhin wirklich bemühte, mein Leben zu verändern.

Dazu kamen noch ein paar andere Faktoren. Im Spätherbst traf ich meinen Jugendfreund Jean Pierre wieder, der in Paris lebte. Als ich ihm abends nach der Horrorgeschichte mit dem Verrückten (Tagebuch vom 30. 9. 65) verstört mein Erlebnis erzählte, küßte und umarmte er mich – aus Mitleid, wie er mir später sagte. Daraus entwickelte sich eine neue Beziehung, die anfangs so kaputt war, daß wir wohl miteinander schliefen, aber uns sonst kaum wahrnahmen. Erst nach mehreren Monaten löste sich unsere Verkrampftheit; wir wurden vertrauter und liebevoller miteinander; Jean Pierre ließ mich Paris neu entdecken, wir gingen in kleine Restaurants zusammen essen, in die Intellektuellen- , sagen wir besser die Modecafes, einfach so durch die Straßen, viel ins Kino, vor allem wegen der Filme aus den Zwanziger Jahren, oder in Bücherläden, in denen wir um die Wette klauten. Je länger wir zusammen waren, umso intensiver und glücklicher wurde unser Verhältnis. Dazu kam, daß ich zum ersten Mal ohne Angst mit einem Mann sexuell zusammen sein konnte. Jean Pierre war sehr zärtlich, von einer freien, seines schönen Körpers bewußten Sinnlichkeit, die wenig männliche Züge trug; auch sonst wehrte er die üblichen Leistungsnormen ab, verhielt sich eher nachgiebig und weich. Allerdings litt er auch immens darunter, nicht anerkannt zu werden, denn Männer in unserer Gesellschaft, die sich nicht durchsetzen, nicht die Rollenerwartungen erfüllen, werden ab einem bestimmten Alter geradezu verächtlich behandelt. Auch ich war nicht reif genug, noch zu sehr an alte Rollenklischees fixiert, um den Wert unserer wirklich sehr glücklichen und freien Beziehung schätzen zu können. So wurden wir wohl immer leidenschaftlicher miteinander, doch gleichzeitig stieß ich Jean Pierre ständig zurück und verletzte ihn. Das zog sich über zwei Jahre hin, bis ich mich von ihm trennte, weil ich ein Zusammenleben mit ihm ablehnte.

Das Zusammentreffen mit dem Sadomasochisten (Tagebuch vom 27. 11. 65) hatte noch einige Folgen. Zwischen Weihnachten und Neujahr 65 begab ich mich in Hannover zum Arzt für Geschlechtskrankheiten, Dr. Balzer, der bei mir einen Tripper feststellte, und, nachdem er sich meine Brüste angeschaut hatte, sagte, daß ich schwanger sei und deshalb so große Brustwarzen hätte. Ich war völlig fertig. Zu einer weiteren Abtreibung fühlte ich mich nicht mehr in der Lage. Und wie sollte ich das Kind zur Welt bringen, wo ich doch mitten im Studium stand, völlig allein und genauso desolat wie damals!

Nach einer überaus heftigen Diskussion mit Ilsedore beschloß ich, das Kind – es mußte von Jean Pierre sein – auszutragen. Mit Gisela, die inzwischen in Frankfurt lebte, besprach ich, daß ich nach dem Examen im Mai nach Frankfurt ziehen würde, um dort als Übersetzerin zu arbeiten, was es mir ermöglicht hätte, den Unterhalt für mich und das Kind zu verdienen, ohne es abgeben zu müssen.

Als ich nach Paris zurückgekehrt war, kam, zwei Wochen verspätet, meine Regel. Eine große Erleichterung – und doch hat die Entscheidung, das Kind zur Welt zu bringen, auf eine mir nicht ganz erklärliche Weise die Schuldgefühle, die durch die vorhergehende Abtreibung entstanden waren, quasi aufgehoben.

Es bleibt, daß der Arzt Dr. Balzer aus Hannover ein unverschämter Sadist war; und ich, wieder einmal, ganz schön naiv und doof.

Aber mein Leben bestand damals nicht nur aus Bettgeschichten und deren Reflexion, sondern ich habe die ganze Zeit über bis zum Examen von morgens bis abends und oft auch nachts hart gearbeitet.

Außerdem vermittelt das Tagebuch trotz allem ein etwas einseitiges Bild, denn erstens habe ich vorwiegend nur geschrieben, wenn ich mein Leiden nicht mehr aushalten konnte und keinen Gesprächspartner hatte und zweitens nur über die Sachen, bei denen ich glaubte, daß sie niemand verstehen würde.

Tatsächlich gab es auch andere Töne: mein politisches Bewußtsein war nicht völlig eingeschlafen, selbst wenn ich für kurze Zeit nach den vorhergehenden Enttäuschungen in München und Paris resigniert hatte; auch war mein Bild von Frau-Mann-Beziehungen nicht so ungebrochen grotesk, wie es in meinen intimen Aufzeichnungen erscheint – zumindest in meinem Bewußtsein gab es auch andere Vorstellungen, wenn ich z. B. Ilsedore in einem Brief vom 18. 11. 65 schrieb: „*Wir müssen es lernen, zugleich Frau und ganz zu sein, ohne etwas von unserer geistigen Aktivität, Wachsamkeit, zu verlieren. Natürlich ist das nicht leicht, besonders heute. Wir sollen nicht den Mann nachahmen, seinen übertriebenen Ehrgeiz und sein Prestigebewußtsein, ihn übertrumpfen wollen, sondern ihm etwas uns eigenes, vielleicht weniger Entfremdetes entgegenstellen, eine eigene Sprache finden, einen eigenen Ausdruck, das ist der Sinn der wirklichen Emanzipation der Frau. Frau, nicht Objekt, nicht Marktware und nicht Marktbeherrscherin.*"

Überhaupt habe ich Ilsedore die ernsthaftesten Briefe geschrieben, wenn auch immer etwas besorgt und pädagogisch, weil ich sie vor dem Horror schützen wollte. Zumindest geben die Briefe an sie ein etwas anderes Bild von mir als das Tagebuch, so der Brief vom 31. 1. 66. den ich auch deshalb so interessant finde, weil er die Verarbeitung der vorhergehenden Erlebnisse andeutet und auf meine Angst vor Vergänglichkeit, vor dem spurlosen Auslöschen von Erinnerungen, hinweist, eine Angst, von der ich noch heute besessen bin.

Lieber Isegrimm – *Paris, den 31. 1. 66*

die Sonne scheint mir ins Gesicht; auf dem Dach gegenüber treiben zwei Tauben Liebesspiele –

eben höre ich in den Nachrichten, daß der Waffenstillstand zwischen Vietnam und der USA beendet ist, daß seit heute Morgen die Bombardierung wieder begonnen hat – die Abneigung der Franzosen gegen die westdeutsche Politik wächst; und nicht nur gegen die westdeutsche Politik, besonders von Seiten der französischen Kommunisten.

Ich sprach am Telephon von einer schönen Begegnung: eben ein Gespräch mit kommunistischen Studenten, deren Offenheit und Anständigkeit mir gut tat nach all der Falschheit, der man sonst in Paris auf Schritt und Tritt begegnet. Aber ich kann es mir im Augenblick arbeitsmäßig nicht leisten, mich politisch stärker zu engagieren. Außerdem ist die Rolle der französichen Kommunisten zur Zeit sehr zwielichtig – ich habe davon in Benrode gesprochen. Natürlich bin ich neugierig, schnüffele, vergleiche, suche meinen Standort zu bestimmen.

Die Sonne scheint zu verlockend – ich werde ein wenig hinausgehen; mir fällt auf, daß sie seit langer Zeit nicht mehr geschienen hat, daß ich während meines jetzigen Aufenthalts noch nicht im Jardin du Luxembourg war, ganz in der Nähe der Straße „rue Soufflot", in der Rilke wohnte, auch in meiner Nähe.

Die Sonne schien nicht mehr, und der Park war grau – so flüchtete ich mich in einen Bücherladen – da haben wir's – die Bücher – man könnte mir vieles rauben, aber nicht das; und wenn, dann müßte ich selbst anfangen zu schreiben, um lesen zu können.

Und so versinke ich in meine Träumereien, gewinne täglich neue Erkentnisse über mich, über die Welt, da lese ich augenblicklich den „Pere Goriot" von Balzac und werde mir meiner unglaublichen Naivität bewußt; Du glaubst nicht, wie oft ich über mich rückblickend lachen muß, wenn ich mich mit B. zusammen sehe, mit vielen anderen, in vielen Situationen – ein wahrhafter Tumb.

Und doch hat nur meine Naivität mich alles überstehen lassen und meine Frische bewahrt. Herrjemineh – was für ein Kind!

Ich beginne, so vieles neu zu verstehen; natürlich gibt es kein endgültiges Verstehen – und das ist es, was diese kleinen-großen Entdeckungen so abenteuerlich macht;

Schau, da passiert etwas: Du suchst eine Erklärung, findest eine; drehst die Sache oder Dich um und findest eine neue; und so geht's weiter ad infinitum. Da gibt es Menschen, ich denke an Gisela: Wie hat sie sich gewandelt; und wie hat sie sich i n mir gewandelt!?

Genau das versucht Proust festzuhalten, diesen feinen Veränderungen, Nuancen, eine sprachliche Form zu geben, den Zeitfluß aufzuheben. Die feine Wollust der Selbstentdeckung, das Spiel mit Bedeutungen, der Perspektivenwechsel..... Du wirst wissen, daß sich Proust, nachdem er einige Jahre die ästhetischen Spiele der höheren Gesellschaft mitgemacht hatte, in seine vornehme Wohnung zurückzog, um ganz seinen Erinnerungen zu leben, ihre Vergänglichkeit aufzuhalten, indem er sie formte.

Er konnte den Gedanken nicht ertragen, daß sein inneres Leben spurlos versinken sollte; außerdem drängten diese Erlebnisse, besonders die frühen, nach Ausdruck. Alles, was später geschieht, ist im Wesentlichen nur eine Wiederholung der ersten. Was sich ändert, ist das Verständnis, das wir dem Geschehen entgegenbringen; der Verlust der Naivität, der unmittelbaren Hingabe an den Menschen.....

Du verstehst mich richtig: natürlich ändert sich der Mensch, erhält immer neue Prägungen, formt sich; aber je älter er wird, umso fester werden seine Geleise.

Nun, wir beide haben noch einige Zeit, brauchen unseren Kopf noch nicht in den Mülleimer sinken lassen, sind mehr damit beschäftigt, irgendetwas festes in uns und um uns zu finden, als die Festigkeit zu fürchten. ...."

Abschied von Paris und der Entschluß, nüchtern zu werden

Im letzten halben Jahr, das ich in Paris verbrachte, deutete sich bei mir langsam eine Öffnung zur „Außenwelt" an, ein neues Wahrnehmen gesellschaftlicher Realität und zögernd-sprunghaft, aber immer bestimmter spürbar, ein Wille, diese zu verändern.

Ein entscheidener Anstoß war der Brief von Inge, der mich bewog, energisch gegen meinen sexuellen Masochismus anzukämpfen und nicht mehr den erstbesten Impulsen zu folgen.

Im Zusammensein mit Jean Pierre lernte ich meinen Körper neu kennen und verlor die Angst vor seiner Nacktheit – in den ersten Monaten hatte ich es noch nicht einmal gewagt, im Bett mein Nachthemd auszuziehen. Jean Pierre wohnte die meiste Zeit bei mir im Hotelzimmer und war zärtlich bemüht, meine Traurigkeit zu verscheuchen. So kam es, daß diese bedrückende Dunkelheit langsam aus mir verschwand und meine Poren sich öffneten.

Die wenige freie Zeit, die ich hatte, nutzte ich, um an früheren Gedanken anzuknüpfen, um herauszukriegen, ob und in welchem Rahmen ich mich politisch betätigen wollte. Nach meiner Arbeit über die „Frühschriften" von Marx vor einem Jahr war meine bewußte Auseinandersetzung mit gesellschaftskritischem Schrifttum abgebrochen worden. Die Verzweiflung über meine Abtreibung und die Enttäuschung über Serge sowie über das Verhalten der Genossen in München ließen meine frischerwachte Hoffnung auf Veränderung der Gesellschaft schnell wieder verkümmern, ja ins Gegenteil umschlagen. Erst jetzt besann ich mich wieder auf meine früheren Ansprüche und Gedanken.

Parallel dazu lief die fortlaufende Auseinandersetzung mit dem Vietnam-Krieg, über den in den französichen Zeitungen ausführlich berichtet wurde. Allerdings nahm ich an den Vietnamdemonstrationen, die damals in Paris stattfanden, nicht teil.

Aber der eigentliche Aufbruch aus meiner Resignation wurde durch ein paar Bücher ausgelöst. Ich las zum zweiten Mal „Eros und Kultur" (später unter dem Titel: „Triebstruktur und Gesellschaft") von Marcuse.

Tagebuch vom 25. 1. 66

„l'espoir est un memoire qui desire" (Die Hoffnung ist eine Erinnerung, die begehren läßt.)

Waren nicht diese kurzen Momente unaussprechlicher Süße, die du bei der ersten Umarmung Hartmuts und Serges empfandest, frei von Unterdrückung? Und es war keine Leidenschaft, sondern ein tiefes Dahinfließen, eine Stille, die den Zeitfluß unterbrach.

Und müßte dein ganzes Leben nicht ein Beschwören dieser Augenblicke sein, dieser Empfindungen ———

„——— ist die Wiedereinsetzung der Erinnerung in ihr Recht als Mittel der Befreiung eine der edelsten Aufgaben des Denkens!"

„dort, wo Ordnung Schönheit und Arbeit Spiel ist,

dort, wo Vernunft sinnlich und Sinnlichkeit vernünftig ist,

nur dort, wo Intellekt und Sinne sich begegnen, wo der Mensch frei ist, mit seinen Fähigkeiten und Möglichkeiten und denen der Natur zu spielen, läßt's sich leben."

Aber „in einer repressiven Gesellschaft steht das Glück und die produktive Entwicklung des Einzelnen im Widerspruch zur Gesellschaft: werden sie als Werte definiert, die innerhalb dieser Gesellschaft zu verwirklichen sind, dann werden sie selbst repressiv."

Wenn du diese Worte wirklich ernst nimmst, müßtest du dich sofort der Subversiven Aktion anschließen, aber du glaubst an keine gewaltsame und schlagartige Veränderung der Zustände, wohl der äußeren, der Verteilung der Güter, aber nicht im Menschen selbst. Wie schwierig ist es, einen Menschen zu befreien und dann die ganze Gesellschaft auf einmal? Das ist deine Resignation, denn wenn alle daran glaubten, wenn in ihnen das tiefe Bedürfnis nach Freiheit, nach einem menschlicheren Leben geweckt werden könnte, dann ließe sich ein Weg der Verwirklichung finden. Dort, wo Hoffnung ist, ist auch ein Weg.

Du bist schon zu sehr entfremdet, nicht mehr rein genug, um dieser kargen Hoffnung genügend Nahrung zu geben, um den Sprung ins Engagement zu wagen. Also wirst du nach gutbürgerlicher Weise nach privatem Glück streben, nach Verinnerlichung, nach Verwirklichung dieses Ideals in deinem eigenen Leben.

Es sei denn, es kommt ein Augenblick, in dem das nicht mehr geht, in dem du dich entscheiden mußt.

Gibt es die Möglichkeit, durch die Kunst die Entfremdung aufzuheben? Sie müßte in die Tiefen dringen, die vor der Entfremdung lagen; eine mögliche Wirklichkeit erreichen; oder die Entfremdung auf die Spitze treiben, und sie so entlarven.

Und die Freude an der schönen Form?

——————————————————————

Dann setzte ich mich nochmals mit dem Surrealismus, insbesondere mit Breton, auseinander.

Tagebuch vom 15. 2. 66

„le reve et la revolution sont faits pour pactiner ———" (der Traum und die Revolution sind dazu geschaffen, sich miteinander zu verbünden.) Surrealismus (Breton).

Vieles erinnert dich an Frank: Lautreamont, der Traum in der Literatur, die phantastische innere Welt, zugleich der Wunsch, die Gesellschaft in ihren Tiefen umzuformen, nicht nur ökonomisch, „tout porte a croire qu'il en sera toujours de meme tant que les revolutions se borneront a certains aspects particuliers des conditions de la vie sociale, sans s'attaquer directement a la structure spirituelle de la societe." (alles läßt darauf schließen, daß es immer das Gleiche bleiben wird, wenn die Revolutionen sich darauf beschränken, nur bestimmte Aspekte des sozialen Lebens anzugreifen, und dabei die kulturelle und geistige Struktur unberührt lassen.)

Das gleiche Bestreben, den Marxismus, die Psychoanalyse Freuds und die Traumliteratur zu vereinen.

Die gleiche Verehrung des „Weiblichen", Co, fähig sich einer Zuneigung ganz hinzugeben.

Ungeduld mit Andersdenkenden, mit Abweichlern.

Streben nach Synthese, nach Einheit.

Interesse für alle Nicht-Integrierten, Eigenbrödler.

Keine Resignation, sondern Hoffnung und Kampfbereitschaft.

Frank und Hartmut mußten sich trennen.

Und du stehst immer noch zwischen beiden.

„l'idee de l'amour est liee a celle de la revolution, comment revolution signifie tres directement exaltation et emancipation de cet amour dans une „erotisation" collective, comment dans son accomplissement il est la revolution elle-meme. Il s'agit, dans l'amour comme dans la revolution, d'un don total de soi-meme." (Die Idee der Liebe ist an die der Revolution geknüpft — so wie die Revolution sehr direkt die Aufhebung und Emanzipation dieser Liebe in einer kollektiven „Erotisierung" bedeutet, so stellt sie in ihrer Verwirklichung die Revolution selbst dar. Es geht in der Liebe wie in der Revolution um die totale Hingabe seiner selbst.) — Und du gibst dich nie ganz.

Als „Kunst" empfand ich den Surrealismus als unbefriedigend. Ich hatte den Eindruck, daß selbst „Nadja" von Breton nicht das hielt, was es versprach, daß das Buch sich im Rahmen der „psychologischen Literatur" bewegte, die es doch überschreiten und hinter sich lassen wollte, daß die Sprache konventionell blieb, daß sie lediglich beschrieb, daß die Worte benutzt wurden statt eine Eigenrealität, eine neue Wirklichkeit zu erhalten.

Tagebuch vom 9. 3. 66

Warum mußte der „reine Surrealismus" (l'ecriture automatique —

automatische Schreibweise) in der Kunst versagen? Literarische Kunst ist zuallererst eine Arbeit mit Worten und nicht mit Träumen, eher künstlich als natürlich; die Arbeit mit Träumen betrifft eher den Psychologen als den Schriftsteller, ebenso die Erforschung des Unbewußten. Die rein deskriptive Funktion des Wortes (Beschreibung der Träume) ist eine Entwertung.

– Ich frage mich, ob die Suche nach Einheit nicht schon eine Flucht vor der menschlichen Situation darstellt, denn der denkende Mensch ist schon ein Doppeltes.

Kunst kann niemals nur natürlich sein. Es wird immer einen Abgrund zwischen Kunst und Natur geben.

„Reine Natur" gibt es nur als angeborene Verhaltensweise; alles andere ist Erziehung, Formung, Bewußtsein. Der Surrealismus wollte mit der „l'ecriture automatique" die gleiche Sicherheit finden, die im Ablauf angeborener Verhaltensweisen liegt. S. Grassis Mystizismus, seine Beschäftigung avec l'etat ou l'homme ne s'appartient plus ––––– (der Zustand, in dem der Mensch sich selbst nicht mehr gehört)

Denk an deine Hamburger Intuitionen – gewiß aufregend, und psychologisch-menschlich aufschlußreich – aber welch schauderhafter sprachlicher Ausdruck. Mißachtung der Form – die größte Gefahr des Surrealismus.

Form wird fast als Entfremdung mißachtet. Auch du neigst dazu, bist im Grunde antiästhetisch. Ebenso Rousseau und alle anderen Naturanwälte. Aber warum diese Zuneigung zu Formmenschen wie Hartmut, Gisela, Jean Pierre? Überhaupt zu Frankreich?

Form und Entfremdung (Entfernung von der Natur, von unmittelbarer Einheit). Deshalb sind Formmenschen selten Revolutionäre.

Gegen Instinkt, und gegen Traum-Mythos. Ideal der Schönheit, des Gekonnten, aber nüchtern.

Auch du bist gegen den Surrealismus als künstlerischen Ausdruck. Zu pathetisch verschwommen, zu wenig präzis.

––––––––––––––––––––––

Ich will versuchen, das, was damals in mir vorging und mein Verhalten in den nächsten Jahren grundsätzlich bestimmte, vorsichtig zu deuten. Ich war mit einiger Konsequenz meinen erotisch-phantastischen Gelüsten gefolgt und hatte überaus intensive Momente von Übereinstimmung erlebt. Es waren fast rituelle Begegnungen mit äußerster intellektueller Anspannung und einer fast somnambulen Sicherheit des Verhaltens, wo das Ineinanderströmen von Traumrealität und „äußerer Wirklichkeit" an eine für mich gefährliche Grenze stieß. Hinzu kam die Erkenntnis, daß die Männer, gerade die „leistungsfähigen Künstler und Intellektuellen" dazu neigen, dieses „traumhafte Hingeben" bei Frauen (in der Regel nicht bei ihren Ehefrauen, die ja der nüchternen Realität angepaßt sein müssen) zu forcieren und es zu genießen, allerdings nur bis zu dem Punkt, wo die Realitätsuntüchtigkeit einer Geliebten für sie selbst bedrohlich wird.

Das gleiche entdeckte ich auch im Verhältnis Bretons zu seiner „wunderbaren Geliebten" Nadja, die dann schließlich in einer Klapsmühle landete, während er sich mit einer „wirklichen" Frau verband. Ich wollte nicht länger eine Mystifikation sein. So packte ich in einem Gewaltstreich Kunst, rituelle Begegnungen, Traumlandschaften in die Dunkelkammer, rettete sie sozusagen vor der Helligkeit und wandte mich eher verächtlich als begierig der „äußeren Wirklichkeit" zu. Politik war für mich lange Zeit ein notwendiger Kompromiß mit der Realität, bei dem es darum geht, nüchtern die Fakten zu erkennen, sie einzuschätzen und verändernd einzugreifen; während die Kunst der eigentliche Bereich von Intensität und subjektiver Erfüllung blieb, von Politik unbefleckt und nicht durch durchsichtige Zugeständnisse an Verständlichkeit verstümmelt.

Den Anstoß für eine Vorstellung von konkreter Veränderung der Gesellschaft gaben mir zwei Bücher: „Das andere Geschlecht" von Simone de Beauvoir und „Un monde meilleur" (Eine bessere Welt) von Jean Baby. Das Buch von Baby beschreibt das alltägliche Leben in China um 1960: wie dort das Problem des Alters gelöst wird, indem die Alten nicht abgeschoben werden, sondern intensiv weiterhin am Leben teilnehmen, in welcher Weise die Menschen zusammenleben und arbeiten, wie die Kinder gemeinsam aufgezogen werden, wie ein großer Teil der Probleme, unter denen wir leiden und die wir als unüberwindlich empfinden, in China in Angriff genommen werden. Mir erschien das alles so einleuchtend, daß ich kaum mehr begriff, wieso sich die Menschen bei uns diese doch so sichtbare Unterdrückung der realen Möglichkeit anderer Lebensformen, also all dies unnötige Leiden, gefallen lassen.

Ein Jahr später las ich vom gleichen Autor „la grande controverse sino-sovietique", ein dicker Wälzer über den chinesisch-russischen Konflikt von 1956 - 1966, der die Entwicklung der beiden Länder während dieses Zeitraums beschreibt. Selbst wenn ich der Begeisterung von Baby für China nicht in allen Punkten folgen konnte, so festigte es meine Entscheidung für den radikalen chinesischen Kommunismus.

Sehr sprunghaft, aber doch immer greifbarer, setzte sich in meinem Kopf der Gedanke fest, daß auch ich nicht mehr umhin konnte, die praktisch konkrete Veränderung dieser gesellschaftlichen Misere in Angriff zu nehmen, wobei die Worte „konkret" und „praktisch" fast neue Zauberformeln wurden, die mich aus all meiner inneren Zerrissenheit und Widersprüchlichkeit herausführen sollten.

Doch vorerst mußte ich noch mit den Totalitätsansprüchen der Subversiven abrechnen. Aber die zweifelten inzwischen selbst daran, jedoch mit anderen Konsequenzen. Ein Teil von ihnen, und zwar gerade die Münchner, die ich am besten kannte, reagierten mit absoluter Resignation, wenn nicht mit überheblichem Zynismus gegen die, die noch meinten, irgendwo ansetzen zu können. Ich setzte mich mit ihrem Heft „Anschlag 3" intensiv auseinander, um meine eigene Position zu klären. Es ist unmöglich, den Inhalt dieser Aufsätze mit ein paar Worten wiederzugeben; deshalb zitiere ich stellvertretend mit ein paar Worten einen Passus aus Böckelmanns Arbeit „Die schlechte Aufhebung der autoritären Persönlichkeit" Anschlag 3, S. 61.

„Die Hoffnung auf g e w o h n t e und überhaupt heute vorstellbare Konflikte bzw. latente Unzufriedenheiten ausnützen oder erzeugen zu können, die das Ich der sich anbahnenden Charaktere stärken würden, muß vorerst verzweifeln. Die Jugend hat vor jeder Möglichkeit, die Gesellschaft umzugestalten, resigniert. Jede Handlung ist von vornherein mit soviel Vermittlungen belastet und von so vielen abhängig, daß sie als unabhängige, womöglich gegen die Schwerkraft des Bestehenden gerichtete, dem „skeptisch"-gelähmten Individuum nicht als durchführbar erscheinen könnte.

Die Kategorie der abweichenden Meinung droht in der verwalteten Massenwelt zu verschwinden; sie wird gewissermaßen technisch unmöglich. Auch die „Statusunsicherheit", die zur Bildung, einer jugendlichen „Subkultur" führen könnte — Stereotype der Soziologie — gehört angesichts der fehlenden Konfliktdisposition der ichschwachen Jugendlichen der Vergangenheit an. Der Generationskonflikt wird vom ökonomischen wie familiären Prozeß eingeholt.

Aus dem Klassenbewußtsein ist kein Funke mehr zu schlagen. Mit Rührung liest man einen Satz wie diesen: „In Detroit sollen vor einigen Jahren Arbeiter bei der Zusammensetzung der Motoren Sand in die Zylinder gestreut haben, aus Haß gegen die Arbeit, gegen die individuelle Sinnlosigkeit ihres Tuns." Es hat nicht sein sollen...... Mit der zunehmenden Verlagerung des Schwergewichts der Produktions- in die Konsumsphäre — vor allem auch im Selbstverständnis des Individuums, da auch bei noch überwiegender Arbeitszeit diese keine Identifizierungsmöglichkeiten bietet — und mit Anonymisierung der Autorität verringern sich die Konfliktchancen aus den Klassenunterschieden, welche nur noch positivistisch-formal zu konstatieren sind, fast bis zum Nullpunkt. —

Die Hoffnung, Minderheiten ansprechen zu können, muß sich ebenfalls zerschlagen, da die Bedingung ihrer emotionellen Außenseiterposition, die Vorurteile, bestimmten historischen Antagonismen entsprangen, die unschädlich gemacht wurden. Wir erinnern uns, daß sich das Konkurrenzprinzip bzw. die Doppelbödigkeit der Moral als die objektive Grundlage der beiden Haupttypen von Vorurteilen, der gegen die Juden und Neger gerichteten, erwies. Die Entwicklung in den USA weist trotz schwerer Zusammenstöße in die Richtung einer allmählichen Aufhebung der Vorurteile. Die Lage ist auch deshalb schwer zu durchschauen, weil die Auseinandersetzungen zum großen Teil vom erwachenden Selbstbewußtsein der Neger ihren Impuls erhalten. –

Die Möglichkeit der Ausformung qualitativ ganz anders gearteter Konflikte kann weder bestätigt noch abgestritten werden. Sie könnten zwischen Technokratie und Masse der Dienstleistungsberufe aufbrechen (was nicht anzunehmen ist) oder – ein frommer Wunsch – von einer neuen Paria-Kaste von Intellektuellen ausgelöst werden. Mit der wachsenden Infantilisierung und Planierung der technologischen Zivilisation, die die historische Dialektik der Tauschgesellschaft zum Stillstand bringen, gewinnt allein die Fähigkeit, kritisch den Prozeß noch zu reflektieren und die bis auf weiteres reale Ohnmacht des auf Praxis ausgerichteten Denkens auszuhalten, „klassen-" und „widerspruchs-"setzende Potenz."–––

Ähnlich ein paar Zitate aus einem Brief von Birgit und ihrem Freund Roald, den sie mir auf meine Kritik an dem Anschlag hin schickten.

.......Brief vom 22. 5. 66

Roald: *„Daß dies die Auflösung der Totalität bedeutet, durch die erst jedes seinen Platz bekommt und jedes auch das Ganze ist, also die Auflösung jeder Theorie, die Marx verpflichtet ist, ist die Konsequenz, die gezogen werden muß. Wenn wir also sagen, „der Krieg in Vietnam sei unmenschlich und absurd, doch....", meinen wir, daß er nicht als revolutionäres Fanal eine kommende Befreiung der Menschheit einleite, sondern als vereinzeltes Faktum dastehe, das seine Vermittlung nicht aus irgendeiner Notwendigkeit herleite. –––"*

Birgit: *„Natürlich gibt es eine ganze Menge sog. Antagonismen auch in unserer Gesellschaft, jedoch kann keiner dieser die Gewalt des einen unaufhebbaren Widerspruchs des totalen innen und außen beanspruchen. Und alle Anstrengungen „wenigstens das zu tun, was innerhalb des Gegebenen möglich ist" geben dem Gegebenen umso mehr recht und verhelfen ihm, gut kunzelmännisch argumentiert und diese Argumentation hat hier noch immer ihren Platz, etwaige Anachronismen auszugleichen. Aber dieser Prozeß bedarf keines Subjekts, denn Unregelmäßigkeiten, die Unzufriedenheit produzieren können, werden vom Computer schon viel exakter ausgeglichen. ––––––"*

Ich weiß nicht mehr genau, was ich antwortete, aber es ist sicher, daß ich aus der Auflösung des Totalitätsgedankens ganz andere Konsequenzen zog; so schrieb ich am 12. 5. 66 an Gisela:

— a propos, hast Du den neuen Anschlag gelesen, Artikel von Frank lehr logisch und sehr interessant, bin aber nicht mit einverstanden, will es jetzt nicht ausführlich erörtern, weil ich letzte Woche Birgit einen langen Sermon geschrieben habe, später mündlich. Wenn, dann engagiere ich mich auch im „Kleinen", dort, wo noch etwas möglich ist, wo man anfangen muß; — ohne das Große Ziel aus den Augen zu verlieren.

Um meine damalige Relation „Kompromißbereitschaft" klarzustellen: für die Subversiven war es zu bestimmten Zeiten ein fast ketzerischer Verrat an radikalen Ansprüchen, in den SDS zu gehen. So brach auch eine Koreanerin, Han, die zu den Situationisten in Paris gehörte, den Kontakt zu mir ab, als ich in Frankfurt in den SDS trat. Han führte mich damals auch zu einigen Sitzungen der Internationalen Situationisten, deren Verhalten ich als ebenso arrogant und elitär empfand wie das der Subversiven vorher in München. Es war ein winziges Grüppchen von vielleicht zehn Leuten, die mutige und faszinierende Sachen schrieben, wenn auch für meinen Geschmack zu anmaßend und von oben herab.

Frankfurt, der SDS, und vieles, was weh tut

Nach dem Examen an der Sorbonne ging ich nach Frankfurt, um mich jetzt endlich mit der Frankfurter Schule gründlich auseinanderzusetzen und um eine „gute Sozialistin" zu werden. Mit Ilsedore hatte ich abgesprochen, daß auch sie nach dem Abitur dorthin kommt, damit wir zusammen neue Erfahrungen machen, uns neue Perspektiven erarbeiten.

Tatsächlich war dies halbe Jahr, das ich in Frankfurt verbrachte, in der Hauptsache durch den für mich sehr schmerzlichen Prozeß der Ablösung von meiner Schwester bestimmt.

Von der Frankfurter Schule und dem dazugehörigen Milieu war ich sehr schnell enttäuscht. Die Seminare, die ich besuchte, glichen eher Ritualen, als daß wirkliche Auseinandersetzungen stattfanden; bei Adorno herrschte im Oberseminar dezente Stille, fast weihevoll; bei Habermas traf sich die soziologische Elite, gegen die nichts zu sagen wäre, wenn sie nicht ihren frisch erlernten Jargon bei jeder passenden und unpassenden Gelegenheit mit sich herumgetragen hätte, bei Festen, in Kneipen, beim Vögeln, im SDS, und ihn nicht vorwiegend dazu verwandt hätte, andere einzuschüchtern. Daß sie also diese Erkenntnisse als arrogantes Machtmittel vor allem gegen Frauen benutzten, das ist mein Hauptvorwurf. So kam es oft vor, daß ich, wenn ich eine Frage stellte, einen Sermon zur Antwort erhielt, der sich lückenlos aus einer Reihe von Zitaten aus den fünf Büchern zusammensetzte, die alle gelesen haben mußten, um „in" zu sein. Und alle Argumente, die in diese Schubläden nicht hineinpaßten, waren neurotisch und abwegig. Gut, ich weigerte mich, diese Bücher zu lesen und hatte von den Frankfurtern sehr schnell die Nase voll, von der Uni sowieso. Ich wollte die „Wirklichkeit" praktisch kennenlernen.

Deshalb begann ich bei Neckermann in der Hanauer Landstraße als Bürohilfskraft zu arbeiten. Es war ein Großraumbüro, in dem nur Frauen schafften, vor allem Locherinnen. Ich mußte zusammen mit anderen weiblichen Lehrlingen die Versandpostkarten nach Postleitzahlen sortieren und das pausenlos. Hinter uns stellte sich oft unbemerkt eine Aufpasserin, um zu beobachten, ob wir Fehler machten, schwatzten oder ob wir die Toilettenpause, in der häufig heimlich geraucht wurde, zu sehr ausdehnten. Diese für uns heute selbstverständlichen Kenntnisse der proletarischen Arbeitswelt waren für mich damals ein Schock. Ich hatte mir diese Wirklichkeit auch in meinen schlimmsten Phantasien nicht so stumpfsinnig und geisttötend vorgestellt. Ebenso wurde ich durch die Mädchen, mit denen ich zusammenarbeitete, mit einer Welt konfrontiert, die mir völlig fremd war. Es bestand zwischen uns ein herzliches Verhältnis. Die Mädchen besuchten mich in meinem Zimmer in Untermiete und gaben mir Tips, wie ich mich schöner machen könnte, denn ich sah in ihren Augen fast verwahrlost aus, so ohne Schminke und mit meiner einfachen Kleidung. Sie waren darüber erstaunt, daß ich keine Aussteuer zusammengespart hatte und nicht heiraten wollte; aber es war durchaus selbstverständlich, einen Freund zu haben und auch mit ihm zu schlafen.

Neckermann, der große Reiter, wurde zu meinem Entsetzen demütig im Fahrstuhl begrüßt und bewundert; sonst schimpften sie über den Betrieb, besonders über die Aufpasserin und die schlechte Bezahlung. Gelesen wurde die Bildzeitung. Es ist unnötig, all dies nochmal aufzuzählen — es ist oft genug beschrieben worden.

Während der Rezession wurden dann die Mädchen entlassen, die es vorher gewagt hatten, durch irgendetwas aufzufallen.

All diese neuen Erkenntnisse waren für mich noch kein Aufruf zu aktivem politischen Handeln sondern eher eine gewaltige Infragestellung meines bisherigen Weltbildes. Es war jedoch selbstverständlich, daß ich mich an den ersten Demonstrationen gegen den Vietnamkrieg beteiligte. Besonders stolz war ich, als es mir auf meiner ersten Demo gelang, die Pferde der Bullen mit brennenden Zeitungen fast in die Flucht zu schlagen. Allerdings war dadurch die Gefahr gegeben, daß die Polizisten mit ihren Pferden nur noch brutaler in die Menschenmenge hineinritten, weshalb ich dies Vorgehen dann nicht mehr wiederholt habe.

Ich arbeitete anschließend als Dolmetscherin bei der VVN, der Vereinigung von Verfolgten des Naziregimes, von denen später ein Teil Mitbegründer der neuen DKP wurden.

Dort traf ich auf eine Arbeitsatmosphäre, der ich später während all der Jahre politischer Tätigkeit nie wieder begegnet bin, so freundlich und solidarisch-offen war das Verhältnis untereinander, auch zwischen Männern und Frauen — allerdings wurden die konventionellen Rollen nie wirklich angetastet. Wahrscheinlich lag es daran, daß sie in ihrem Leben die Erfahrung gemacht hatten, daß es möglich ist, auch in politisch sehr harten Zeiten zusammenzuhalten und zu kämpfen, so einer von ihnen, der im KZ Buchenwald den Widerstandskampf mitorganisiert hatte.

Nebenbei lernte ich bei meiner Dolmetschertätigkeit noch einiges andere kennen, so den Gewerkschaftsapparat der IG Metall, französische Genossen aus der Resistance... Ich wurde von der VVN politisch umworben, da es damals kaum junge Genossinnen bei ihnen gab, und sollte sogleich literarische Schulungskurse übernehmen. Doch ihr politisches Selbstverständnis erschien mir letztlich als borniert, in alten Zeiten befangen, und der

DDR-Ideologie treu, allzu treu ergeben.

Stattdessen entschied ich mich für den SDS. Theoretisch hatte ich mich durch die Lektüre der Hefte der „neuen Kritik" darauf vorbereitet. Ich war im wesentlichen mit den Analysen, die ich jetzt nicht detailliert referieren möchte, einverstanden, auch wenn mir der ganze Tenor als zu bieder erschien. Der SDS kam für mich als einzige politische Gruppe in Frage, da er dem Gedankengut der Subversiven am nächsten war und gleichzeitig ermöglichte, praktisch tätig zu werden. Alles andere wäre mir als unvorstellbarer Verrat an meinen früheren Ansprüchen erschienen. Meine eigentliche Auseinandersetzung mit politischen Geschehnissen beginnt erst in Berlin.

So trat ich in den SDS ein, voll Trotz und Widerwillen gegen die Soziologenclique und deren Geschwätz. Natürlich spielen bei dieser Einschätzung frustrierende persönliche Erfahrungen eine Rolle.

Ich hatte das Pech, mich gleich zu Beginn in Frankfurt in einen Soziologen, Reimut, zu verlieben, besser: wir verliebten uns gegenseitig. Und der überschüttete mich mit langen Erörterungen über Psychoanalyse und Sexualität, pries mir den Reich „Funktion des Orgasmus" und die wahre Genitallibido. (Reichs „Funktion des Orgasmus" war zu der Zeit eins der Bücher, die den größten Einfluß auf die Entwicklung der antiautoritären Revolte ausübten.) Entsetzt über meine bisher praktizierte Sexualität, die alles andere als schwanzbestimmt war, übte er mit mir „genitalgenossenschaftliches" Vögeln. Ich muß zugeben, daß ich das Herumhopsen auf ihm als ganz befreiend empfand, fast wie früher das Reiten, und außerdem meine eigenen sadistischen Impulse entdeckte. Allerdings schenkte ich dem Primat des Vaginalorgasmus keinen Glauben, was damals gegenüber solchen Theoretikern ganz mutig war, denn Reich war allerorten die große Entdeckung, mit der Frauen eingeschüchtert wurden.

Jede neue Frau in der Gruppe mußte sich entweder sehr schnell einen Obermacker als festen Freund angeln oder sich emanzipiert gebend durch die Betten schlafen, um ein bißchen Zärtlichkeit und Anerkennung zu finden; oder sie mußte die ganz Starke spielen, die auf so etwas verzichten kann, also sich möglichst genau den Männern anpassen bzw. sie mit „männlichen Leistungstugenden" übertrumpfen.

Ich wurde in Frankfurt mit einem Bild von Frau konfrontiert, dem ich nicht genügte und nicht genügen wollte. Ich fühlte mich den gleichen Ansprüchen ausgesetzt, unter denen ich früher so gelitten hatte, auch wenn ich die Erfüllung dieses Rollenbildes ablehnte. Erst später in der Subversiven und dann in eher künstlerisch orientierten Kreisen hatte ich die Erfahrung gemacht, daß ich auch anders sein konnte und durfte und daß das verstanden wurde.

Die Frauen im SDS sollten schön wie ein Reklamebild sein, in Frankfurt sogar, wenn möglich, mit modischer Kleidung und schick zurechtgemacht, gesellschaftlich attraktiv; sie sollte funktionieren im Bett wie im Büro, sexy und gleichzeitig fix im Tippen und Zusammenlegen von Papern, auch intellektuell auf der Höhe, damit sie „mitreden" kann; treue oder wechselnde Begleiterin ihres Freund-Genossen, dem sie es möglichst angenehm macht, damit er den Streß heftiger politischer Zeiten übersteht — und ich wollte und konnte das nicht. Also wurde ich abgelehnt.

Ich weiß, daß Reimut sich inzwischen verändert hat, aber das beseitigt nicht die Folgen der mir damals zugefügten Verletzungen.

Auf jeden Fall war es eine große Enttäuschung für mich, daß sich politisch bewußte Männer Frauen gegenüber nicht anders verhalten als andere Männer, ja, manchmal sogar noch brutaler und ausbeuterischer, und das noch unter einem Emanzipationsanspruch. Und ich schwor mir, nie wieder mit so einem ins Bett zu gehen, geschweige denn, mich mit ihm anzufreunden, was ich auch fast durchhielt; aber was mein Verhältnis zu diesen Gruppen von vorneherein verhängnisvoll bestimmte, da ich mich nämlich privat kaum mehr auf sie einließ, sondern energisch und tatkräftig meine politische Arbeit verrichtete, ohne mir irgendeine Blöße zu geben, also mich letztlich männlichem Verhalten anpaßte.

Die einzigen, mit denen ich mich über diese Probleme aussprechen konnte, waren Gisela und Nora, Frauen, die nicht im SDS waren, oder große Schwierigkeiten mit ihm hatten.

Nora, wie Inge am Rande stehend, aber aggressiver und übermütiger, fesselte mich ebensosehr wie sie mich abstieß. Ins Tagebuch (27. 12. 66) schrieb ich über sie: *„Oder bin ich nur von ihr enttäuscht, weil sie mich nicht genug lieb hatte, weil sie mich ebenso lässig, scheinbar leidenschaftlich umarmte wie jedes andere Objekt? Weil sie sich ohne Widerstand jeder Reizung überließ, hingab — und das Ganze Spiel nannte?*

Alles, was sie tut, spricht, ist künstlich, aber nicht in der bewußten und gewollten Art von Genet, sondern haltlos und jeglichem Einfluß preisgegeben — oder verstehst du sie nicht, einfach weil du zu schwer, norddeutsch, ordnungsbewußt bist?

Natürlich kannst du sie nicht verstehen, also auch nicht akzeptieren, ohne dich in Frage zu stellen. Irgendetwas an ihr fesselt dich, klar, vielleicht gar dies Haltlose, diese ständige Bewegung, so, daß du sie gar nicht als Mensch, als Individuum empfindest, sondern als spannungsgeladenes Nervenbündel und daß sie Dinge begreift, die dir fremd sind, und die du wahrscheinlich nie begreifen wirst — bei all deiner Schwere, deiner bürgerlichen Egozentrizität.

Ja, das ist es, sie gibt sich den augenblicklichen Einflüssen hin, während du alles überblicken, alles einordnen möchtest, alles in den Griff bekommen, bewältigen-vergewaltigen.

Klar, daß sie Lautgedichte schreibt, süß und verspielt, und du dich fürs Theater interessierst."

und am 10. 2. 67: *„Auch über Nora gibts keine Illusionen: sie würde in Paris zu den Cafe-Flore-Mädchen gehören, die dort abends sitzen, um all ihre Bekannten wiederzutreffen, neue — und doch legt sie wenig Wert auf gesellschaftliche Anerkennung; ist bereit, mit jedem beliebigen durchzubrennen. Armes hilfloses Mädchen, was soll aus ihr werden? Außerdem magst du sie"* —

Ich mochte sie sehr, hatte aber ständig Angst, von ihr verraten zu werden — sie verkehrte in dem kulturellen Milieu der Happenings und der Pop Art, in denen sie jedoch mit ihrer Radikalität immer Außenseiter blieb. Während die anderen darüber geistreiche Bücher schrieben und in den Markt einstiegen, lebte sie fast als Happening; so sehr vermischte sich bei ihr Kunst und Leben. Sie schrieb schöne Lautgedichte und experimentelle Texte, lesbische Liebesgedichte, zart und verspielt, die sie selbst druckte und verkaufte.

Mit ihr ging ich zum ersten Mal in ein lesbisches Lokal, wo mich das supermännliche Verhalten einiger Frauen gleichermaßen faszinierte wie schockierte. Wir tanzten so ausgelassen wild und schmusten so offen, daß es in dieser betont konventionellen Atmosphäre fast zu einem Skandal kam. Nora hatte es in diesem intellektuellen Frankfurter Milieu besonders schwer, da sie keine Studentin war, sondern als Tippse arbeitete. Später machte sie das Abitur nach, was aber ihre Lage nicht mehr wesentlich verändern konnte. Dazu war sie viel zu kritisch.

Irgendwann, später in Berlin, hielt sie es gar nicht mehr aus und wurde auf brutale Weise in eine Nervenklinik eingeliefert, aus deren Klammer sie sich jetzt erst nach zwei Jahren wieder mühsam befreit. Sie empfand die Klapsmühle — makaber und traurig genug — fast als Schutz vorm Alleinsein und vorm Herumgestoßenwerden.

Mit Ilsedore konnte ich über meine Probleme nur wenig sprechen, da sie voll ihre neue Freiheit und gerade die Anerkennung dieser politischen Autoritäten genoß, mit denen ich Schwierigkeiten hatte. Aber daran war ich ja selber schuld, denn ich hatte bewußt diese Situation herbeigeführt, indem ich nicht offen über meine Kritik und Enttäuschung sprach, sondern die besagten Genossen im Gegenteil ihr schmackhaft machte und umgekehrt sie bei ihnen verherrlichte. Dazu schrieb ich ihr, die das alles nicht durchschauen konnte, folgenden Brief:

So, Schwesterlein, mich hat nach dreimonatigem Herumfaulenzen die Arbeitswut gepackt – nach meiner täglichen Russischstunde kommt nun die Schreibmaschine dran und dann noch einiges mehr ———

Schicke Dir den Bericht über die DK (Delegierten Konferenz) des SDS, damit Du ein bissel Bescheid weißt ——— der Reimut, der ist so lang, dem krieche ich fast unter die Beine durch, deshalb machen wir auch langsam Schluß, lassen's halbverquer ausplätschern, aber freundlich ———

Dem köntest Du, wenn Du Lust hast, im Oktober ein wenig helfen, im Büro und so, ist interessant und Du lernst ganz gescheite Burschen kennen, könnt Dir Spaß machen – ich hab nämlich kaum Zeit ———

Auch den Kunzelmann traf ich auf der DK wieder, das gefürchtete Monstrum von einst, jetzt für mich ein Zuhörer und Mitmacher unter anderen ———

Und gestern wanderten wir durch den Spessart – war das schön!!

Das mit der Wohnung regeln wir, wenn Du da bist, gibt genug Möglichkeiten ———. Komme mir komisch vor mit meinen kurzen Haaren und

überhaupt —————— alles andere mündlich —————— servus

Und so ergab sich die für mich schmerzliche Konstellation, daß Ilsedore, die ich dann wirklich allein ins SDS-Büro gehen ließ, mit dem Peter, der dort tätig war, eine leidenschaftliche Beziehung begann, der wiederum mit dem Reimut in einem Topf steckte. So hatten alle drei ein Interesse, mich fertigzumachen, Reimut aus Schuldgefühlen mir gegenüber, Peter, damit Ilsedore sich schneller von mir löst, und Ilsedore, die die Gelegenheit begierig ergriff, um endlich ihr früheres Idol zu zerschmettern.

Das in Frankfurt geschriebene Tagebuch ist ein getreuer Spiegel meines damaligen Umbruchs, wo die widersprüchlichsten Gedanken regelrecht miteinander kämpften.

5. 9. 66

Entdeckung deiner Abhängigkeit von deiner gesellschaftlichen Stellung (Klasse) – da du nie finanzielle Sorgen hattest, dich nie mit Alltagsschwierigkeiten abgeben brauchtest, konntest du dir leisten, fern aller Nüchternheit überall das Absolute zu suchen, das Extreme, das Unangepaßte. Aus dieser Perspektive ergibst du ein recht einheitliches Bild:

M.: Dich interessiert nur die Literatur, die nicht gesellschaftlich engagiert ist, die entweder ins Phantastische, Romantische ausweicht oder in formale Spielereien; diese Literatur ist ungefährlicher, läßt sich ohne Schwierigkeiten wie die Literaten als Narren ins Bestehende integrieren, dient den Kapitalisten als kulturelle Zierde: der Bankier, der Genet schätzt, die kulturelle Tante, Bankiersgattin, die Abende veranstaltet, auf denen ex-

perimentelle Hörspiele vorgetragen werden...

I.: aber alles Gute kann doch mißbraucht werden. Denk an die revolutionäre Kraft, die in der Literatur, gerade in der „unrealistischen", phantastischen Literatur liegen kann; sie macht das Utopische sichtbar, weckt vergrabene Hoffnungen, rüttelt aus der Resignation auf, zeigt dem Menschen Möglichkeiten, die er sich sonst nie bewußt machen würde – gerade die „realistische" Literatur kann nichts Wesentliches ändern, weil sie im Umkreis des Allzubekannten bleibt, also im Schonverdeckten, an der Oberfläche, dort, wo es keine neuen Hoffnungen gibt.

M.: was du da im Augenblick machst, ist ein Scheingefecht – gib doch einfach zu, daß dir das Phantastische, das Fremdartige gefällt, dich reizt, die unerwartete Form, Wendung; dann frag, warum, nach den persönlichen Gründen und nach der gesellschaftlichen Vermitteltheit dieser Gründe, z. B. die Versagungen, deine und die der ganzen Gesellschaft, die nach einer Kompensation verlangen, und inwieweit Kunst bei dir noch Religionsersatz ist, und ob es einer Klasse näher liegt als der anderen, sich mit der Literatur zu beschäftigen, mit der du dich beschäftigst, und warum. Dann begreifst du, weshalb ein Arbeiter den Ulysses als Blödsinn zurückweisen muß, weshalb Töchter reicher Eltern lieber Baudelaire lesen als den sozialistischen Realismus.

––– Gut, das reicht, vergiß künftig nicht den Gesamtzusammenhang, wenn du wieder etwas verzapfst, so egozentrisch und subjektiv wie möglich, aber ohne den Überblick zu verlieren.

15. 9. 66

–––––– So, und nun hast du deine Haare kurz geschoren, machst ein energisches Gesicht, trägst lange Hosen und Rollkragenpullover, arbeitest bei Neckermann als Aushilfsmädchen, besuchst die Handelsschule, übst dich in Ordnung, Fleiß und Disziplin –

nun bilde dir ja nicht ein, daß dadurch schon alle Probleme gelöst sind – trotzdem tut es gut und reinigt von allzu verschwommenen Mystifikationen. Wirst schon sehen, was von deinen Verrücktheiten übrig bleibt, wenn du diese Kur hinter dir hast – laß dich vorerst gründlich aufklären und ernüchtern, auch wenn es bitter schmeckt – du wolltest in Frankfurt eine starke Abenteuerin werden, noch bist du eine schwache, unglaubwürdige, verkrampfte. Noch bist du sauer, daß es mit ihm schief ging und du verzichten mußt, das, was du dir trotz allem erhofft hast, zurückstecken – auch das zur Ernüchterung.

Deine Arbeit am unteren Ende der Hierachie bringt dir mehr Erkenntnisse als deine ganze bisherige sozialistische Lektüre zusammen – so sieht's also aus – auch wenn du es dir ähnlich vorgestellt hast. Die arbeiten nur und dann gibt's irgendwann mal ein Fest, den festen Freund, Heirat, wenn die Aussteuer beisammen ist oder ein Kind ankommt, dann die Kinder, Kochen, Haushalt..... Vielleicht und hoffentlich wirst du jetzt weniger blöd daherschwätzen.

28. 9. 66

Aber nicht so: „der Patient hat keine homosexuellen Wünsche mehr, ist voll potent und liebesfähig und onaniert nicht mehr". Reich „Funktion des Orgasmus"

29. 9. 66

noch einmal: die Psychoanalyse will Fehler rückgängig machen, die ursprünglichen Quellen der „Abnormitäten", die Traumata, aufdecken, die Ströme wieder in ihre natürlichen (realitätsangepaßten) Bahnen lenken, will die durch Schocks zugezogenen Schleusen wieder öffnen–

aber gerade die Schleusen, die Stauungen, zwangen die Ströme, sich neue Ausflüsse, neue Bahnen zu suchen; der nächstliegende Weg war versperrt, also mußte gesucht und gekämpft werden, mit allen „neurotischen" Nebenerscheinungen, Leiden und sozialer Ächtung,

nun gibt es die Möglichkeit, diese „Fehler" durch eine Psychoanalyse beseitigen zu lassen; du würdest wahrscheinlich sehr viel leistungsfähiger werden, klarer und nüchterner denken, freier und menschlicher, eine gute-liebe Hausfrau, Mutter und Ehegattin; und selbstverständlich ernster genommen und anerkannter, kurz erwachsener, reifer, weniger stottern, lispeln, dich weniger leicht von Franzen verwirren lassen...

das alles sind allgemein anerkannte Vorzüge, die nicht zu wollen fast unmöglich ist. Natürlich möchtest du all das auch, aber die andere Möglichkeit reizt dich mehr: gerade die „Fehler" ausnützen und dadurch auf Abwegen und bei Suchmanövern in Gebiete zu gelangen, die dem „Normalen" verschlossen sind; mit Verzicht auf Anerkennung und der anerkannten Vorzüge – na, du hast dich schon lang entschieden, nur noch mal zur Abweisung der doch vorhandenen Versuchung, den leichteren Weg zu wählen.

1. 10. 66

.... wie sich die Genitallibido ungestört von den Einflüssen der prägenitalen Libido entfalten kann.

.... Unterordnung der prägenitalen Ansprüche unter den genitalen Primat.

.... es verringert sich bloß das Interesse für die Hervorrufung der Erregung an diesem Ort (Klitoris), sobald die neue Lustquelle der Scheide

entdeckt wird, die allen Ansprüchen der Libido genügen kann, der b i o - l o g i s c h e n   S e x u a l r o l l e entspricht und im Gegensatz zur Klitoriserotik keinerlei seelische Konflikte schafft" Reich „Funktion des Orgasmus"

Nein, du erkennst das genitale Primat nicht an — wer weiß, ob nicht die seelischen Konflikte bei der Klitoriserotik durch gesellschaftliche Ächtung bedingt sind, nur weil die Gesellschaft der biologischen Sexualrolle den Vorrang gibt! Warum nicht nach neuer (perverser) Lust suchen! Warum soll „perverse" Lust nicht mehr Genuß bringen als „natürliche" Lust! Ist sie nicht viel raffinierter, künstlerischer als die Unterwerfung unter die biologische Sexualrolle!

8. 10. 66

Konflikt zwischen dem bis zum Äußersten geführten Individualismus und dem Gedanken an eine politische und soziale Umwälzung bleibt bestehen. Wirst du dich jemals für eins von beiden entscheiden können oder eiannähernde Synthese finden, statt von einem zum anderen zu pendeln?

9. 10. 66

Mi-en-Leh sagte: Nur sein eigenes Gewissen anerkennen, nur auf seine eigenen Gedanken bauen, nach jedem mißglückten Versuch in seine eigene Höhle zurückkriechen, immer zu allem Neuen hinzustoßen, sich immer für die wichtigsten Dinge aufbewahren, nur von der Gesinnung ausgehen, nur die Gefahren lieben, das kann man außerhalb des Vereins.

Im Verein muß man den Sieg erkämpfen.

.... sie haben nicht begriffen, daß die Befreiung eine wirtschaftliche Arbeit ist und eine, die organisiert werden muß. Brecht

29. 10. 66

———————

Entwurf für Akte:

Der Vater, sehr breit und schwer, in einem tiefen, ledernen Schaukelstuhl mitten auf der Bühne. Neben ihm ein kleiner Tisch mit vielen Flaschen und einem Glas. Die erste Tochter steht hinter ihm, schenkt ein. Rechts, an der Seite der Bühne, eine größere Kiste, an die sich die zweite Tochter in nachlässiger Haltung lehnt. Links eine große, weiße Tafel, auf die gemalt werden kann.

Die Haltung der drei Personen, das schwere Sitzen des Vaters, das Einschenken der ersten Tochter, das nachlässige Anlehnen der zweiten Tochter muß etwas Endgültiges ausdrücken, so als täten sie es schon lange, beinahe starr und bewegungslos.

Während die erste Tochter dem Vater einschenkt, ihm Märchen auf die Tafel malt, sprengt die zweite Tochter die Gefängniswände, nein, geht gelassen hinaus, in frische Luft, Nüchternheit.....

Und sie (Ilsedore) wird dich, auch wenn sie es vor sich selbst nicht zugeben mag, als feige, schwach, neurotisch, nachgiebig ansehen, dein Verhalten als Flucht vor der Realitäts- (anpassung). So alle anderen, die um sie sind.

Ja, als kindisch-pubertär.

Damit wiederholt sich eine dir gutbekannte Situation.

Du machst es ihr beinahe zu leicht, dich endgültig abzuschießen.

Ja, das Selbstbewußtsein haben, diese Vorwürfe zu ertragen, sie abzuschütteln, selbst wenn sie von Menschen kommen, die dir bisher sehr lieb waren...

2. 11. 66

Artaud: il y a la tout un amas de gestes rituels.... tout en effet dans ce theatre est calcule avec un adorable et mathematique minutie...... une sorte de drame superieur... impersonel... un theatre qui elime l'auteur au profit du metteur en scene qui devient une sorte de maitre de ceremonies sacrees..... le domaine du theatre n'est pas psychologique mais plastique et physique..... la notion d'une sorte de langage unique a mi-chemin entre le geste et la pensee..... (es gibt dort eine Menge ritueller Gesten..... alles ist in diesem Theater mit einer bewunderswerten und mathematischen Genauigkeit kalkuliert..... eine Art von außergewöhnlichem Drama..... unpersönlich..... ein Theater, das den Autor zugunsten des Theaterregisseurs eliminiert, der so etwas wie ein heiliger Zeremonienmeister wird..... die Domäne des Theaters ist nicht psychologisch, sondern plastisch und physisch..... die Vorstellung von einer Sprache, die eine Mischung aus Gestik und Gedanken darstellt.....)

24. 11. 66

Du kannst kein Wort mehr sprechen, ohne dich über das Wort, über dich selbst und den anderen lustig zu machen.

Ilsedore

Ein merkwürdiger Traum: Sie begleitet dich an die Bahn, trägt dein Gepäck, geht vorraus, weil du noch nicht so weit bist. Weshalb? Es kommt der steile, glatte Abhang, den sie leicht, ohne zu zögern, mit dem Gepäck in der Hand hinabgeht. Du hast Angst, zögerst, folgst langsam, eher tastend als gehend – unten steht eine Frau, die dir hämisch entgegengrinst, sagt, daß sich an diesem steilen Abhang kein Morast ansiedeln könne. Du gelangst mühsam nach unten zwischen die Züge, die Menschen, sie ist verschwunden

– du weißt, daß du sie in diesem Gewühl nicht wiederfinden kannst.

Es schmerzt (dann trotzig, oder sagen wir traurig) dann muß ich halt ohne sie und ohne Gepäck, in dem alles lag, was ich für die Reise nötig hatte, abfahren; dann erleichtert: um so besser, Gepäck ist nur Last. So wird's wohl sein, aber weh tut's trotzdem.

17. 12. 66

– und das Familiendach bricht offensichtlich zusammen und auseinander; ist für dich schon lang, lang geschehen. Bist entschlossen, dich unter keinen Umständen mit hineinziehen zu lassen. Gut, daß sie sich von all dem befreit hat, sonst wär's jetzt schwierig für dich. Schließlich war sie noch dein letztes Band mit all dem, schon räumlich.

– die Loslösung von ihr ist für dich ebenso notwendig wie ihre Loslösung von dir; nur hart, daß du weißt, daß das nicht ohne scharfe Kritik an dir geschieht, daß du für sie jetzt nicht mehr ein bewundertes Idol bist, schon lang nicht mehr, sondern ein armes, nicht ganz zurechnungsfähiges Würstchen.

Zwei Träume:

Ich bin durch einen Besuch bei Frickes länger als die Polizeistunde es erlaubt in einem fremden Hotel aufgehalten worden. Durchsuchung des Hauses.

Ich versteckte mich neben einem Bett, in dem zwei Menschen (zwei Mädchen?) liegen. Die Polizei, ein ernster Mann, durchsucht meine Papiere, beugt sich über mich, gräbt in meine beiden Arme mit einem (glühenden?) Eisen Zeichen ein, sagt, ich sei eine Landstreicherin (in der Bedeutung von Dirne). Und ich müsse jetzt in der Nacht nach Hause gehen, habe viel Angst. Gehe vorher, noch im Hotel, aufs Klo. Während ich sitze, schaue ich in einen Spiegel, sehe, daß mein Gesicht von innen her glüht, sehr schön und geheimnisvoll (gezeichnet); währenddessen hat sich die Klotür geöffnet, Menschen, Männer und Frauen, gaffen mich an: Hah, denke ich, du bist also vogelfrei, sie dürfen alles mit dir machen. Ich will die Tür schließen, eine dunkle, große Frau nimmt mich zärtlich in den Arm; ich gehe langsam und ängstlich nach Haus. In den engen Straßen begegnen mir engumschlungen lesbische Paare.

Der andere Traum:

Ich kaufe mit Gisela ein, wir sind schwer beladen; eine Gruppe Reiter, ich kann nicht mehr ausweichen, muß vor ihnen herlaufen, sie lachen, im Trab, ich fasse die Trensen von zwei Pferden, damit ich mich etwas mitziehen lassen kann; bitte, sie möchten anhalten, sie reiten und lachen weiter:

Mädchen, die sich mit so etwas einließen, müßten sehen, wie sie durchkommen. Schließlich erbarmt sich einer, gibt mir einen Stoß am Pferd vorbei, sodaß ich seitwärts in den Straßengraben fliege. Sehe vor mir einen Araber in Lumpen auf einem sattellosen Pferd.; er bietet mir das Pferd an, steigt ab. Ich denke, ohne Sattel, das ist hart, aber steige auf. Das Pferd beginnt zu laufen, über alles zu springen, was es sieht: Stacheldrahtzäune, Holzplanken, breite Gräben. Ich muß mitgehen, habe keine Möglichkeit, es anzuhalten. Schließlich gelingt's mir, ich springe ab; ein Junge kommt, nimmt es mir ab (das Pferd), ein anderer führt mich in einen fremden Raum, wo sich prachtvoll gekleidete Frauen (Chinesinnen) langsam bewegen, sehr schön.

18. 12. 66

Vorläufig wirst du nur über die Unmöglichkeit menschlicher Beziehungen schreiben, über die Fratzen, Fressen, die groteske Falschheit, Unreife, den Moder, über all die unausstehliche Lächerlichkeit des Lebens, über deine Aashaftigkeit, unausrottbare Bosheit, mit all der Wut, die du in dir hast, mit der Unmöglichkeit, nur noch ein vernünftiges Wort zu sagen.

Scheiße.

Vielleicht wird das Leben weniger theaterhaft für dich, wenn du Theaterstücke schreibst.

Schöne Sprüche: Witkiewicz (Wasserhuhn)

— Ich fühle mich wie ein Hund an der Kette, den man losgelassen hat, und der nicht mehr laufen kann. Das ganze Leben lang werde ich um die Hütte gehen und nicht den Mut haben zu fliehen, um nicht zu spüren, daß es geht, und wenn, dann ist es nicht wahr, und ich bin weiterhin angebunden.

— Ich mag gute Menschen nicht und böse quälen mich.

1. 1. 67

Erst wenn du die frühexistenzialistische Denkweise überwindest, wenn du die Abhängigkeit deiner Entscheidungen von äußeren Gegebenheiten voll anerkennst (keine Freiheit in Fesseln, indem man die Fesseln akzeptiert) wirst du an den Nutzen einer gesellschaftlichen Umwandlung, an eine Revolution glauben und auch dafür etwas tun.

Mußt auch Ilsedore auf die Erde stellen — sie hat halt Schwein gehabt — und kann deshalb leichter so sein, wie du gern sein möchtest. Und wer weiß, ob du die beiden nicht deshalb so sehr idealisierst, weil du auch ein wenig neidisch und sauer bist und ihnen deshalb ein wenig Böses willst, was du schnell unterdrückst und in gesteigerten Idealen sublimierst, denen du dich dann aus Schuldgefühlen unterwirfst? ?

— Und was die Wahrheitsliebe betrifft —
es ist natürlich einfach, die Wahrheit zu sagen, wenn man nicht die Lüge sieht.

— Und deine eigene Selbstunsicherheit?
Es ist die Halbheit deines augenblicklichen Lebens, die du nicht erträgst. Du hast das Gefühl, daß jetzt alles, was du tust, denkst, schreibst, halb ist, Getue, Geschwafel, Tafelklatsch — früher warst du richtig unglücklich, borniert, neurotisch. Jetzt, wo du ausgeglichen bist, glücklicher, wirst du dir erst recht unerträglich — und alles stinkt dich noch mehr an als früher. Nein, ich möchte lieber unverdaulich, gräßlich bleiben, statt einem halben Glück zu verfallen und so zu tun, als wäre es in Ordnung, nur weil es bei den meisten so ist.

12. 1. 67

———————

Heißt also, wenn du die Position der Roten Garde in China einnimmst, müßtest du dich, wenn nicht als Staatsfeind, so doch als reaktionärer Parasit der Gesellschaft betrachten (und zerstören oder in ein Arbeitslager schikken lassen).

Nicht umsonst soviel feindliche Äußerungen von Lenin gegen Literaten-Anarchisten, der Austritt der Surrealisten (Breton) aus der KPF, die abfälligen Bemerkungen von SDSlern gegen „Künstler", Literatur-Schwätzer — das Wort „Intellektueller" ist für die meisten Aktivisten ein Schimpfwort. Deine Probleme sind für sie lächerlich, kindisch — zu Elefanten aufgebauschte Mücken (man braucht nur mit einer Nadel hineinzustechen, und schon platzt alles auseinander)! Nun wirst du deinen mückichten Problemchen eine neue trotzige Wichtigkeit verleihen, eine lächerliche- kindische Wichtigkeit — jetzt verstehst du auch, weshalb die gute osteuropäische Literatur viel lebendiger, aggressiver, kindischer ist als die westeuropäische, die sich ja nicht ständig mit Aktivisten, und mit gescheiten Aktivisten auseinandersetzen muß, das Schreiben also nicht moralisch in Frage stellt, sondern sich brav in Zirkeln von Gleichgesinnten, die ein feststehendes Argumentationsreservoir gegen Andersdenkende zur Verfügung haben, weiterentwickelt. Ein revolutionärer Aktivist paßt sein Denken den möglichen Veränderungen an, handelt, greift in den Prozeß der gesellschaftlichen Veränderung ein, der Künstler brummelt vor sich hin, stellt seine Mückchen in den Mittelpunkt der Welt.

17. 1. 67

„Ich bedachte, daß jedes Wort Friederichs, ähnlich wie jede seiner Taten, sich nur dem Anschein nach auf den bezog, an den sie gerichtet waren,

in Wirklichkeit aber ein unermütlicher Dialog seiner selbst mit den Mächten waren ––– ein listiger Dialog, wo die Lüge der Wahrheit diente, die Wahrheit der Lüge." Gombrowicz „Ferydurke"?

Das ist es, was schwerer als alles andere zu ertragen ist, daß du dich ihr nicht mehr verständlich machen kannst, daß du ihrem psychoanalytischen-soziologischen Schubladensystem, das dich ohne Schwierigkeiten einpackt, nichts entgegensetzen kannst, was sie nicht sofort wieder ihrem Vernunftsystem einverleibt. Also mußt du darauf verzichten, dich ihr verständlich machen zu wollen. Überhaupt mußt du verzichten.

Jetzt gilt's nur noch, den Rückzug so zu organisieren, daß du möglichst wenig dabei verlierst und vor allen Dingen nicht zusammenbrichst.

Sie braucht dich nicht mehr – du kannst ihr nur schaden, mit deinen halbwahnsinnigen Ideen, zu denen du dennoch stehst, auf die du mehr aufbauen wirst, als auf alles, was in dir vernünftig ist.

Und sie war dein einziges „vernünftiges" Band, der einzige Mensch, für den du dich verantwortlich fühltest.

7. 2. 67

„die Praxis durchmachen und Wahrheiten entdecken, wieder die Praxis durchmachen und Wahrheiten beweisen und weiterentwickeln; von der wahrnehmenden Erkenntnis aktiv sich zur rationalen Erkenntnis entwickeln, wieder von der rationalen Erkenntnis her aktiv der revolutionären Praxis Weisungen geben; die Subjekt- und die Objektwelt umgestalten; Praxis, Erkenntnis, noch einmal Praxis und noch einmal Erkenntnis – das geht kreisförmig vor und zurück bis ins Unendliche, und der Inhalt eines jeden Umlaufes von Praxis und Erkenntnis gelangt im Vergleich (zur vorhergehenden) immer eine Stufe höher. Dies ist die ganze Erkenntnistheorie des dialektischen Materialismus, dies ist die dialektisch-materialistische Anschauung über die Einheit von Wissen und Handeln"

Mao über die Praxis Shih-chien (voll und ganz einen Weg betreten)

„Wie will man das Tigerjunge fangen, wenn man nicht in die Höhle des Tigers geht?"

22. 2. 67

Wang-Tang-Tsang, der chinesische Oberkommandierende zu dem politischen Quartiermeister Koczmoluchowicz, dem letzten Individualisten alter Prägung:

„Die Politik existiert für uns nicht als solche – es handelt sich um eine wissenschaftlich organisierte und regulierte Produktivität. Wir werden Euch organisieren und ihr werdet glücklich sein. Es handelt sich nicht um ein Zurückdrängen der Kultur als solcher, sondern um die Schaffung eines

Sprungbrettes. Welche die Möglichkeiten einer wirtschaftlich gut entwikkelten Menschheit sein werden, das können nicht einmal wir voraussehen. Vielleicht wird sie nur glücklich sein, und alle höheren Formen der Produktivität werden verschwinden müssen – notwendigerweise. Selbst das wird viel sein, sehr viel.

– obwohl ich wie niemand Ihre Verdienste schätze, kann ich Sie, als einen der gefährlichsten Individualisten, der eher einer vergangenen Epoche angehört, als der unseren, nicht anerkennen. ... deshalb Tod ...

Witkiewicz „Unersättlichkeit"

Der 2. Juni, mehrere Tode und eine Lebensbeziehung?

Aus Verzweiflung und Hilflosigkeit entschloß ich mich, nach Berlin zu gehen; ich wollte Ilsedore und Peter nicht mehr begegnen, von ihnen nicht mehr in Frage gestellt werden und leiden; ich wollte wieder einmal ein neues Leben beginnen, wieder in einer Stadt, die mir fremd war, und wo ich niemanden kannte.

Für Berlin entschied ich mich wegen der dort schon fortgeschritteneren politischen Bewegung, wegen des SDS, der meinen Vorstellungen von Aktionsformen (zugleich radikal-provozierend und ironisch-intellektuell) näher zu kommen schien als der Frankfurter SDS, der allzu leicht in intellektueller Analyse und größerer Kompromißbereitschaft stecken blieb.

Zu all den anderen Schwierigkeiten kam, daß mein Vater während dieser Zeit wegen seiner zerstörten Leber ins Krankenhaus ging. Diese späte Entziehungskur muß ihn manchmal fast um den Verstand gebracht haben. Als ich ihn besuchte, hatte er ein vom Hinfallen zerbeultes und mit blauen Flecken versehenes Gesicht, sodaß ich ihn kaum wiedererkannte. Er sah furchterregend aus. Später erholte er sich wieder, gewann neuen Lebensmut und wirkte frischer, als ich ihn in den Jahren zuvor erlebt hatte. Dann ging alles sehr schnell. Ein Blutsturz folgte dem anderen. Der eingetretene Tod wirkte fast wie eine Erleichterung. Und doch starb ein Teil von mir mit ihm.

So schrieb ich ein paar Monate später an Gisela: *„Weißt Du, nachdem das nun mit Vati geschehen war, hatte ich lange Zeit hindurch das Gefühl, als wäre ich selbst gestorben; so als gäb's keine Vergangenheit. Ich konnte mir wohl mit dem Verstand klarmachen, da ist das und das passiert, aber so, als hätte es ein anderer erlebt und nicht ich. Nur langsam, seit ungefähr drei Wochen, finde ich Stück für Stück alles wieder, was früher einmal war (und noch ist).*

Weißt Du, es war ähnlich wie damals in München nach der Sache mit Serge. Auch damals hatte ich das Gefühl völliger Leere und funktionierte doch nach außen hin wie ein Automat, schlief auch mit anderen, aus völliger Gleichgültigkeit (diesmal tat ich es nicht – Vernunftinstanz)."

Im Testament erhielten wir Schwestern eine lebenslange Rente zugeteilt; wir waren also endgültig und unwiderruflich priviligiert, was wir auch tun mochten.

Ich zog in Berlin in noch schäbigere Behausungen als zuvor; zuerst in

Untermiete in einer Wohnung am Stuttgarter Platz, in der der Mann von morgens bis abends besoffen durch die Zimmer lief, dann in eine Ein-Zimmer-Mansarde in der Steinmetzstraße, die vorher als Absteige für Ami-Nutten gedient hatte, wo es Wasser und Klo nur in der nebenan liegenden Wohnung gab. Als ich in Berlin ankam, ging ich zuallererst zum SDS-Zentrum, das auch zugleich eine große Wohnung war, und schlief dort. Doch ich fühlte mich so fremd und unwohl, daß ich sie fast fluchtartig verließ. Außerdem war ich in einem mir heute unvorstellbaren Ausmaß schüchtern; so blieb ich am nächsten Morgen in der Frühe, nachdem ich die Wohnung verlassen hatte, über eine Stunde im Treppenflur, als ich merkte, daß die Haustür unten verschlossen war – ich wagte es einfach nicht zu klingeln.

Meine erste Berührung mit dem Berliner SDS war die denkwürdige Vollversammlung Anfang Mai 67, auf der die Kommune I wegen des Verteilens „anarchistischer" Flugblätter, die mit dem Verband nicht abgesprochen waren, ausgeschlossen wurde. Auch ich stimmte für den folgenreichen Ausschluß, der den ersten Grundstein legte für die später so verbreitete Diskriminierung von radikalen Minderheiten in den politischen Gruppen selbst, wodurch diese Minderheiten in eine Isolierung und Realitätsferne gedrängt wurden, die sich verhängnisvoll auswirkte, während für die Gruppen wichtige und belebende Anregungen verloren gingen. Die K I (Kommune I) hatte ohne Absprache mit dem SDS und ohne vorherige Diskussion Flugblätter vor der Urabstimmung in der FU verteilt, in der es unter anderem darum ging, ob die Studenten ihren Vertretern, also dem Asta, der dem SDS nahestand, das Mißtrauen aussprechen oder nicht. Die Abstimmung ergab eine knappe Mehrheit für den Asta.

Die Flugblätter der K I durchkreuzten die Hochschulpolitik des SDS, der bei den Studenten Vertrauen erwecken wollte, während die K I sie als Lahmärsche und Karrieremacher beschimpfte.

Mein entscheidendes Argument für den Ausschluß war nicht der Ton der Flugblätter, sondern die Überrumpelungsstrategie der K I, die das, was sie machten, nicht mehr zur Diskussion stellten, sondern es unter dem Namen „SDS" veröffentlichten.

Der eigentliche Grund für den Ausschluß war das Aufeinanderprallen verschiedener politischer Vorstellungen, die sich am klarsten im Referat von Lefevre darstellten, das er auf der kommenden Landesvollversammlung des SDS vortrug, und aus dem ich ein paar Sätze zitiere:

„Es fiel hinter das Wissen der „Kommunarden" selbst zurück, wenn sie versuchen, den individuellen, psychischen Niederschlag der herrschenden Autoritätsstrukturen vorab und bei Unangetastetheit der realen, gesellschaftlichen Autoritätsstrukturen aufzuheben.

Bemerkungen wie „was geht mich Vietnam an – ich habe Orgasmusschwierigkeiten" zeigen, daß an die Stelle von Subjektivität Insistanz auf eine Unmittelbarkeit getreten ist.....

Ein „Anarchismus", dessen Fundament diese falsche Unmittelbarkeit ist, in der sich das Bezugssystem der herrschenden Gesellschaftsstuktur ungebrochen reproduziert, dieser falsche „Anarchismus" ist keine Kampfansage, sondern ist der Verzicht, etwas zu ändern.... ...."

Daß es eine Kampfansage war, und zwar eine heftige und wirkungsvolle, sollte sich bald herausstellen, so z. B. bei den Flugblättern, die von der K I zu dem Brand in einem großen Brüsseler Kaufhaus, in dem eine Ausstellung amerikanischer Waren stattfand, geschrieben und verteilt wurden. So das Flugblatt vom 24. 5. 67:

Neu! Unkonventionell!
Warum brennst Du, Konsument?
Neu! Atemberaubend!

Die Leistungsfähigkeit der amerikanischen Industrie wird bekanntlich nur noch vom Einfallsreichtum der amerikanischen Werbung übertroffen: Coca Cola und Hiroshima, das deutsche Wirtschaftswunder und der vietnamesische Krieg, die Freie Universität und die Universität von Teheran sind die faszinierenden und erregenden Leistungen und die weltweit bekannten Gütezeichen amerikanischen Tatendrangs und amerikanischen Erfindergeistes; werben diesseits und jenseits von Mauer, Stacheldraht und Vorhang für freedom und democracy.

Mit einem neuen gag in der vielseitigen Geschichte amerikanischer Werbemethoden wurde jetzt in Brüssel eine amerikanische Woche eröffnet: ein ungewöhnliches Schauspiel bot sich am Montag den Einwohnern der belgischen Metropole:

Ein brennendes Kaufhaus mit brennenden Menschen vermittelte zum ersten Mal in einer europäischen Großstadt jenes knisternde Vietnamgefühl (dabeizusein und mitzubrennen), das wir in Berlin bislang noch missen müssen. Skeptiker mögen davor warnen, „König Kunde", den Konsumenten, den in unserer Gesellschaft eindeutig Bevorzugten und Umworbenen, einfach zu verbrennen. Schwarzseher mögen schon unsere so überaus komplizierte und kompliziert zu lenkende hochentwickelte Gesellschaft in Gefahr sehen. So sehr wir den Schmerz der Hinterbliebenen in Brüssel mitempfinden: wir, die wir dem Neuen aufgeschlossen sind, können, solange das rechte Maß nicht überschritten wird, dem Kühnen und Unkonventionellen, das, bei aller menschlichen Tragik, im Brüsseler Kaufhausbrand steckt, unsere Bewunderung nicht versagen.

Auch der Umstand, daß man dieses Feuerwerk Anti-Vietnam-Demonstranten andichten will, vermag uns nicht irrezuführen. Wir kennen diese weltfremden jungen Leute, die immer die (Plakate) von gestern tragen, und wir wissen, daß sie trotz aller abstrakten Bücherweisheit und romantischer Träumereien noch immer an unserer dynamisch-amerikanischer Wirklichkeit vorbeigegangen sind. –

Die Flugblätter waren ganz in der zynisch-provokativen Art geschrieben wie früher bei den Subversiven – der gleiche Durchblick und Scharfsinn – aber ich empfand sie als politisch gefährlich, da die Vermittlungsschritte fehlten und sie deshalb zu leicht mißverstanden werden konnten. Auf jeden Fall blieb mein Verhältnis zu dieser Gruppe zwiespältig; ich fühlte mich im

SDS bei den im Vergleich dazu biedereren Vorgehensweisen wohler.

Es ist erstaunlich, mit welcher Intensität damals im SDS theoretisch gearbeitet wurde. Ich nahm an zwei Arbeitskreisen teil: der eine behandelte die Probleme Lateinamerikas – ich schrieb einen Aufsatz über die historische Entwicklung Kolumbiens, über die Rolle des Guerillo Camillo Torres und übersetzte eine längere Rede von Regis Debré – der andere Arbeitskreis stellte eine Einführung in die Geschichte des Kapitalismus dar. Für mich waren das die ersten Auseinandersetzungen mit ökonomischen Fragen, mit Wirtschaftsgeschichte und den Problemen der Dritten Welt. Ich erwähne das deshalb so ausführlich, weil mir dieser theoretische Arbeitsaufwand, den wir damals außerhalb des Universitätsbetriebes leisteten,im Verhältnis zu späteren Sponti-Zeiten fast unglaublich erscheint. Ständig gab es irgendwelche Univollversammlungen, Aktionstermine, sit-ins....., zu denen ich meistens allein hinging.

Zu der Zeit versuchte ich auch, einen neuen Zugang zur Universität zu finden. Als Französischlehrerin oder als Übersetzerin wollte ich nicht arbeiten. Ich entschloß mich mehr und mehr zu linguistischen Studien, nachdem ich die ersten Anregungen dazu in Frankreich durch den Strukturalismus erhalten hatte. In einem Brief, den ich damals an Gisela schrieb, wird deutlich, welche Hoffnungen ich mit diesen neuen Studien verband:

—————— *Ansonsten endlich wieder ein bissel aufgewacht; in sprachphilosophische Erkenntnisprobleme vertieft; (Wittgenstein, Carnap....) Absage an die Frankfurter Schule, mit deren Sprache ich nur noch wenig anfangen kann. Stattdessen nüchterne Grundlagenforschung, Funktionsmodelle statt Suche nach Sinnzusammenhängen; das Kriterium der Brauchbarkeit statt (trotz allem) moralische Wertung.....*

aber darüber müssen wir lang reden, weil's wichtig ist, und nicht nur für mich, und viel Zukunft hat, auch und gerade bei der Verwirklichung des Sozialismus.

Ich kann mit Ausdrücken wie „Totalität des konkreten Lebenszusammenhangs der Menschen" nichts mehr anfangen, und damit schüttele ich zumindest in punkto Wissenschaft meinen letzten idealistischen-religiösen Rest ab; Nicht, daß ich nun amerikanischem Positivismus anheimfalle, keineswegs. Es ist nur die Suche nach verifizierbaren Gesetzmäßigkeiten, und das überall, und, obwohl ich noch wenig davon verstehe, Kybernetik.

Schließlich habe ich diese Krise nicht umsonst durchgemacht; es mußte zu einer neuen Lösung führen, zu einem neuen Gleichgewicht; ich konnte auf die alte Weise nicht mehr weiterdenken, die Begriffe entglitten mir, sie waren inhaltslos geworden, so wie eines Tages das Wort Gott für mich inhaltslos geworden war. Na ja, und auf dieser Grundlage kann ich mich so recht in linguistische Probleme vertiefen.

Vielleicht hat es auch sonst Auswirkungen, vielleicht wird dadurch mein Verhältnis zur Kunst/ Sexualität nüchterner, weniger religiös/ kultisch. Nun beginne ich mit den Dingen, die ich vor einem Jahr machen wollte – macht nichts. Bin voll Tateifer/ Neugierde und denke pausenlos (bis auf Schlafträume)! Werde da noch einiges ausknüfteln und versprech mir auch objektiv (erkenntnistheoretisch) viel davon. ——————————

Allerdings war zu der Zeit die strukturalistische Linguistik in der BRD, im Gegensatz zu der DDR, noch kaum entdeckt; deshalb war ich auf Eigenstudien angewiesen, bis ein Jahr später an der TU Berlin der Lehrstuhl für Linguistik gegründet wurde, wo ich dann als Tutorin und später als Lehrbeauftragte tätig war.

Bei der Entscheidung, mich ganz diesen wissenschaftstheoretischen Studien hinzugeben, hat gewiß meine Identifikation mit Ilsedores Freund Peter eine nicht unwichtige Rolle gespielt. Nachdem ich durch ihn die Liebe meiner Schwester verloren hatte, begann ich sozusagen mit ihm einen heimlichen aber zähen Kampf, wobei ich ihn mit seinen eigenen Mittel schlagen wollte. Er hatte schon seit längerer Zeit neben seinen politischen Schriften ausgiebige Studien über Kybernetik und Pragmatik gemacht.

Außerdem wundert es nicht, daß ich mich nach den jahrelangen Auseinandersetzungen mit meiner Unfähigkeit, mich sprachlich adäquat auszudrücken, mit meinen Zweifeln an der Möglichkeit von Sprache überhaupt, jetzt fast begierig auf die linguistische Wissenschaft stürzte. Dem vorraus ging eine intensive Beschäftigung mit den „Philosophischen Untersuchungen" von Wittgenstein.

So schrieb ich im Winter 67/68 in einer Textanalyse: ———— *während nach Wittgenstein gerade diese Bedeutungsunterschiede, die durch eine genaue Analyse der Alltagssprache herauskristallisiert werden müssen, im Mittelpunkt von philosophischen Betrachtungen stehen; denn die philosophischen Probleme ergeben sich ja erst aus der Unzulänglichkeit und Vieldeutigkeit der Sprache; können also nur durch eine genaue Analyse dieser Unzulänglichkeit und Vieldeutigkeit gelöst werden.*

„Der Philosoph behandelt eine Frage wie eine Krankheit". Er analysiert die Ursachen der Krankheit und sucht nach brauchbaren Heilmitteln, d. h. daß er die Grenzen und Mängel der Sprache und ihre Brauchbarkeit zur Behebung dieser Mängel untersucht, daß er also Sprachkritik treibt und als einziges Kriterium für die Richtigkeit der Sprache die Anwendbarkeit für die Lösung von Problemen, also letztlich die Praxis, gelten lassen darf...

So wurden wissenschaftliche Sprachanalyse einerseits und politische Praxis andererseits die beiden Krücken, auf denen ich mich in den nächsten Jahren fortbewegte, mit der Hoffnung, daß sich diese für mich vorerst getrennten Bereiche irgendwann miteinander verbinden, was auch mit einiger

Mühe später in Ansätzen gelang.

Und doch erstaunt es mich, wie ich damals während dieser heftigen politischen Geschehnisse, an denen ich voll teilnahm, mich so intensiv und diszipliniert mit Spieltheorie, Mengenlehre und strukturalistischer Linguistik auseinandersetzen konnte.

Die Ereignisse überstürzten sich geradezu. Entscheidend war für mich wie für viele andere der 2. Juni. Bislang hatte ich noch immer gezögert, ob ich mich wirklich engagieren sollte. Mit einem Schlag war es klar und unwiderruflich – es war wirklich wie ein Schlag, wohl für die meisten von uns. Es traf jeden auf verschiedene Weise, aber es traf.

Um meine Eindrücke zu klären, schrieb ich Ilsedore einen längeren Brief:

Liebe Ilsedore, es fällt mir wirklich schwer, über all das zu reden – vielleicht, weil ich zu viele beobachtet habe, die sich daran aufgeilten – um ein wenig Abstand zu gewinnen, werd ich versuchen, es Dir so zu schildern, wie ich es halt erlebt habe –

letzten Freitag hielt Nirumad im audi-max einen Vortrag über Persien – Du kennst vielleicht sein Buch „Persien – Modell eines Entwicklungslandes" – sehr gut und sehr scharf – die meisten Studenten, so auch ich, hatten bisher wenig Ahnung von Persien und wußten kaum, worum es beim Schahbesuch ging..... das brachte am nächsten Tag viele auf die Beine, auch solche, die bisher kaum bei Demonstrationen dabei waren – mittags vor dem Schöneberger Rathaus – die Demonstranten verhielten sich bis auf kleine Zwischenfälle ruhig, so auch die Polizei – und mir kam das Ganze wie ein lächerliches Marionettentheater vor – da schreien ein paar Leute „buh, nieder mit dem Schah", und kommen sich wer weiß wie großartig vor, ich war sauer, schrie nicht mit, und verteilte lieber Aufklärungsflugblätter an die Zuschauer – beschloß, abends nicht mehr mitzugehen –

so erfuhr ich das Ganze erst morgens um fünf Uhr durch Hajo, der bei uns vorbeikam, völlig fertig – ich kaufte sämtliche erreichbaren Morgenzeitungen, überall die gleichen Lügen – und das war für mich fast noch furchtbarer als die brutale Gewalt, daß sich die gesamte Öffentlichkeit hinter die Polizei stellte, so ein Unrecht schützte – ich ging durch die Straßen, hätte jedem Passanten ins Gesicht schreien können; es wurde mir zum ersten Mal bewußt, daß der Einzelne ohnmächtig ist, gar nichts tun kann, was nicht sofort geschluckt wird.

– Du weißt, wie schwer es mir fällt, mit anderen zusammenzuarbeiten; die Trauerfeier, am Morgen, in der Uni – außer Taubes und Frau Dr. Brentano niemand von den Professoren – die Brentano, wirklich Klasse, auch gestern, die schärfsten Analysen der augenblicklichen Situation, die

von den Lehrern gemacht wurden — und gezielt — ohne humanitäres Geschwafel wie bei den meisten anderen.

Am Nachmittag viele, viele Reden und die Rasenresolution — wichtig, daß sich so viele Studenten zu Forderungen wie die Absetzung von Albertz, Lieber.......... wie die Enteignung der Springerpresse .... stellten.

Am Montag, nein, schon Samstag Abend, begann die eigentliche Aufklärungskampagne — Hochbetrieb im Asta — wichtig, daß sich hierbei ein großer Teil der Studenten zum ersten Mal politisch aktiv betätigte, Zettel vom Asta abholte, in die Bevölkerung trug und anfing zu argumentieren; vor die Betriebe ging, in die Schulen; Plakate malte......... und ich glaube, daß diese Aktivitäten viele aus der politischen Trägheit herausgerissen haben, richtig aufgeweckt, auch wenn dies Engagement bei vielen mehr einer kurzfristigen moralischen Entrüstung als einer wirklichen Einsicht in die Hintergründe des Geschehens entspringt.

Nun sollten gerade diese allabendlichen Informationsveranstaltungen dazu dienen, den Studenten eine schärfere Einsicht in den dahinterliegenden Prozeß der gesellschaftlichen Entwicklung zu vermitteln. Nun, das ist nur teilweise geschehen, gestern mehr als vorgestern, und muß dann in aller Intensität nachgeholt werden, wenn die Untersuchungen abgeschlossen sind; hoffentlich.

Die Trauerfeier wird heute blöd werden — es ist alles in harmlose Kanäle gelenkt — und ich werde nicht hingehen.

Morgen, Hannover, ich verspreche mir nicht sehr viel davon; auch schon allzusehr in Kanäle gelenkt und sonst eine riesige Schau — ich werde nicht hinfahren.

Aber Samstag....... ich kann mir nicht vorstellen, daß die Polizei einschreiten wird; bin jedoch des öfteren in diesem Punkt eines besseren belehrt worden. (Hoffentlich nicht, denn die Studenten müssen wieder Vertrauen gewinnen; auch ich habe etwas Angst!)

Ja, ich habe bisher an diese Brutalität einfach nicht glauben können, mir nicht vorstellen können, daß es so etwas wirklich gibt. Habe den Spätkapitalismus als alten, reichen Mann empfunden, der solche Kleinigkeiten wie Demonstrationen nur als jugendlichen Übermut belächelt. Dagegen Vietnam........

Dann muß er sich doch arg bedroht und schwach fühlen, oder ist er's schon?

Auf der anderen Seite, daß es wirklich gute und überzeugte Leute gibt, die nicht schwätzen, sondern aus der Situation heraus das Notwendige tun und sagen; und die gerade in diesen Tagen schwer in Ordnung waren; auch damit habe ich kaum gerechnet.

Und die Bevölkerung? Nein, Ilsedore, die Zettelaktion hat doch aller-

lei bewirkt, auch in der Bevölkerung, zumindest in bestimmten Bevölkerungsschichten, leider nicht in denen, in denen ich es am meisten gewünscht hätte: unter Arbeitern und Schülern.

Es sind mehr die Stadtbummler vom Ku-damm, die Halbintellektuellen, die aufgeschlossenen Mittelbürger, Ärzte, die Humanen „nein, so was darf man doch nicht, man darf doch nicht mit Knüppeln schlagen, selbst, wenn ein Teil der Studenten merkwürdigen Einflüssen unterliegt". Arbeiter haben bisher vorwiegend negativ reagiert „geschieht ihnen recht; die sollen mal nach drüben gehen; alles SED-Fritzen und Nichtstuer, die sich einbilden, sie könnten....." und das wieder ist sehr traurig; und da ist es sehr schwer, gegen anzukommen.

Schließlich lesen sie nix anderes als die Springerpresse und haben feste Meinungsraster, in denen es kaum eine Öffnung gibt,um einzudringen — oder, und das ist eine Möglichkeit, es ist bisher einfach zu wenig versucht worden, mit ihnen zu reden, oder mit zuviel Hochmut und zu wenig Selbstverständlichkeit...... ich weiß nicht.

Noch enttäuschender war für mich die Reaktion der meisten Schüler, gerade bei denen hatte ich anderes erwartet, bis auf einige sehr wenige. Na ja, und die USG, Ca ira, da ist zur Zeit wenig los. Woran liegt das? Natürlich Eltern und Lehrer und Öffentlichkeit..... schließlich war ich ja auch so. Man müßte halt viel mit ihnen zusammenkommen, einfach reden — den meisten SDSlern gelingt es nicht, den richtigen Ton gegenüber Schülern zu finden, entweder zu kompliziert oder zu bewußt einfach, was immer herablassend wirkt. Dann halte ich auch mehr davon, einige wenige wirklich aufzuklären, in vielerlei Hinsicht, als viele ein wenig. Was ich selbst dabei tun kann? Wenig, zumindest vorläufig, da ich noch selbst arg gehemmt bin, und eigentlich nur recht vernünftig mit einem Menschen sprechen kann...

Aber es wäre übertrieben zu sagen, daß ich nun alle Skrupel über Bord gepackt und mich voll den politischen Ereignissen und meinem Engagement hingegeben hätte. Eine gewisse Distanz ist bei mir nie verloren gegangen. So schrieb ich kurz darauf an Gisela:

——— Man könnte in dieser Umgebung fast vergessen, daß man doch mal viel mehr gewollt, und richtig „sozialistisch" einschlafen, endlich erkennen, daß alle Probleme, mit denen man sich ellenlang beschäftigt, irgendwelchen gesellschaftlichen Mißständen entspringen. Nun, so ist's auch, und die gesellschaftlichen Mißstände müssen beseitigt werden, soweit möglich; nur, da muß man arg aufpassen, es darf keine Flucht in ein fertiges Wertsystem sein, wie für die meisten anderen, die es einfach nicht aushalten, allein zu sein und zu arbeiten, die ohne diese „sozialistische" Kuhwärme nicht mehr leben können.

Aus dem Grund halte ich viel Abstand, mache wohl das Notwendigste mit, auch aktiv, aber mit allerlei spielerischen Abweichungen und Nebengedanken, die ich besser für mich behalte. ———————

Am Tag nach dem 2. Juni trennte ich mich von meinem damaligen Freund, Gerd, der in die Gruppentherapie gehen wollte statt zu den Versammlungen.

Ich hatte mich aus Hilflosigkeit mit ihm angefreundet, war auch zu ihm, eben in diese besagte ärmliche Nachbarwohnung, gezogen, weil ich es allein nicht mehr aushielt. Er war fürsorglich und zärtlich, was mir sehr gut tat, aber ich liebte ihn nicht und schlief trotzdem mit ihm zusammen.

Damals zog eine neue Studentin in seine Wohnung, Sunhild, mit der ich mich gut verstand. Gerd freundete sich nach unserer Trennung mit ihr an. Sunhild war damals sehr aktiv, sie arbeitete im SDS-Büro und leitete eine Gruppe aus dem Hegel-Seminar von Frau Brentano; außerdem hatte sie viele Freunde, die sie abwechselnd besuchten und mit ihr schliefen. Sie sagte, daß es ihr nicht viel bedeute, aber daß es notwendig sei, um von den Männern Zärtlichkeit zu erhalten.

Sie gehörte genau zu diesem Typus von Frauen, die sich im SDS hart durchboxen mußten, weil sie nicht den Schutz eines anerkannten Freundes hatten, die im Büro die Schreibarbeiten erledigten, intelligent und eigenwillig waren, die im Bett zur Verfügung standen, aber eben keine Weibchen waren, die schwer und oft um den Preis der Selbstaufgabe um Liebe und Anerkennung ringen mußten. Zu der Zeit packte sie das noch, später zerbrach sie daran. Aber es zeigten sich schon damals die ersten Anzeichen von Resignation und Rückzug. Am Hungerstreik für die Freilassung von Teufel wollte sie schon nicht mehr teilnehmen, obwohl sie früher mit ihm befreundet war und er ihr noch beim Einzug in die Steinmetzstraße liebevoll geholfen hatte.

Fritz Teufel war am 2. Juni festgenommen worden und wegen Landfriedensbruch angeklagt. Wir alle hätten mit den gleichen Begründungen eingeknastet werden können. Er wurde unter anderem deshalb herausgegriffen, weil er zur KI gehörte, die — den Bullen schon lange ein Dorn im Auge — kriminalisiert und von den übrigen Linken isoliert werden sollte. Doch diese Rechnung ging nicht auf; es gab stattdessen massenhafte Solidarität.

Unvorstellbar für heutige Zeiten ist es, daß damals 700 Demonstranten folgende Erklärung unterschrieben haben:

Betr. Selbstanzeige

Ich habe ebenso wie der wegen schweren Landfriedensbruch angeklagte Student Fritz Teufel an der Demonstration gegen den Schah am 2. Juni vor der Deutschen Oper teilgenommen. Als Person, die an der Zusammen-

rottung beteiligt war, bitte ich um möglichst schnelle Einleitung eines Verfahrens.

Bis zu meiner völligen Rehabilitierung werde ich an ähnlichen Demonstrationen selbstverständlich – nicht– teilnehmen.*

Ich schlage vor, mich als Rädelsführer zu verfolgen, da ich mich nicht zurückgehalten, sondern laut protestiert habe.

** Zutreffendes stehenlassen*

Ende Juni hungerten wir drei Tage und Nächte in der ESG für die Freilassung von Teufel. Es gab nur zuckerlosen Tee und Wasser zu trinken. Ich glaube, wir waren rund 200 Personen; ich fühlte mich einsam, da ich niemanden kannte und las die ganze Zeit irgendwelche mathematischen Bücher. Obwohl es nur drei Tage waren, empfand ich den Hunger als zermürbend, und wunderte mich, daß andere so lustig waren. Später erfuhr ich, daß einige von ihnen heimlich Nahrung zu sich genommen hatten und fühlte mich verarscht.

Was soll ich zu Jean Pierre sagen? Zu dem, was sich über Jahre hinweg zwischen uns abspielte? Daß ich mich vielleicht zwanzigmal von ihm trennte, ihn zurückwies, und er jedesmal ebenso hartnäckig wie zärtlich um mich warb, bis er schließlich alles aufgeben wollte, nur um mit mir zusammenzusein. Daß ich bei seinen Besuchen in Frankfurt und später in Berlin jedesmal aufblühte, heiter und sinnlich wurde und ihn dann schließlich nach Paris zurückschickte, von wo aus er mir seitenfüllende, leidenschaftliche Briefe schickte, die ich meistens kurz und in herben Sätzen beantwortete. Daß wir dann, im Sommer 67, drei Monate zusammen in Berlin, in Benrode und vor allem in Paris verbrachten, über die ich an Gisela schrieb: *„tja, Jean Pierre, ich war mit ihm zusammen in Paris sehr glücklich, so richtig, und lange und ruhig, wie ich es bisher selten war."* Bis auch ich einsah, daß wir so wie bisher unsere Freundschaft nicht fortsetzen konnten, daß diese ständigen Trennungen und das spannungsvolle Wiedersehen unerträglich waren, daß wir uns entschließen mußten, zusammenzuleben. Und ich nahm mir mit Selbstverständlichkeit das Recht heraus, daß dann Jean Pierre ganz nach Berlin kommen müßte, denn ich wollte auf keinen Fall in Paris leben, er, der kaum und schlecht Deutsch sprach und in Berlin noch weniger Chancen hatte, irgendeine vernünftige Arbeit zu finden als in Paris. Sein Wunsch, mich glücklich zu machen und selber Ruhe zu finden, führte dazu, daß er in einer fast demutsvollen Haltung mir anbot, sozusagen nur für mich da zu sein, wenn ich es wünschte, und mir sonst jede Freiheit, vor allem jede politische Freiheit zu lassen.

Er hatte mit meinem politischen Engagement in Deutschland große Schwierigkeiten und bedauerte diese Entwicklung. Er meinte, daß bei mir alle lyrischen Momente, alle Poesie und Phantasie einem rigorosen Marxismus gewichen seien und nannte die Annäherung an den SDS in meinem Alter einen verspäteten Boy-Scoutismus, der nur zum Konformismus führen könne. Über die damaligen SDSler schrieb er ein paar hellsichtige Sätze: *„D' ailleurs je connais tres bien l'avenir de ces gens qui frequentent le SDS; ils sont sinceres, utopistes, brillant intellectuellement, on reussit ses examens; on reste socialiste, on devient professeur d'universite, homme politique, haut fonctionnaire, intellectuel de gauche conformiste: on est parvenu, on est satisfait de soi-meme. C'est le cas type de leur avenir. J'en connais mille exemples en France avec l'UNEF et l' Algerie." (Übrigens kenne ich die Zukunft dieser Leute aus dem SDS sehr gut; sie sind ernsthaft, utopisch, intellektuell brillant, sie bestehen ihre Examen mit Auszeichnung; sie bleiben sozialistisch, sie werden Universitätsprofessoren, Männer der Politik, hohe Funktionäre, Intellektuelle einer angepaßten Linken: sie sind arriviert und zufrieden mit sich selbst. Das wird ihre Zukunft sein. Ich kenne davon tausend Exemplare von der UNEF her und von Algerien.)*

Jean Pierre behielt in sich ein Bild von mir, das ich als einseitig empfand und gegen das ich mich auflehnte — sozusagen das Bild seiner Jugendliebe, so wie ich ihm mit achtzehn Jahren erschienen war.

Ebenso wie für Gisela blieb ich für ihn ein Teil von Benrode, voll ländlich-schwermütiger Verträumtheit und sinnlicher Naivität. Alles, was diesem Bild widersprach, wurde entweder nicht wahrgenommen oder als pubertärneurotisch abgetan, und dazu gehörten ebenso meine intellektuellen „harten Spinnereien" wie mein politisches Engagement.

Ich hatte vor dem Zusammenleben mit einem Mann panische Angst; und die Vorstellung, Jean Pierre könnte sich vollends an mich binden, erschreckte mich, obwohl ich wußte, daß wir vielleicht sehr glücklich zusammen sein würden, zumindest für einige Zeit.

So kam es mir wohl nicht ungelegen, als ich von meiner Schwester Tina hörte, daß Jean Pierre in Benrode heimlich hinter meinem Rücken mit ihrer Freundin geflirtet und geschlafen habe. Ich empfand das als Verrat und nahm es als Anlaß, mich ganz und endgültig von ihm zu trennen.

Ab Ende der Semesterferien war ich wieder in Berlin. Jean Pierre überhäufte mich mit Telegrammen, Anrufen und Briefen, in denen er versuchte, meinen Rückzug zu verstehen, und schließlich mit Selbstmord drohte. Ihm mußte mein Verhalten als grausames Spiel erscheinen. Vielleicht war es das auch. Obwohl ich unter der Trennung litt, blieb ich bei dem einmal gefaßten Entschluß.

Gerd war inzwischen nicht mehr mit Sunhild zusammen, sondern traf sich in der Wohnung mit anderen Frauen. Die Stimmung in der Steinmetzstraße war düster und niedergedrückt. Sunhild kapselte sich immer mehr ab, zog sich von den politischen Aktivitäten ganz zurück und gab alle intellektuellen Interessen auf, die nicht direkt dem Studium dienten; für sie, die bisher Anpassung weitgehend verweigert hatte, war das ein Akt der Resignation.

Sie blieb in der Steinmetzstraße wohnen, obwohl sie unter der Zurückweisung von Gerd und seinem Verkehr mit anderen Frauen entsetzlich litt. Als ich ihr anbot, mit ihr zusammen eine neue Wohnung zu suchen, lehnte sie es ab, da sie meinte, daß ihr das zu sehr wie ein resignativer Rückzug von zwei „sitzengebliebenen Frauen" vorkäme und sie Angst davor habe. Ihr ging es zusehends schlechter; es war deutlich, wie sie mehr und mehr abmagerte. Einen Therapeuten zu fragen, lehnte sie grundsätzlich ab. Sie wollte es allein schaffen. Auch zu ihrer Mutter, deren einzige Tochter sie war, mochte sie diesmal nicht fahren – sie hätte sich zu oft in ähnlichen Situationen an sie geklammert. Ich hätte sie unter den Arm packen müssen, um sie notfalls mit Gewalt irgendwohin zu schleppen. Stattdessen gab ich auf.

Einmal stand ich hilflos vor ihrer Tür und sah ihren abgemagerten Körper. Ich ahnte, was in ihr vorging, und verdrängte es schnell wieder.

Außerdem war ich zu sehr mit den politischen Geschehnissen beschäftigt, dem SDS, der Demonstration für die Freilassung von Teufel in Moabit, und nahm an einem Seminar von Auserlesenen mit Mandel teil, an das ich nur die Erinnerung habe, daß in einer für mich unverständlichen Sprache gesprochen wurde „Proletariat für sich und an sich".

Im Dezember besuchte mich Co aus München, die zu der Zeit mit einem früheren Subversiven, Herbert, in Berlin zusammen war. Co durchbrach mit ihrer phantastischen Lebendigkeit meine mir auferlegte Strenge. Sie war gerade von einem nicht sehr ernsthaften Selbstmordversuch aufgewacht, den sie unternommen hatte, weil die Beziehung mit Herbert nicht mehr klappte. Ich ließ sie bei mir schlafen, bis sie sich wieder erholte und brachte sie dann zum Bahnhof, da Frank sie in München erwartete.

Ich wollte nicht länger so asketisch leben und begab mich auf Suche. In der ersten Nacht gabelte ich einen Typen in einem Tanzlokal auf; dann verführte ich einen Studenten aus dem Linguistik–Institut; am nächsten Abend ließ ich mich von einem SDSler umwerben, mit dem ich eine intensiv-übermütige Nacht verbrachte.

Sunhild sah ich am nächsten Morgen nur kurz, da ich ganz mit der Vorbereitung einer SDS-Vollversammlung beschäftigt war.

An diesem Tag rief Herbert an; wir verabredeten uns für den Abend. Ich besuchte ihn in seinem Zimmer: eine wahre Junggesellenbude, die eine kauzig-chaotisch-dunkel-heimelige Atmosphäre verbreitete; die Hälfte des

Raumes nahm ein großes Bett ein, das aus allen möglichen Matratzenresten zusammengestückelt war und gleich ein Quartett von Menschen beherbergen konnte; von den Wänden hingen aneinandergeklebte engbeschriebene Papierrollen, die mit Stecknadeln an der Wand befestigt waren. Es gab Kerzenlicht, Tonbänder mit schmalzigen französischen Chansons und ein Gläschen süßen Weins.

Wir verhielten uns eher schüchtern und ein wenig förmlich zueinander, führten sehr intellektuelle Gespräche. Dann begleitete mich Herbert quer durch die Stadt heim; es schneite.

Wir beschlossen, daß er noch kurz zu mir heraufkommt. Dort bombardierte ich ihn mit Papieren vom SDS, denen er aufmerksam lauschen mußte, während er mich betrachtete, und, wie er sagte, fasziniert von einem Loch in meiner Strumpfhose war.

Es folgte eine etwas verrückte Nacht, in der Herbert mit naivem Erstaunen feststellte, daß intellektuelle Frauen auch sinnlich sein können. Ich hatte das Gefühl, daß er vor meinen Spinnereien keine Angst hatte und konnte mich deshalb frei verhalten.

Am nächsten Morgen ging ich in die andere Wohnung, öffnete das Zimmer von Sunhild und sah sie tot auf dem Bett liegen. Ich habe diesen und die darauffolgenden Monate verdrängt. Herbert übernahm die Initiative, alarmierte die Feuerwehr und führte die notwendigen Gespräche. Gerd war ohnmächtig und hilflos.

Sunhild hatte Tabletten genommen; die leeren Schachteln lagen noch verstreut im Zimmer umher; sie hatte all ihre Sachen und Bücher geordnet und mit Anweisungen beschriftet. Der Selbstmord war geplant, aber so durchgeführt, daß sie normalerweise rechtzeitig hätte entdeckt werden müssen. Wir sahen uns doch immerhin mehrmals am Tage; und sie mußte die Tabletten am vorhergehenden Nachmittag genommen haben.

Es ist möglich, daß die Ahnung ihres Todes bei mir in den letzten Nächten zu dieser übersteigerten Sexualität geführt hatte.

Ich wußte, was diese Nachricht ihrer Mutter bedeuten würde und entschloß mich deshalb, selber zu ihr nach Sonthofen zu fahren, statt es ihr telegraphisch mitzuteilen. Herbert bot an, mich zu begleiten.

Noch am gleichen Tag mußten wir in einem Beerdigungsinstitut Leichenhemd, Sarg und allen sonstigen Zubehör auswählen. Die Beerdigung der Armen. Es war widerlich.

Wir nahmen den nächsten Zug am Abend. Ich werde diese Nacht im Zugabteil nicht vergessen: diese Mischung von Grauen und heftiger Sinnlichkeit. Sie mußte Herbert und mich in seltsamer Symbiose aneinander binden. Wie zwei verschreckte Kinder, die es aber auf alle Fälle packen wollen, ohne auszuweichen.

Die Mutter war Krankenschwester und lebte nur noch für ihre Tochter. Sie war ernst und gefaßt. Wir schlugen ihr vor, bei ihr zu bleiben oder sie mitzunehmen. Ich versuchte, ihr zu erklären, warum Sunhild es getan hat und warum sie diesmal nicht um ihre Hilfe gebeten hatte. Sie hörte ruhig zu, stellte genaue Fragen, war sehr dankbar, daß wir zu ihr gekommen waren. Sie wollte allein bleiben.

Wir wußten, daß auch sie sich das Leben nehmen würde und daß wir es nicht verhindern konnten.

Wir blieben ständig in Kontakt. Nach zwei Monaten schickte sie einen langen Anschiedsbrief, in dem sie mir die Schmuckstücke von Sunhild hinterließ. Selbst im Tod wollte sie nichts schuldig bleiben.

Ich hatte Angst, die Wohnung in der Steinmetzstraße wieder zu betreten und zog deshalb vorübergehend zu Herbert. Als die Wirtin, bei der er wohnte, das nicht dulden wollte, nahmen wir mit meinem alten Zimmer vorlieb. Die Atmosphäre, die damals in der Wohnung herrschte, ist schwer zu beschreiben. So, als versuchten wir, die Erinnerung an den Tod durch hektische Aktivität und übersteigerte Lustigkeit zu übertünchen.

Ich konnte mich lange Zeit lang nicht mehr allein in einem Zimmer aufhalten, ohne daß mich Angst befiel. Sonst ging ich meinen gewohnten Beschäftigungen nach: Politik und linguistischen Studien.

Herbert war als Tutor bei Taubes in der Hermeneutik tätig.

An Gisela schrieb ich über ihn *„der Herbert ist auch so einer mit Bart und Brille, son richtig alter Philosoph (mit allen perversen Gelüsten, die alte Philosophen an sich haben)"*. Ich hatte zum ersten Mal bei einem Mann die Hoffnung, nicht nur Intellekt und Sexualität miteinander verbinden zu können, sondern auch meine Macken nicht verbergen zu müssen. Herbert hatte keine Angst vor meiner Traurigkeit; und ich entwickelte vielleicht zum ersten Mal in meinem Leben so etwas wie Vertrauen.

Natürlich ließ ich ihn unbewußt durch die gleichen Probesituationen gehen, wie meine früheren Freunde. Vor allem in der ersten Zeit versuchte ich ständig, ihn mit anderen Frauen zu verkuppeln. Er wunderte sich und durchschaute sehr schnell diesen Mechanismus.

Wir sind dann sieben Jahre fast ununterbrochen zusammen gewesen. Und da auch heute die Beziehung für mich nicht abgeschlossen ist, möchte ich mich auf Andeutungen beschränken. Am liebsten würde ich sie aussparen, aber das ist leider nicht möglich, da der Entwicklungsprozeß dieser Jahre ein gemeinsamer war und wir fast alles zusammen machten oder doch wenigstens miteinander besprachen.

Noch bevor wir uns richtig kennengelernt hatten, lebten wir bereits zusammen. Dabei war Herbert um vieles entschlossener als ich. Ich wehrte ständig ab, hatte Bedenken und ließ mich überreden. Er mußte mich zum

Essen verführen, zum Einkaufen, zum Wahrnehmen von Sinneseindrücken, ja, vielleicht zum Leben überhaupt.

Wir haben dann gemeinsam eine große, helle Wohnung in der Dahlmannstraße gesucht, um eine Wohngemeinschaft zu bilden, die allerdings sehr zufällig zustande kam, da wir keine gemeinsamen Bekannten hatten, und es sehr schnell gehen mußte.

Meine Veränderungen beschrieb ich in einem Brief an Gisela im März 68: *Liebe Gisela, ich liege in einem Bett, nach einem serbischen Fressen, neben dem Philosophen (freundlich) Herbert und fühle mich wohl. Ich wohne zum ersten Mal seit Beginn meiner Studienzeit in großen, hellen Räumen, mit Balkon und viel, viel Platz, um alles mögliche zu treiben..........*

....Wie mir die Linguistik auf die Dauer schmeckt, weiß ich nicht, auch beim Job nicht; könnte sein, daß es doch ein wenig trocken ist; ich beschäftige mich sonst mit Sprachsoziologie im Max-Planck-Institut – Sprache der Arbeiterkinder..........

na ja, ich erzähle Dir's lieber mündlich.

Und sonst zwei Monate lang Umzugsarbeit, Wohnungseinrichtung, viel selbst gebastelt, auf billigen Versteigerungen gekauft, von denen es in Berlin viele gibt...... Wir haben wegen der Wohnungsarbeit lange Zeit fast nichts getan, auch wegen des Beschnupperns (Du kennst die Vielfalt meiner Abwehrmechanismen).

Und nun fangen wir seit einer Woche langsam wieder an, mit viel schlechtem Gewissen, da wir nur ein Hundertstel von dem getan haben, was wir uns vorgenommen hatten.

Ich knabbere gerade an den Formeln Chomskys, muß fast ausschließlich englische Bücher lesen.

Und habe rund zehn Pfund abgenommen, der Busen ist auf die Hälfte eingeschrumpft, aber sonst gar nicht schlecht. Ich fühle mich halt nicht mehr so schlabbrig; es war wohl doch vorwiegend Pubertätsspeck........"

Ich habe Schwierigkeiten, mich an die Anfänge unserer Beziehung, vor allem an die schönen Momente, zu erinnern.

Die Trennung in den beiden letzten Jahren hat zuviel gekostet; und ich habe sie nur verkraften können, indem ich weite Teile unserer Vergangenheit verdrängt habe. Vielleicht gelingt es mir später wieder, die Intensität, die ich in manchen Augenblicken empfunden habe, zum Leben zu erwecken.

«Wir sind eine kleine radikale Minderheit» Vietnamkongreß und die turbulenten Ostertage

Am politischen Geschehen nahm ich eifrig, aber etwas distanziert teil. Das sollte sich erst mit dem Mordversuch an Rudi Dutschke ändern. Ich war psychisch noch zu sehr von meiner neuen Situation und der Aufarbeitung vergangener Erlebnisse absorbiert.

Im Februar 68 überschlugen sich die Ereignisse: eine Vollversammlung in der Uni folgte der anderen. Es ging um die Hochschulreform, um die Kämpfe in den einzelnen Instituten, um die Veränderung des Grundstudiums im Romanischen Seminar, um die Gründung einer Kritischen Universität, die eine Alternative zur Ordinarienhochschule entwickeln wollte, und es ging vor allem um Springer und um Vietnam.

Springer besaß in Berlin fast die gesamte Presse und sorgte für immer neuen Zündstoff, indem mit solch einer Brutalität und Verlogenheit gegen die Studenten, gegen den SDS und vor allem gegen Rudi Dutschke gehetzt wurde, daß sich zeitweilig fast eine Lynchatmosphäre ausbreitete.

Anfang Februar wurden die Scheiben von sieben „Morgenpost"-Filialen mit Steinen eingeworfen. Ich selbst lehnte damals diese Art von gewalttätigem Verhalten ab. Aber schon kurze Zeit später wurde mir wie vielen anderen klar, daß Steine fast die einzigen Argumente waren, die uns noch angesichts dieser feindlich-verlogenen Übermacht blieben. Zur gleichen Zeit wurde das Springer-Hearing vorbereitet, auf dem die Rolle des Springer-Konzerns in all seinen verheerenden Auswirkungen analysiert werden sollte. An das Hearing selbst erinnere ich mich nur noch schwach – ich glaube, daß die theoretisch differenzierte Diskussion, die dazu notwendig war, unterging in dem allgemeinen Aufruhr, der entstanden war, als der Senat begann, die Universität unter starken politischen Druck zu setzen, indem den Versammlungen der Studenten keine Räume mehr zur Verfügung gestellt werden sollten, wogegen sich nur der Rektor der TU, Weichselberger, mutig wehrte. Deshalb hatten die Diskussionen über die Gefahren für die Autonomie der Universität, über die politische Lage in Berlin und über weitere Schritte der Studenten Vorrang.

So sollte auch der Vietnam-Kongress am 17. und 18. Februar mit der Schlußdemonstration und der Massenkundgebung verhindert werden. Erst in letzter Minute, nachdem sich immer breitere Teile der Öffentlichkeit, so z. B. kirchliche Kreise und der Landesjugendring, dafür einsetzten, wurde das Verbot der Vietnam-Demonstration aufgehoben.

Dafür war die Hetze von allen Seiten umso massiver, nicht nur von Springer; inzwischen stellte sich fast das gesamte Establishment von Westberlin geschlossen gegen die „radikale Minderheit", die den so mühsam gesicherten Frieden und Fortschritt dieser Stadt zerstören wollte. Noch einen Tag vor dem Vietnam-Kongress ließ Bürgermeister Schütz verlauten: *„Ich appelliere an die Berliner, die Aufgaben unserer Polizei zu unterstützen und ihren Aufforderungen zu folgen. Bleiben Sie den Sammelplätzen der Störer fern. Lassen Sie die Extremisten unter sich. Sie erleichtern damit die Arbeit der Polizei. Üben Sie keine Selbstjustiz. Helfen Sie mit, Straftäter festzustellen, die Unsicherheit und Unordnung in die Stadt tragen wollen!"* Ähnliche Sätze enthielt das Flugblatt, das überall verteilt wurde, in dem die Berliner aller Volksschichten, Bekenntnisse und Parlamentsparteien aufgerufen wurden: *„Bleiben Sie prokommunistischen Veranstaltungen fern! Überreden Sie Ihre Freunde und Bekannten, Neugier und Sensationslust zu unterdrükken! Erleichtern Sie der Berliner Polizei ihre legitime Arbeit!"*

Wen wundert's da, daß es während der Demonstration zu gewalttätigen Störaktionen von Gegendemonstranten kam, die versuchten, uns die Transparente und Fahnen zu entreißen, um sie in Brand zu setzen, was auch einige Male gelang. Ich weiß nicht, ob es auf dieser Kundgebung war, aber ich werde diesen Augenblick nicht vergessen, als ich mit ein paar anderen Demonstranten auf einer abseits gelegenen Straße ging und sich plötzlich Bauarbeiter mit erhobenen Schaufeln näherten, um auf uns dreinzuschlagen. Herbert, der sich so etwas nicht gefallen ließ, stürtzte sich mitten ins Getümmel, während ich versuchte, ihn angesichts dieser Übermacht wegzuzerren. Glücklicherweise war nichts passiert, aber ich wurde in Berlin lange Zeit diese Angst vor plötzlichen Angriffen nicht los. Gerade die Arbeiter waren bis zum Äußersten aufgeputscht. Mit Sprechchören wie *„Dutschke raus aus Westberlin", „Lieber tot als rot", „Nieder mit dem SDS"* oder *„Schickt den Teufel in die Hölle"* begleiteten sie den Demonstrationszug.

An dem Vietnam-Kongress nahmen 3000 Menschen teil, die von überall hergekommen waren. Gerade die rigide und starre Haltung des Senats hatte zur politischen Aktivierung weiterer gesellschaftlicher Gruppen und zu ihrer Solidarisierung mit den Zielen der Außerparlamentarischen Opposition, APO, wie sie genannt wurde, geführt. So nahmen rund 20 000 Demonstranten an der Abschlußkundgebung teil.

Wir hatten das Gefühl, immer mehr und stärker zu werden. Mit Stolz skandierten wir den Spruch *„Wir sind eine kleine radikale Minderheit".* Es war wirklich ein starkes Gefühl, das wir damals hatten.

Am Tag der Abschlußkundgebung kündigte Schütz an, daß die Bevölkerung demnächst auf einer eigenen Kundgebung Gelegenheit erhalten werde, sich zu äußern, was sie über die innere Ordnung in dieser Stadt denke.

Die Kundgebung sollte drei Tage später, am 21. 2. um 16 Uhr 30 statt- den. Der Ankündigung folgte die Mobilmachung.

So BZ: *„Nein! Wir wollen zeigen, daß unsere Linksradikalen wirklich nur eine kleine Minderheit sind!..... Heute muß Farbe bekannt werden! Heute muß gezeigt werden, wo Berlin steht und stehen wird! Ich glaube mich in Ihnen nicht zu täuschen: Wann immer Sie sich freimachen können – Sie werden können – Sie werden kommen !"*

Die Gewerkschaften schlossen sich an. Die Arbeiter des Öffentlichen Dienstes wurden zur Teilnahme an den Zügen zur Kundgebung vom Dienst befreit, zum Teil schon von 13 Uhr 30 an. Die Demonstrationsüberstunden der Berliner Stadtreinigung wurden vom Senat bezahlt.

Ein Ausdruck dieser allgemeinen Hetzstimmung war der berühmt gewordene Ausspruch von Schütz: *„Ihr müßt diese Typen sehen. Ihr müßt Ihnen genau ins Gesicht sehen, um zu wissen, wer sie sind".* Das führte dazu, daß auf der Kundgebung, zu der schätzungsweise 60 000 bis 80 000 Menschen zusammengetrommelt waren, alle die, die anders aussahen oder anders gekleidet waren, die durch irgendetwas an das Klischeebild von „Linksradikalen" erinnerten, z. B. durch einen Bart, durch eine randlose Brille, durch nachlässige Kleidung, einen roten Schlips, oder nur dadurch, daß sie den Reden nicht genug applaudierten, daß sie eventuell sogar eine Mißfallensäußerung wagten, gefährdet waren.

Wir hatten beschlossen, daß ich mit einem kleinen Tonbandgerät an der Kundgebung teilnehmen sollte. Glücklicherweise ließen wir es dann doch sein, aus berechtigter Furcht, mir könnte etwas zustoßen. Die ganze Atmosphäre, vor allem, nachdem ich die Reden im Radio angehört hatte, war so unberechenbar furchterregend, daß ich es nur mit ängstlichen Gefühlen wagte, mit dem Bus vom Kurfürstendamm zur Steinmetzstraße heimzufahren.

Es gab auf der Kundgebung 40 Prügelopfer. Ein junger Mann, der Rudi Dutschke ähnlich sah, wurde durch die Straßen gejagt und niedergeschlagen. Er selbst hat damals die Vorgänge folgendermaßen beschrieben:

– *„Da rief ich:„ Ich bin Arbeiter wie ihr". Man trat mir dennoch mit Schuhen ins Gesicht. Dann hatte jemand eine Flasche in der Hand und schlug auf mich ein. Ich spürte am ganzen Körper nur noch Schläge. Irgendwie konnte ich mich aber wieder aufrappeln. Mehr als hundert Polizisten mit gezogenen Schlagstöcken mußten die Masse davor zurückhalten, das Geschäft zu stürmen, in dem Rudi Dutschke vermutet wurde. Die Leute wollten den Mannschaftswagen umkippen. Zwei von ihnen schlugen eine Scheibe ein. Ich sah durch das Fenster entstellte und tierische Gesichter. Die Menge brüllte draußen: „Lyncht ihn, hängt ihn auf".*

Merkwürdigerweise schüchterte der uns so brutal entgegengebrachte

Haß nicht ein, sondern radikalisierte uns und verstärkte das Zusammengehörigkeitsgefühl. Außerdem erfuhren wir einen starken Zulauf durch unzufriedene Jugendliche, jetzt auch mehr und mehr durch unzufriedene Jungarbeiter. So ist damals vieles angelegt worden, was später für die Bewegung äußerst folgenreich werden sollte, besonders in Berlin: Wir waren endgültig von der herrschenden Maffia enttäuscht, bis hin zu den Gewerkschaften und den Jusos, die in ihren Hetztiraden kaum hinter den anderen zurückstanden. So der Jusovorsitzende Grimmig in seiner Rede: *„Wir alle, die wir hier für Berlin stehen, wir alle, die wir unsere Stadt lieben und an ihre Zukunft in Frieden und Freiheit glauben, sind aufgerufen, das wahre Gesicht dieser Stadt deutlich zu machen....... und daran kann auch die kleine Zahl der Mini-Revoluzzer und Krawallmacher in dieser Stadt nichts ändern."* oder folgende Formulierung von Sickert, dem Vorsitzenden des DGB Berlin: *„Was da in den vergangenen Wochen und Monaten lärmend und randalierend über den Kurfürstendamm und durch andere Straßen zog — das war nicht Berlin".* Unser gleichsam harmloser Protest gegen die Greuel im Vietnam-Krieg wurde mit solch einem Aufgebot von Brutalität und Haß bekämpft, daß wir begannen, unsere Gefährlichkeit und Stärke zu überschätzen. Wie konnten wir es uns sonst erklären, daß quasi ganz Berlin mobilisiert wurde, um mit einer „kleinen radikalen Minderheit" fertigzuwerden. Einige von uns glaubten damals ernsthaft, daß die Revolution, zumindest in Berlin, nicht mehr weit entfernt sei.

Jetzt mußte verstärkt Aufklärung über die wahren Verhältnisse in die Stadt getragen werden. Wir setzten mit gutem Recht all unsere Hoffnungen auf die Jugendlichen. Sie waren noch nicht so korrupt und durch die Frontstadtatmosphäre verdorben. Sie fühlten sich genauso von der Verlogenheit um sich herum erdrückt und suchten nach einer freieren Lebensweise, die sie in den Studenten verwirklicht glaubten; dafür hatte schon die Presse mit dem Rummel um die Kommune I (K I) gesorgt. Kommune und freie Sexualität, das waren hoffnungsvolle Schlagwörter. Und die Greuel und Ungerechtigkeiten in Vietnam waren allen sichtbar. So schlossen sich immer mehr Jugendliche den Demonstrationen an. Bei uns führte das dazu, daß wir in gefährlicher Weise die Alten abschrieben *„Traue niemandem über 30".*

Ein anderes Moment war, daß wir begannen, einzusehen, daß wir nichts erreichen, wenn es uns nicht gelingt, die Arbeiter mit in unsere Protestformen einzubeziehen, denn sie, die am stärksten unterdrückt und ausgebeutet sind, verfolgten uns mit dem größten Haß, waren am schlimmsten von der Springer-Presse und dem Senat aufgeputscht, sie, die doch unsere Verbündeten sein sollten. Aber noch waren es eher vorsichtige Tastversuche, sich den Arbeitern zu nähern, und nicht von diesem dogmatischen Sendungsbewußtsein erfüllt, wie es später üblich wurde.

Es ist vielleicht nicht verwunderlich, daß zu der Zeit, als die Studenten am radikalsten ihre eigenen Bedürfnisse auf der Straße vertreten haben, mehr Arbeiter, allerdings vorwiegend Jugendliche, bei den Demonstrationen mitmachten als später, wo es die Norm wurde, für die Interessen des Proletariats zu kämpfen. Für mich war es damals erschreckend, daß die Genossen, auch solche, die ich durchaus schätzte, von Arbeitern sprachen wie von einer fremden Rasse, die erst untersucht werden muß und der man sich nur nach intensiven Schutzvorkehrungen nähern darf. Aber wahrscheinlich war das die Folge der damaligen Lynchatmosphäre, die ja echt bedrohlich war. Wenn jemand angepöbelt wurde, nur weil er einen Bart trug, wie es Herbert in Kneipen oft genug passierte.

Es gab wohl auch ein paar mutige Leute, wie Harry Ristock und Erwin Beck (bittschön vor zehn Jahren!), die auf der Vietnam-Demonstration mitmarschierten und demonstrativ auf ihren Plakaten ihre Parteizugehörigkeit bekundeten. Später wurden sie von Parteiordnungsverfahren bedroht und sollten wie die anderen wenigen Linken, die es in der SPD gab, aus ihr herausgedrängt werden. Doch konnten diese wenigen nicht den Eindruck verwischen, daß es in dieser Stadt keinen Sinn hatte, noch auf irgendeine Liberalität zu hoffen, sei es von Seiten der Gewerkschaften, der Jusos oder der Universitätsbürokratie. Ausgenommen waren lediglich die Falken (sozialistische Jugend Deutschlands), die damals mit erstaunlicher Sensibilität die Bedürfnisse gerade der proletarischen Jugendlichen aufgriffen, indem sie im Sommer große Zeltlager organisierten, überhaupt die Wünsche nach veränderten Lebensformen stärker ansprachen, als es später von Seiten der Studenten üblich war. So wurden die Auseinandersetzungen um die Vorgänge in den Zeltlagern, die Gerüchte über die dort praktizierte freie Sexualität, über die antiautoritären Umgangsformen und um die politische Indoktrination eins der heißesten Themen in der Presse und in der SPD, wodurch viele der Jugendleiter ihren Job verloren.

In dieser Atmosphäre mußte der Schuß auf Rudi D. wie ein Zündfunke wirken. Wenn ein junger Mann auf der Gegenkundgebung allein deshalb fast gelyncht wurde, weil er Rudi ähnlich sah, so kam dieser Schuß nicht mehr unerwartet; er war lange genug von Springerhand vorbereitet.

„Nicht Springer selbst hat den Mordanschlag ausgeführt. Aber der Springerkonzern und die politischen Führungen in Berlin und in der Bundesrepublik haben den Mordanschlag möglich gemacht: Sie haben das Klima geschaffen, in dem ein Mordanschlag auf Rudi Dutschke nur als eine ehrenwerte Beseitigung eines kriminellen Terroristenführers gelten kann. Ein Klima, in dem jede Gewalttat gegen linke Opposition auf Verständnis stößt. Springer hat das Bild des Untermenschen geschaffen, des bärtigen, keulenbewaffneten Oppositionellen, der nur auf Gewalt und Terror gegen die friedliche Bevölkerung aus ist.

Gestützt auf seine wirtschaftliche Macht hat er eine Hetze angeführt, deren Erfolg in Berlin ständige Bedrohung all derer ist, denen man laut Schütz nur ins Gesicht zu sehen braucht, um zu wissen, wer sie sind. Dutzende von Körperverletzungen kommen in Berlin auf das Konto systematisch aufgehetzter und auf Gewalt gedrillter Springerleser.

Bachmann hat nichts weiter getan, als das Urteil der Springerpresse am Dutschke auszuführen: „Störenfriede auszumerzen!" Diskus, Extrablatt April 68

Wir sahen in Springer den Bösewicht, den eigentlichen Täter, der die Massen verhetzt und verdummt und hatten die Hoffnung, das würde sich ändern, wenn es uns gelänge, eine wirkungsvolle Aufklärungsarbeit in der Bevölkerung und vor allem unter den Arbeitern zu entfalten.

Ich befand mich an dem Tag, es war der Gründonnerstag, an dem der Schuß fiel, gerade in der K I, als die Nachricht durch das Radio kam. Die Kommunarden brachen in ein schallendes Gelächter aus, das ich wohl nie ganz verstehen werde. Rudi hat in der Spätphase wie Rabehl zu den Subversiven gehört und mit Kunzelmann zusammengearbeitet. Er galt unter den Subversiven wie auch im Berliner SDS als etwas naiv, bald bieder, bald spinnerig, aber voll charismatischem Sendungsbewußtsein. Gerade diese Eindeutigkeit, die die anderen für sich ablehnten oder sich krampfhaft aneigneten, verlieh ihm die Wirksamkeit bei seinen Reden. Die Massen – und es ist in diesem Fall berechtigt, das Wort zu verwenden – hörten ihm gleichsam gebannt zu, obwohl er überaus abstrakt und schwer verständlich sprach. Es war die Überzeugtheit, die Sicherheit, das Engagement, das alle spürten – er stand voll dahinter – und weniger das, was er inhaltlich sagte. Er wurde zum Sprachrohr und Ausdruck der Gefühle und Wünsche der Zuhörer. Mir war die Suggestionskraft, die er auf solchen Versammlungen entfalten konnte, eher unheimlich und peinlich, da mir diese Art von Massenbegeisterung fremd ist. Für die Jugendlichen war er geradezu ein Held,das Freiheitssymbol, das sie sonst nur in Lateinamerika, in „Che" Guevara, in Castro oder in Ho tschi minh sahen. Er war auch eine der wenigen SDS-Autoritäten, die nicht arrogant auftraten. Er sprach mit jedem gleichermaßen freundlich, auch mit denen, die er gar nicht kannte, und er versuchte zu helfen, wo er um Hilfe gebeten wurde. Theoretisch hatte er wenig Einfluß auf mich, aber von seinem freundlichen Wesen war ich sehr angetan.

Ich war von der Nachricht bestürzt und eilte mit Herbert, der mit Rudi bei den Subversiven zusammen gewesen war und den das Ereignis noch mehr traf als mich, zur TU. Nach der Versammlung am Abend begann ein riesiger Fackelzug zum Springer-Hochhaus in der Kochstraße; wir schrien unsere Wut heraus, viele von uns warfen zum ersten Mal bedenkenlos Steine – im Amerikahaus, an dem wir vorbeikamen, blieben nicht viele Scheiben heil –, wir alle fühlten uns getroffen und unsere Empörung war grenzenlos. Als wir beim Springer-Hochhaus angekommen waren, war der

Zorn fast nicht mehr zu bändigen. Die Steine flogen so bedrohlich durch die Gegend, daß ich auf die Seite flüchtete. Herbert gelangte mit einigen anderen ins Hochhaus – ein fast selbstmörderischer Akt, denn sie konnten dann nicht mehr fliehen. Ich hatte panische Angst um ihn und war wütend. Aber es passierte nichts, der Polizei war Zurückhaltung angewiesen worden. Ich stand in der Nähe einer Polizistenkette und hörte ihren Gesprächen zu. Es war eins der wenigen Male, wo sie Verständnis für unser Vorgehen hatten und vor allem Angst vor unserer grenzenlosen Wut. In dieser Nacht wurden etliche Springerlieferwagen umgekippt und angezündet.

Dann folgten in den nächsten Tagen, es war Ostern, pausenlos Versammlungen und Demonstrationen, an die ich mich nicht mehr im einzelnen erinnere. Die TU glich einer belagerten Festung, sie war unser Zufluchtsort, unsere Informationszentrale und Ausgangspunkt für neue Aktionen. Es kamen immer mehr. Die Demonstrationen am Ku-damm nahmen von Mal zu Mal an Militanz zu. Vor dem Rathaus Schöneberg gab es Straßenschlachten; einige Gruppen versuchten, den Rias zu stürmen. 20 000 Polizisten hatten Großalarm; die Festnahmen und Verletzungen häuften sich; die Eskalation nahm unvorstellbare Ausmaße an.

Dem SDS war das Ganze schon lange entglitten. Er beriet nur noch darüber, wie man die radikalisierten Emotionen in politisch nützliche und dauerhafte Bahnen lenkt. Die Teach-Ins waren vorher oft bis in alle Einzelheiten hin vorstrukturiert: die Reihenfolge der Redner, was sie zu sagen hatten, welche Ziele und möglichen Aktionen angeboten wurden, die einerseits so radikal sein mußten, daß sie die aufgeputschten Emotionen nicht frustrierten und andrerseits aber verhindern sollten, daß noch mehr Demonstranten in die aufgestellten Fallen der Polizei liefen. Ich nahm an einigen dieser Gespräche teil, wo eigentlich in einem ganz kleinen Kreis von Autoritäten darüber verhandelt wurde, wie man mit den Bedürfnissen der Massen verfährt, sie manipuliert und in die „richtigen" Bahnen lenkt.

Vielleicht war es die einzige Möglichkeit, mit der Situation zurechtzukommen, aber mich erschreckte es und ich konnte nur mit Widerwillen darauf reagieren.

Es braucht kaum mehr betont zu werden, daß fast all diese Entscheidungen von Männern gefällt wurden, daß Frauen kaum eine wesentliche Rolle spielten, oder wenn sie es taten, von der Öffentlichkeit nicht wahrgenommen wurden.

Obwohl im Frühjahr 68 in Berlin der „Aktionsrat zur Befreiung der Frau" gegründet wurde, nahm ich von ihm kaum eine Notiz. Über die Protestaktionen, die dann auf der Delegiertenkonferenz des SDS im September in Frankfurt stattfanden, als eine Genossin nach einer Rede des „Aktionsrates" die Autoritäten mit Tomaten bewarf, und als im November ein Flugblatt mit den karikierten Schwänzen von den SDS-Mackern veröffentlicht wurde, unter dem Slogan *„Befreit die Sozialistischen Eminenzen von ihren Bürgerlichen Schwänzen"* freute ich mich diebisch, doch betrachtete ich die Unterdrückung der Frauen nur als sekundäres Problem. Mich irritierte es, daß es oft gerade die „arrivierten" Frauen im SDS waren, die mit diesen Protestaktionen anfingen. Vermutlich war das eine Rationalisierung für meine eigenen Ängste, mich mit meiner Rolle als Frau auseinanderzusetzen. Meine Ressentiments, die ich dem SDS gegenüber empfand, bezogen sich auf die Männer wie auf die Frauen. Ich hatte die Verletzungen, die mir beim Beginn meiner Annäherung an den SDS in Frankfurt zugefügt wurden, nicht vergessen. Die Autoritätsklüngelei und die damit verbundene Werthierarchie waren mir widerlich.

Basisgruppe Spandau:
ich lerne lachen

Es war kurz nach den turbulenten Ostertagen. Die durch die Ereignisse aufgerüttelten Emotionen sollten in langfristige politische Tätigkeiten münden. Es bot sich an, Stadtteilgruppen zu gründen. Schon im letzten Winter hatten sich im SDS Arbeiterprojektgruppen gebildet, die über das Anmieten von Läden diskutierten, um in den Arbeiterbezirken lokale Basen zu schaffen. Dieser Gedanke wurde jetzt konkret aufgegriffen. Die verschiedensten Projektgruppen des SDS teilten unter sich die Bezirke der Stadt auf. Starke Gruppen gab es in Wedding, Moabit, Kreuzberg, aber auch u. a. in Wilmersdorf, Zehlendorf und später im Märkischen Viertel.

Aus purem Trotz oder auch aus individueller Abenteuerlust entschied ich mich allein für Spandau, obwohl ich noch nicht einmal genau wußte, wo dieser Stadtteil in Berlin lag. So zufällig kam eine Entscheidung zustande, die für mein Leben über alle Maßen folgenreich werden sollte. Gleichzeitig bot ich an, daß unsere Wohnung für die erste Zeit die Funktion einer Koordinationszentrale für die verschiedenen Basisgruppen übernehmen sollte. Ich hatte schon lange auf die Möglichkeit gewartet, selbst mit Jugendlichen zusammenzuarbeiten und nicht nur immer Flugblätter zu verteilen oder zu diskutieren. Jetzt bot sich mir die Gelegenheit, und ich ergriff sie begierig. Ich stand von Anfang an voll dahinter, offen für neue Erfahrungen und mit der Bereitschaft, mich selbst zu verändern. Auch Herbert fiel es leichter, sich mit den Basisgruppenaktivitäten zu identifizieren als mit dem bisherigen Politrummel, doch er blieb eher skeptisch und sah meinem Eifer mit ironischer Gutmütigkeit zu.

Auf einem der folgenden Teach-Ins gaben die verschiedenen Basisgruppen ihre Adressen bekannt und sammelten Interessierte. Wir saßen alle an einem Tisch in der Vorhalle. Ich hatte vor mir ein Schild „Basisgruppe Spandau“ hingestellt. Kurze Zeit später kam ein junger Arbeiter, Enrico, zu mir und erzählte aufgeregt, daß es in Spandau eine Gruppe von Arbeitern und Schülern gäbe, die schon länger bei Demonstrationen mitmachten und seit einem Monat einen Arbeitskreis über Vietnam gebildet hatten. Ob ich nicht Lust hätte, dort mal hinzukommen. Und ob ich Lust hatte!

So zog ich eines Abends los; über umständliche Busverbindungen gelangte ich schließlich an den besagten Ort – Spandau liegt immerhin einige zehn Kilometer von der Stadt, wie Berlin von den Spandauern genannt wird, die sich noch immer als uneingegliedert empfinden, entfernt.

Die Gruppe tagte in der Wohnung von einem Schüler – es wohnten noch alle bei ihren Eltern. Ich wurde freundlich empfangen und erzählte, daß ich vom SDS käme. Der SDS war für sie wie für die meisten damals anpolitisierten Jugendlichen ein Mythos, und in dem Ausmaß, wie damals gegen die Studenten gehetzt wurde, hatten sie sich mit ihnen identifiziert.

Obwohl ich erzählte, daß ich eigentlich gekommen sei, um zu lernen, um neue Erfahrungen zu machen und um ihnen die wichtigsten Informationen vom SDS zu vermitteln, wann wo was stattfindet, und wo man die Plakate und Flugblätter abholt, geriet ich sehr schnell in die Rolle einer Autorität, was ich auch wohl genoß. Außer mir kam noch Homännchen aus der Stadt, ein älterer Trotzkist, der seit Jahren bei den Falken mit Jugendlichen gearbeitet hatte und ebenso unermüdlich wie zurückhaltend war. Erst nach einem Jahr wagte er es, offen für seine Organisationsvorstellungen zu werben; und als es ihm nicht gelang, die Basisgruppe dafür zu erwärmen, verließ er zusammen mit drei Arbeitern die Gruppe, um im „Spartacus", einer frischgegründeten trotzkistischen Organisation, tätig zu werden. Wir mochten ihn und fanden seine Art, bei jeder Sitzung genußvoll seine Butterbrote auszupacken und langsam aufzuessen, sympathisch.Er hatte nichts von einem studentischen Agitator an sich, sondern ließ alles mit Geduld an sich herankommen und sah selbst unseren wildesten antiautoritären Ausbrüchen mit Gelassenheit zu.

Typisch für meine Unerfahrenheit im Umgang mit proletarischen Jugendlichen war es, daß ich mit meiner Arbeit über die „Frühschriften" von Marx heranrückte, als die Gruppe den Wunsch äußerte, sich über Marx zu informieren. Nachdem ich zwei Seiten aus der Arbeit vorgelesen hatte, merkte ich sehr schnell, daß sie niemand verstehen konnte und mußte über mich selbst lachen.

Die Gruppe bestand anfangs aus rund zwölf Jugendlichen, die meisten unter ihnen Arbeiter, die vor kurzem ihre Lehre abgeschlossen hatten, einige andere, die als Hilfsarbeiter jobten und drei Schüler, die kurz vor dem Abitur standen. Alle kannten sich schon länger und wohnten in der gleichen Gegend. Ich bin sicher, daß es damals viele solcher spontan entstandenen Grüppchen in Berlin gegeben haben muß.

Sie waren begierig, an den Aktionen der Studenten teilzunehmen und wollten viel lernen und selbst lesen, vor allem die Klassiker des Marxismus und die Klassiker der „Psychologie". Diese Interessen kamen nicht von mir, sondern wurden mir gegenüber in aller Bestimmtheit vorgetragen. So kam sehr bald der Zeitpunkt, wo meine anfängliche Autoritätsrolle sich auflöste und ich gemeinsam mit ihnen neue Erfahrungen machte, mich auch bei der Lektüre dieser Texte selbst neu entdeckte. Leider gab es nur wenige brauchbare Schriften. Wir lasen wohl Marx, Freud und Reich im Original, doch mußten wir meistens die Lektüre nach ein paar Abenden wegen der zu komplizierten Sprache beenden. Am ehesten ließen sich noch Reich „Der Einbruch der Sexualmoral", „Der sexuelle Kampf der Jugend" und „Massenpsychologie des Faschismus" verwenden.

Damals schrieb ich über das Interesse von Arbeitern an ihren psychischen Problemen:

„Nach allen Erfahrungen ist bei Jungarbeitern, die noch am Anfang ihres Politisierungsprozesses stehen, das Interesse für ihre sexuellen und psychischen Probleme am größten. Das ist nicht verwunderlich, da der psychische Druck (tagsüber Arbeit in untergeordneter Stellung, dann zu Hause oft ein ebenso repressives Familienklima..) bei ihnen viel stärker ist als bei Studenten, die sowieso schon in einer Subkultur leben. Außerdem wird dieser Bevölkerungsschicht jegliche Aufklärung über ihre eigenen Schwierigkeiten vorenthalten. Deshalb kann hier Aufklärung über die eigenen Schwierigkeiten viel eher einen Politisierungsprozeß einleiten als bei Studenten, bei denen das schon weitgehend als allgemeines Bildungsgut integriert ist (und dieses Bedürfnis läßt sich gewiß nicht durch „sexuelle Beratungsstellen" stillen noch dadurch für weitere Politisierung nutzbar machen).

Da erzählt man in den ersten Stunden von sich, lernt überhaupt, daß man über diese Dinge reden kann, und versucht vor allen Dingen immer wieder rauszukriegen, wie das mit dem Ganzen zusammenhängt, weshalb der Ingenieur bei Siemens von einem Mädchen zum anderen herumwandern darf, aber der Lehrling nicht, weshalb die Mutter recht wenig dazu konnte, wenn sie dem Sohn beim Onanieren eins über die Finger gab, weshalb ein achtzehnjähriges Mädchen, die schon vier Jahre einen Freund hat und mit ihm nur unter schwierigen Bedingungen ficken darf, diesen heiraten muß — sie ist gegen Heirat—, um von zu Hause wegzukommen, wo sie mit Mutter und Schwester in einem Zimmer schläft.......

Da es bisher kaum geeignete Lektüre gibt (Freud, Reich und Reiche sind für die meisten Jungarbeiter wegen des wissenschaftlichen Vokabulars und der komplizierten Satzstruktur zu schwierig; Kinsey ist schon eher geeignet, wegen der vielen schichtspezifischen Statistiken, über die man sich Gedanken machen kann), wäre es eine nützliche Aufgabe für Studenten, leicht verständliche Paper zu schreiben, ohne die Probleme zu verflachen. Deshalb liegt bisher das Hauptgewicht auf Gesprächen.

Man darf auch nicht sauer reagieren, wenn sich diese Lösung von Spannungen wirklich äußert, sei es durch Beschmieren von Wänden, Motzen, Albernheit, überhaupt durch chaotische Zustände, die zeitweilig den Fortgang der Arbeit unmöglich machen.

Möglicherweise ist heute wirkliche Politisierung bei Arbeitern nur erreichbar über ein antiautoritäres Stadium, welches viel radikaler ist als bei

Studenten."

Ebenso wichtig wie die Lektüre und Gespräche waren unsere gemeinsamen Aktionen. Selbst das Kleben von Plakaten in der Nacht wurde für mich in dieser neuen Umgebung ein Abenteuer. Es sprach sich in Spandau sehr schnell herum, daß eine Stadtteilgruppe entstanden war; in ein paar Wochen waren wir fünfzig. Jetzt kamen vor allem Schüler, auch mehr und mehr Mädchen, die anfangs wohl zu große Scheu hatten, bei uns mitzumachen. Unsere größte Schwierigkeit war, daß wir nicht wußten, wo wir uns treffen sollten. Niemand hatte eine eigene Wohnung; und bei den Eltern konnten wir mit so einer großen Anzahl nicht mehr auftauchen. Schließlich, ein paar Monate später, fanden wir einen alten Schuppen auf dem Hinterhof in der Segefelder Straße, den wir ausbauten. Er war äußerst primitiv. Die gemeinsame Renovierung dieses verfallenen Raumes brachte uns noch näher zusammen. In nächtlichen Aktionen wurden Baumaterialien beschafft, Zementsäcke und Bretter; einige brachten von zu Hause alte Möbel mit und einen Kanonenofen, der entsetzlich stank.

Bevor wir den Schuppen hatten, trafen wir uns oft auf der Straße, teilten uns beim Plakatekleben in Grüppchen auf, jedes mit einem Eimer voll Klebstoff und einem Pinsel. Einmal wurden wir dabei erwischt und verbrachten die Nacht auf der Spandauer Polizeiwache, aber es war dort eher lustig als bedrohlich.

Im Gegensatz zu anderen Gruppen holten wir uns die Plakate und Flugblätter, die wir vor den Betrieben und Schulen verteilten, vom SDS ab und produzierten noch keine eigenen; wir waren zu sehr mit unserem Kennenlernen und der Konsolidierung der Gruppe beschäftigt.

Ich war sozusagen in der ersten Zeit Vermittler zwischen den Spandauern und dem SDS und sah meine Rolle vorwiegend darin, die Spandauer einerseits vor dem Zustrom zu vieler Studenten zu schützen, die unter dem Leistungsdruck, schnell Erfolge aufzuweisen, einen langsamen Entwicklungsprozeß der Gruppe verhindert hätten, und andrerseits doch die notwendigen Informationen aus dem SDS zu besorgen.

Inzwischen identifizierte ich mich fast mehr mit der Basisgruppe als mit dem SDS. Abends fuhr ich mit der S-Bahn oder dem Bus hinaus und kehrte spät nachts heim. Ich war auf den Fahrten sehr glücklich; Politik hatte für mich einen völlig neuen Charakter erhalten. Ich entdeckte meine Abenteuerlust wieder, meine Hoffnung auf ein freieres und weniger verlogenes Leben und genoß es, geliebt zu werden. Das war anders als in den Studentengruppen. Wir lachten unbändig über die blödesten Bemerkungen, pflaumten und rempelten uns an oder schrien auch durch die Gegend. Ich verlor meine mir sonst bei politischer Arbeit auferlegte Reserve, lachte oft, freute mich selbst auf unscheinbarste gemeinsame Tätigkeiten, lernte es sogar, die Internationale mit Inbrunst zu singen; es war allerdings mehr ein Geschrei, das wir vollbrachten als ein Gesang, dafür aber überaus eindrucksvoll und intensiv. Fast bei jedem Zusammentreffen im Schuppen brüllten wir die Internationale und ballten oft dabei unsere Fäuste, wobei ich einige Schwierigkeiten zu überwinden hatte. Auch meine Abneigung gegen das Tragen von roten Fahnen ließ nach, obwohl es mir dabei nie besonders behaglich zumute war. Ich entdeckte zum ersten Mal in meinem Leben die eigentliche Bedeutung dieser Symbole und die damit verbundenen Hoffnungen.

Auf der großen 1. Mai Demonstration in diesem Jahr 1968, auf der an die 50 000 Demonstranten teilnahmen, bildeten wir einen kleinen eigenen Trupp und waren sehr stolz, daß wir schon so viele waren. Die Stimmung war oft so, als stünde die Revolution dicht vor der Tür.

Höhepunkt der antiautoritären Revolte und Beginn ihres Zerfalls

Der Begriff „antiautoritäre Bewegung" ist für den damaligen Aufbruch in so vielen Bereichen zutreffender als das Wort „Studentenbewegung", denn fast überall gab es neue Initiativen, gerade auch außerhalb der Universität. Es ging um den Kampf gegen den Vietnam-Krieg, gegen etablierte Autoritäten und Vorgesetzte, gegen die Staatsmacht, die Justiz, die Bullen, es ging aber vor allem um die Veränderung der Lebensbedingungen im hier und jetzt, um die reale Möglichkeit, Utopie zu antizipieren. Schon jetzt wollten wir ausprobieren, wie es einmal sein könnte, wollten das, was wir uns vorstellten, auch leben und nicht nur auf das Jenseits nach der Revolution warten. Nur wenn wir in der Lage wären, uns selbst zu verändern, neue Beziehungen zwischen uns herzustellen, würden wir auch die Kraft haben, für eine neue veränderte Gesellschaft zu kämpfen; und das mußte in allen Bereichen geschehen, nicht nur in den Betrieben.

So ist es kein Zufall, daß gerade in dieser Zeit der „Aktionsrat zur Befreiung der Frauen" entstand, die ersten Kinderläden gegründet wurden, Schülerläden im Gespräch waren, auch eine Gegenschule geplant war, daß sich engagierte Anwälte in Anwaltskommunen zusammenschließen wollten, daß sich Rote-Kreuz-Trupps von linken Ärzten bildeten, daß in den Universitäten in den einzelnen Instituten und Fakultäten ad-hoc Gruppen nach neuen Lernmethoden und Lerninhalten forschten, die sie mit den Bedürfnissen in außeruniversitären Bereichen, wie sie z. B. in den Kinderläden oder bei der Betriebsarbeit auftauchten, koordinieren wollten. Das waren alles Bausteine zu einer Gegengesellschaft, die schließlich soviel Explosionskraft entwickeln sollte, daß das alte verrottete System zusammenbricht. Wir dachten, daß es ausreicht, wenn unsere Taten für uns sprechen. Wir wollten Hoffnung verbreiten, die Leute aus ihrer Resignation aufrütteln, wenn nötig, sie durcheinanderschütteln, wir wollten ihnen zeigen, daß es auch anders geht, daß diese Unterdrückung aller Lebensmöglichkeiten nicht nötig ist, daß sie beginnen müssen, sich zu wehren, und daß wir es gemeinsam schaffen würden.

Eine der tiefgreifendsten Veränderungen bisheriger Lebenspraxis waren die Kommunen. Dort wurde der Versuch gemacht, individuelles Besitzdenken und Leistungsstreben abzubauen. Auch die Kinder wurden gemeinsam erzogen. Für die Öffentlichkeit wirkte dieser Versuch so schockierend, daß die Kommunarden kaum einen Schritt machen konnten, ohne daß ein Artikel darüber verzapft wurde. Allerdings legten sie auf diese Öffentlichkeit auch erheblichen Wert. So kam es, daß der Kommunegedanke sich sehr schnell über alle Medien verbreitete, und sich immer mehr Leute entschlossen, in Wohngemeinschaften zusammenzuziehen, um neue Lebensformen auszuprobieren. Das reichte von ähnlich radikalen Ansprüchen, wie sie in der K I vertreten wurden, bis zum einfachen Zusammenwohnen aus finanziellen Gründen. Oft war der Bruch mit der Vergangenheit so radikal, daß die einzelnen durch die neuen Ansprüche einfach überfordert waren und zusammenbrachen oder in rigiden Organisationen Halt suchten. Trotz aller Anfangsschwierigkeiten setzte sich die Form, in Wohngemeinschaften und Kommunen zu leben, auf breiter Front durch.

Herbert und ich lebten ebenfalls in einer Wohngemeinschaft, die aber sehr zufällig und ohne Ansprüche zustande gekommen war und schnell furchtbar schief ging. Dann zogen wir im nächsten Winter mit einem befreundeten Paar, Helga und Rüdiger, und deren Kind, Maja, zusammen.

Soweit ich das übersehe, war von den Basisgruppen die Spandauer die einzige, die in dieser Konsequenz den antiautoritären Ansatz fortführte, also nicht nur Betriebs- oder Mietprobleme und Kampagnen in den Vordergrund stellte, sondern auch die psychische Entwicklung der Einzelnen ernstnahm. Ich selbst fühlte mich von der Begierde der jungen Arbeiter, über sich mehr zu erfahren und neue Möglichkeiten des Verhaltens kennenzulernen, betroffen, und hätte es als schäbig empfunden, diese Interessen als kleinbürgerlich abzuwerten, wie es schon damals üblich wurde. Wir, die Intellektuellen, die wir so unendlich viel mehr Gelegenheit gehabt haben, über unsere Probleme nachzudenken und nach neuen Lösungsformen zu suchen als die Arbeiter, kamen jetzt zu ihnen, um all ihre weitgespannten Hoffnungen und Interessen auf Betriebsprobleme zu reduzieren. Das lehnte ich ab.

Die stärkste und typischste, am intensivsten vom SDS getragene Basisgruppe, war die in Wedding. Ihr Ziel war eindeutig: sie wollten in Großbetrieben Betriebsgruppen aufbauen.

Einer der führenden Genossen dieser Gruppe machte einige Zeit später über das Verhältnis der Studenten zu den Basisgruppen folgende Aussagen:

„Was bedeutet aber kollektive Arbeit in der Basisgruppe für die bisher weitgehend individuellen Probleme der beteiligten Studenten? Dazu müssen wir den Charakter dieser Gruppen näher untersuchen.

1) Die Basisgruppe definiert sich von ihrer Zielsetzung her, die aus der theoretischen Einsicht von der Bedeutung der Arbeiterklasse für den revolutionären Kampf gewonnen wurde.

2) Wenn die Studenten in der Basisgruppe erfolgreich arbeiten wollen, müssen sie wenigstens zum Teil die Bedingungen übernehmen, die den Kampf der Arbeiter bestimmen: Kontinuität der politischen Arbeit und Einschränkung der rein individuellen Spontaneität.

3) Ob die Studenten in der Lage sind, diese disziplinierenden Bedingungen zu akzeptieren und ihre psychischen Probleme zu relativieren, hängt zusammen mit der Funktion, die die kontinuierlich arbeitende Basisgruppe für das bürgerlich strukturierte Individuum hat. In der Identitätskrise des Intellektuellen, der mit seiner bürgerlichen Vergangenheit brechen muß, um die Eigenschaften (Solidarität, kollektives Bewußtsein) zu erwerben, die zum Kampf für den Kommunismus befähigen, bietet sie ihm das kollektive Identifikationsobjekt, mit dessen Hilfe der Autoritätskonflikt in einer nicht nur tendenziellen Weise ausgetragen werden kann......... Unsere bürgerliche Struktur, unser Individualismus können entscheidend nur in einer politischen Praxis überwunden werden, deren Richtung und Methoden bestimmt sein müssen von dem Ziel, die Rekonstruktion einer revolutionären Arbeiterklasse zu befördern...

Ich habe den Genossen so ausführlich zitiert, nicht, weil ich damit die Weddinger Basisgruppe diffamieren möchte, die auch ganz andere Momente enthielt, sondern weil seine Aussagen mir besonders typisch für den Übergang von der Revolte zu rigider Arbeiterpolitik erscheinen.

Für viele der durch die antiautoritäre Revolte verunsicherten Studenten hatte die Konfrontation mit der Welt der Arbeiter eine verheerende Wirkung: sie taten all das, was sie in den letzten Jahren erlebt hatten, als kleinbürgerlich und priviligiert ab, stürzten sich auf die „objektive Welt des Proletariats", und zwar auf die Hebel der Revolution, die Großbetriebe! Statt ihre neuen Erfahrungen mit den Erfahrungen der Arbeiter zu einer explosiven Kraft zu verschmelzen, nahmen sie fast reumütig ihre Versuche mit neuen Lebensformen zurück und bekämpften bei den Arbeitern antiautoritäre Strömungen. Später entstanden daraus die Parteiorganisationen und die verhängnisvolle Losung „dem Volke dienen". Die so mühevoll aufgebrochenen Wünsche und Hoffnungen auf ein verändertes Leben wurden durch einen rigiden Marxismus wieder zugeschüttet.

Damals wurden wir von den meisten anderen Gruppen bekämpft, teilweise auch bewundert, weil es tatsächlich die einzige aktive Arbeiter- und Jugendlichengruppe in Berlin war, die über Jahre hinweg kontinuierlich politisch gearbeitet hat, so chaotisch es oft zugegangen sein mag.

Es gab in der Anfangsphase, vor allem in der Zeit zwischen den Osterunruhen und dem 1. Mai, auch ganz andere Basisgruppen, die oft einen riesigen Zulauf hatten, wie z. B. Kreuzberg, und dann schnell zerfielen. Dort bekümmerte man sich vor allem um Miet- und Wohnungsprobleme. Am lustigsten fand ich eine Gruppe, die sich, glaube ich, Basisgruppe Wilmersdorf nannte, und aus fünf Sängerinnen und Sängern bestand, die Agitationslieder vortrugen. Einige kleinere Grüppchen, die sich meistens auf die Arbeit in einem Betrieb konzentrierten, fielen sehr schnell in die Hände der SEW, wie z. B. in Zehlendorf.

Es fanden dann noch einige Zeit in unregelmäßigen Abständen Vollversammlungen von allen Basisgruppen Berlins statt, die sehr chaotisch verliefen, weil die Entwicklungen und die Tätigkeiten in den einzelnen

Stadtteilen zu verschieden waren, um noch unter einen Hut gebracht werden zu können.

Aber das war inzwischen das Hauptproblem des SDS überhaupt; überall gab es neue Initiativen; niemand kannte sich mehr aus. Um all die spontan entstandenen gegengesellschaftlichen Elemente zusammenzufassen, wurden schließlich auf einer SDS-Vollversammlung im Sommer 68 folgende Vorschläge gemacht:

„..... Trotzdem sind einige praktikable Organisationsvorschläge möglich, die als Bedingung für die strategische und organisatorische Umwandlung des SDS dienen können. Vordringlich erscheinen dabei die gesamtverbandliche Kommunikation und Diskussion sowie die Herausbildung von kontinuierlich arbeitenden Kollektiven, die als „informelle Kader" innerhalb des SDS gelten können. Inwieweit der gesamte SDS in eine derartige Kaderorganisation zu überführen ist, läßt sich nur praktisch entscheiden...... Wie dies formal schließlich zu organisieren sein wird, läßt sich kaum schon jetzt prophezeien. Sicher ist jedenfalls, daß ein Führungskollektiv des SDS zu bestimmen wäre, das aus Deligierten der verschiedenen Praxisbereiche,die teilweise in Sekretariaten organisiert sein können, zusammengesetzt ist.......

Der Versuch, all die praktischen Initiativen, die in der antiautoritären Bewegung entstanden waren, in Form von Sekretariaten und einem Führungskollektiv zusammenzufassen, mußte über kurz oder lang zur Entwicklung neuer Parteivorstellungen führen. So ist es nicht verwunderlich, daß ein großer Teil der Genossen des Berliner SDS zwei Jahre später die Aufbauorganisation für die Kommunistische Partei Deutschlands, die KPD-AO, gründeten oder in den ML-Gruppen mitarbeiteten. Es ging also nicht zuletzt um den Führungsanspruch einiger SDSler; die Bewegung war sozusagen über den Verband hinweggerollt; und die Genossen kämpften nun um ihre bedrohten Machtpositionen. Mit der Bürokratisierung der Initiativen wurde natürlich genau das zerstört, was zu dieser gegengesellschaftlichen Emanzipationsbewegung geführt hatte: der kämpferische, antiautoritäre Impetus, die Spontaneität. Gleichzeitig wurde der orthodoxe Marxismus und die traditionelle Arbeiterbewegung wiederentdeckt, die den damaligen Geschehnissen krampfhaft übergestülpt wurden. Was sich unter diesen neu-alten Hut nicht unterordnen wollte, wurde als „prinzipienlose Handwerkelei" oder als „Haschkultur" beschimpft, oft auch direkt dahin getrieben. Für mich war dies die letzte SDS-Vollversammlung gewesen, an der ich teilnahm.

«Die Schlacht am Tegeler Weg», «Rote Rübe», und ein neuer Laden

Ich spürte, daß das, was mit den Spandauern und mir passierte, sich nicht mehr mit den Vorstellungen des SDS deckte, daß sie all das, was lebendig geworden war, wieder töten wollten, weil es sie selbst bedrohte.

Natürlich betrifft das, was ich sage, nur einen Teil der Genossen. Andere schlugen ganz andere Entwicklungen ein: privater Rückzug, Ansätze eines anarchistischen Rebellentums, viele arbeiteten sehr ernsthaft und mit einem geringen Führungsanspruch in ad-hoc Gruppen und in den Betriebsgruppen, woraus später wieder die PL (Proletarische Linke) entstand.

In Spandau waren wir bis Ende des Jahres noch ganz mit der Konsolidierung unserer Gruppe beschäftigt. Das Bedürfnis, selbst besser durchzublicken, führte zu einem unstillbaren Lesehunger – leider gab es nur wenige geeignete Texte. Das hinderte uns aber nicht daran, an allen nur möglichen Aktionen und Teach-Ins in der Stadt teilzunehmen; ein großer Teil von uns fuhr am 11. Mai mit zur Sternfahrt nach Bonn, um gegen die Notstandsgesetze zu protestieren.

Ich konnte mich nicht in bisheriger Intensität dem politischen Geschehen widmen, da ich meinen Job als Tutorin am Institut für Linguistik hatte und mich in diese neue Wissenschaft einarbeiten mußte. Nur mühsam stellte ich eine Verbindung zwischen den sprachanalytischen Forschungen und meiner politischen Arbeit her: ich konzentrierte mich mehr und mehr auf schichtspezifische Sprachuntersuchungen, insbesondere auf die Sprache von Arbeiterkindern.

Im Sommer fuhren Herbert und ich für einen Monat zu seinen Eltern, die in Mittelfranken auf dem Land lebten. Die Mutter war früher Schneiderin gewesen und mußte auf Wunsch ihres Mannes, der sich als Bahnbeamter gerade mühsam mit Bausparverträgen ein Haus zusammengespart hatte und wegen Herzanfällen frühzeitig pensioniert wurde, aufs Land ziehen. Sie pflegte jetzt ihren Vater, der nicht mehr zurechnungsfähig war und seinen Stuhlgang nicht mehr beherrschen konnte.

Für mich waren das neue Erfahrungen, die ich fast ein wenig kritiklos genoß: dieser direkte Umgangston, die manchmal fast brutale Herzlichkeit zwischen Herbert und seiner Mutter, der offene Haß zwischen den beiden Eltern und der störrische Alte, der einen unerträglichen Gestank verbreitete. Im Gegensatz zu den höflich-beherrschten Verhaltensweisen, die ich von zu

Hause her gewöhnt war, wo jeder Konflikt so lange wie möglich vermieden wurde, wirkte die Atmosphäre in diesem Haus auf mich befreiend. Dazu kam, daß ich zum ersten Mal nach langer Zeit wieder Natur wahrnahm, daß Herbert und ich lange Wanderungen machten, Pilze suchten, uns im kratzenden Heidekraut balgten, draußen in der Sonne unsere Bücher lasen und im Garten Steine versetzten und Gruben aushoben, da der Vater körperlich nichts Schweres mehr tun durfte.

Wir genossen es, vom Politrummel ein wenig Ruhe zu haben, einfach nachdenken und uns auseinandersetzen zu können.

Als wir wieder in Berlin waren, kam Herbert auch mit nach Spandau. Wir trafen uns dort in der Segefelder Straße. Es wurde jeweils besprochen, was zu tun war, an welchen Aktivitäten wir teilnehmen und warum, und versuchten uns in theoretischen Erörterungen über Marxismus und Psychologie.

Im Sommer bekümmerten wir uns um eine Obdachlosensiedlung in Haselhorst, einem Stadtteil von Spandau; die Leute dort sollten rausgeschmissen werden oder höhere Mieten bezahlen, da geplant war, die Wohnungen in Sozialwohnungen umzuwandeln. Es gelang uns, eine kleine Demonstration mit Megaphon zu organisieren und in der fast dörflichen Siedlung auf dem Platz eine Mieterversammlung zustande zu bringen. Inzwischen hatte die Spandauer SPD davon Wind gekriegt und einige Abgeordnete geschickt, die beschwichtigende Reden hielten und die Zusage machten, daß die Leute dort wohnen bleiben dürften, daß die Obdachlosenwohnungen nicht in Sozialwohnungen umgewandelt würden, und daß sie sich nicht von den Radikalen aufhetzen lassen sollten, denn dann würden sie eh nichts erreichen. Die anfangs murrende und wütende Menge wandte sich angesichts der freundlichen Zusagen immer mehr den SPDlern zu. Wir freuten uns, daß wir etwas erreicht hatten, doch beschlossen wir, daß wir Mietprobleme nur noch politisch aufgreifen wollten, wenn wir auch sonst in Verbindung mit den Betroffenen standen, also auch in der Lage waren, gleichzeitig andere Probleme anzupacken, daß solche abgelösten Initiativen schnell reformistisch gelöst werden können, ohne daß sich die Menschen dabei verändern, und daß wir in die Rolle der außenstehenden Agitatoren fallen.

Von allen Aktionen in diesem Jahr erinnere ich mich am intensivsten an die „Schlacht am Tegeler Weg“, wie sie später genannt wurde, im November 68. Es ging um ein Ehrengerichtsverfahren gegen Mahler. Die Anwaltskammer hatte einen Antrag auf Berufsverbot gestellt. Vorausgegangen war diesem Antrag eine Hetze der Springerpresse, die nur mit der gegen Rudi Dutschke zu vergleichen war, und der Versuch Springers, in einem Zivilprozeß den durch die Springeraktionen entstandenen Schaden Mahler anzuhängen. Der Prozeß wurde in der ersten Instanz von Springer gewonnen, mit der zynischen Begründung, daß jedes Mitglied einer Gruppe, die strafbare Handlungen begeht, für den durch die Gruppe entstandenen Schaden haftbar gemacht werden kann. Das Mitglied der Gruppe könne ja die übrigen regreßpflichtig machen. Der Antrag der Anwaltskammer auf Berufsverbot wurde nach der Demonstration am Tegeler Weg abgelehnt.

Trotz starker Agitation waren nicht so viele Demonstranten erschienen, wie wir es erwartet hatten, dafür aber ein um so größeres Bullenaufgebot. Wir stellten uns reihweise in einer Straße vorm Gericht auf, die leicht von allen Seiten abgeriegelt werden konnte. Wir hatten keine andere Wahl. Dann kam der Polizeieinsatz: mit Pferden wurde brutal in die Menge hineingeritten, auch über fliehende, hingestürzte Demonstranten hinweg; gleichzeitig wurde die Luft mit Tränengas verpestet — unsere Wut war grenzenlos; in der Nähe stand ein Wagen mit Steinen, die kurze Zeit später pausenlos durch die Luft flogen und von den Bullen zurückgeworfen wurden, die ihren Tränengas- und Knüppeleinsatz verstärkten. Ich weiß nicht mehr, ob dies überhaupt der erste Tränengaseinsatz in Berlin war, aber es war der schmerzhaftestete, an den ich mich erinnere. Ich hatte Angst, lief so schnell ich konnte davon und beobachtete gleichzeitig die Geschehnisse. Herbert kam einem Demonstranten zu Hilfe, der auf dem Boden liegend, von Bullen umringt, geschlagen und getreten wurde. Selten in meinem Leben habe ich so wutverzerrte Gesichter gesehen wie auf dieser Demonstration. Mahler jetzt für unsere Proteste und Aktionen nach dem durch Springer angezettelten Mordversuch an Rudi Dutschke zu bestrafen, war unglaublich.

Voller Stolz erzählten mir die Spandauer, die sich an der Demonstration heftig beteiligt hatten, daß sich in ihren Betrieben viele Arbeiter mit unserem militanten Vorgehen solidarisiert hatten. *„Denen habt ihr's aber gezeigt"*, war der Tenor. Für diese Stimmung sorgten vor allem die Zeitungsüberschriften am nächsten Tag: *„130 Polizisten bei Straßenschlacht verletzt", „Aufgepeitschte Jugendliche üben Terror aus"*.

Wichtig war, daß wir Solidarität gezeigt hatten, und nicht nur mit Worten, daß wir es uns nicht gefallen ließen, daß einer von uns stellvertretend für die anderen herausgegriffen wurde. Das wurde verstanden und trug dazu bei, das Vorurteil der Arbeiter abzubauen, die meinten, daß diese linken Krakeeler und Intellektuellen ja doch nur an ihrem eigenen Fortkommen interessiert seien und sich drücken würden, wenn es darauf ankommt.

Zu der Zeit waren wir bei unseren Treffen in Spandau so viele, daß wir nur noch mit Mühe ernsthaft über die verschiedenen Probleme diskutieren konnten und beschlossen deshalb, uns in Arbeitskollektive aufzuteilen. Außerdem hofften wir dadurch, die Dominanz einiger Autoritäten, die die Versammlungen durch ihre größere Sprachgewandtheit beherrschten, einzudämmen. Am Anfang wurde in den Kleingruppen vor allem gelesen und diskutiert; später entstanden daraus praktische Projekte, wie Betriebszeitung, Jugendarbeit und eine allgemeine „Sexpol"-Kampagne. Jede Woche gab es eine Zusammenkunft für alle, die aber meistens so chaotisch verlief, daß wir schließlich, Januar 69, daraus ein wöchentliches Delegiertentreffen machten. Aus jeder Gruppe sollte ein fester und ein wechselnder Delegierter kommen, die die Informationen an die Gruppen zurücktragen. Das Modell hat nie richtig geklappt; es kamen halt doch die Autoritäten, und dann kamen auch viele andere oder es kam kaum jemand. Zwischendurch gab es Vollversammlungen und Wochenendseminare, bei denen wir auch gemeinsam, meist in irgendwelchen Jugendheimen, übernachteten. Diese Wochenendseminare verliefen fast immer höchst dramatisch, oft mit Prügeleien, Anrempeln und Saufereien, endlosen und heftigen Diskussionen; auf ihnen lernten wir uns auch anders kennen, konnten übermütig und traurig sein, bis uns das schlechte Gewissen überfiel, und wir schleunigst, oft noch in letzter Minute, ein paar wichtige Entscheidungen fällten. Auf den Wochenendseminaren gerieten Herbert und ich über unsere verschiedenen Konzeptionen von Jugendarbeit in die Haare. Während ich den politischen Leistungsdruck doch relativ stark verinnerlicht hatte und immer wieder darauf bestand, aus dem Chaos zu ernsthaften Diskussionen zurückzukehren, meinte Herbert, daß der psychische Druck der Jugendlichen so groß sei, daß es für sie wichtiger ist, sich erstmal tüchtig auszutoben und sich auch durch körperliches Ausagieren kennenzulernen, als vielleicht übereilt politische Denkprodukte zu erzeugen. Deshalb kümmerte sich Herbert von Anfang an am intensivsten um die Psychogruppen, also die Gruppen, die sich vor allem mit sich selbst auseinandersetzen wollten und psychologische Literatur bevorzugten. Er stellte dafür lesbare kritische Skripten her, die die Lektüre dieser Bücher, wie z. B. Freuds „Abhandlungen zur Sexualtheorie" erleichtern sollten. Bei zunehmender Betriebsarbeit wurden die Psychogruppen nach gängigen politischen Normen immer mehr an den Rand gedrängt und als sekundär betrachtet, wogegen Herbert erbittert aber vergeblich ankämpfte.

Auf diesen Wochenendseminaren wurden die wichtigsten Diskussionen geführt und Entscheidungen gefällt. Um den Informationsfluß zwischen den Gruppen zu vergrößern, entstand das Spandauer Info, das unregelmäßig erschien und von allen gemacht wurde. Es enthielt Protokolle der Delegiertentreffen, Arbeitsberichte der Gruppen, Texte zur allgemeinen Diskussion und Mitteilungen verschiedenster Art.

Ich nahm zuerst wegen der Autoritätsprobleme an keinem der entstehenden Arbeitskollektive teil. Dann bat mich die Gruppe „Rote Rübe" aus Staaken, ihnen Material über schichtspezifische Sprachuntersuchungen zu besorgen. Wir haben eine ganze Zeit lang sehr intensiv über das Thema „Bildungsprivileg und Chancengleichheit" gearbeitet. Sie selbst haben damals in einem Info ihr Arbeitsprogramm folgendermaßen dargestellt:

„......Während die meisten der anderen Gruppen der BG Spandau sich abstrakteren politischen Themen wie Marxistische Theorie oder Psychoanalyse zuwandten, waren wir uns einig, mehr praxisorientiert theoretisch zu arbeiten. Und die Praxis, die wir im Auge hatten, war, unserem Selbstverständnis nach, die Praxis der Betriebe und die Welt des Arbeiters.

Als mögliches Arbeitsprogramm stellten wir folgende Themen auf:

1) Mitbestimmung, Betriebsverfassungsgesetz usw.

2) Manipulation am Arbeitsplatz (Betriebsklima, Manipulation des Produktionsablaufs — geplante Verschwendung)

3) Soziale Probleme (Kranken- und Rentenversorgung, Sicherheit am Arbeitsplatz, Unfallschutz usw.)

4) Schichtenspezifische Bildungsprivilegien (Bildungschancen für Arbeiterkinder)

Diese Fragen schienen uns besonders im Hinblick auf praktische Betriebsarbeit relevant zu sein.

Diese Gruppe fiel aus dem Rahmen der übrigen Basisgruppen heraus. Ihr Kern bestand aus älteren verheirateten Arbeitern und Angestellten, die entweder in Staaken oder Haselhorst, beides Stadtteile von Spandau, wohnten. Später nahmen auch ihre Frauen an den Sitzungen teil. Ich bekümmerte mich damals wenig um ihre Probleme, nahm auch nicht wahr, daß sie oft nicht kommen konnten, weil sie bei ihren Kindern bleiben mußten. Zu einem sehr viel späteren Zeitpunkt erzählten sie mir, daß sie darunter gelitten hätten, wie ihnen ihre Männer die schönen emanzipierten Studentinnen der Basisgruppe als Beispiel und Idealbild vorgehalten hatten, um sie unter Druck zu setzen.

Es war die Gruppe, die am meisten Schwierigkeiten mit den chaotischen Zuständen und der sprunghaften Radikalität hatte, und auch von den anderen oft nicht verstanden oder wegen ihrer umständlichen Redeweise ausgelacht wurde. Sie hatten einen ausgeprägteren Bildungsanspruch als die Jugendlichen und standen trotz aller Enttäuschungen der Gewerkschaft näher als der Rest der Basisgruppe. Immerhin war ihre Situation auch eine andere: lange Jahre Berufsarbeit, verheiratet, teilweise Kinder, höheres Alter und deshalb auch andere geschichtliche Erfahrungen. Das wurde wenig berücksichtigt, ja fast negiert und als Schwerfälligkeit oder als Reformismus belächelt. Trotzdem gab es über Jahre hinweg eine intensive Zusammenarbeit zwischen ihnen und den anderen. Alle, die ein wenig ruhiger waren und Schwierigkeiten mit der demonstrativen Radikalität hatten, wurden von dieser Gruppe angezogen. Manche suchten in ihr Schutz vor Einsamkeit, wie zwei junge Arbeiter, die gerade aus Westdeutschland gekommen waren, bei Ohrenstein & Koppel arbeiteten, in einem Wohnheim lebten und niemanden in Berlin kannten. Einer von ihnen, Gottfried, hat dann längere Zeit im neuen Spandauer Laden gewohnt, später, als es ihm nicht gut ging, einige Zeit bei uns.

Am häufigsten trafen wir uns bei Herbert J. und seiner Frau Ruth. Sie lebten in der Siedlung Staaken, die ähnlich wie das Märkische Viertel aufgebaut ist, also eine Schlafstadt von Hochhäusern, in der es wenig oder gar keine Möglichkeiten für abendliche Zerstreuungen gibt. Herbert J. hatte ein abenteuerliches Leben hinter sich, mit den verschiedensten Berufen wie z. B. Kesselflicker bei Hochöfen, eine höchstgefährliche und gutbezahlte Tätigkeit, bei der er sich bei einem Sturz die Wirbelsäule verletzt hatte. Zu der Zeit arbeitete er bei Borsig und war in der Gewerkschaft aktiv. Als ohne sein Wissen aus Unvorsichtigkeit sein Name unter einer 1. Mai-Zeitung erschien und sein Arbeitsplatz damit gefährdet wurde, zog er sich mit Recht etwas zurück. Jetzt ist er als Bühnenarbeiter bei der Schaubühne am Hallischen Tor tätig.

Wir halfen uns gegenseitig bei der Renovierung unserer Wohnungen, besuchten uns, wenn wir krank waren und trafen uns häufig zu irgendwelchen Anlässen. Später entstand ein enger Kontakt zwischen ihnen und Herberts Mutter.

Die Spandauer hatten beschlossen, daß in jeder Gruppe, die sich neu bildete, zwei von denen teilnahmen, die schon länger in der Basisgruppe tätig waren und mehr Erfahrung hatten. Als sich in Siemensstadt eine Gruppe von Neuen bildete, und niemand aus Spandau dorthin wollte, weil der Weg zu weit war, bot ich mich an, da wir inzwischen ein Auto besaßen, und fragte Ilsedore, die gern die Basisgruppe, von der ich ihr viel erzählt hatte, kennenlernen wollte, ob sie Lust hätte, mitzukommen.

Es war eine Gruppe von jungen Arbeitern und Lehrlingen aus verschiedenen Betrieben und drei Schülern. Wir versuchten uns an Texten über die Arbeiterbewegung, die wir aber fast alle als zu schwierig beiseite legten. Schließlich waren wir ganz von der Herstellung unserer ersten Betriebszeitung für Ohrenstein & Koppel in Anspruch genommen.

Die Gruppe selbst hat sich in einem Info mit ein paar Sätzen vorgestellt:

„Arbeitsgruppe Siemensstadt", Donnerstag, 19.30

Haben weitgehend die Betriebszeitung für O. u. K. mitgestaltet, beschäftigen uns jetzt mit Arbeiterkontrolle. Wir bereiten seit kürzester Zeit die Revolution vor, haben aber noch große Schwierigkeiten, Beteiligung ca. fünf bis zehn Leute.

Zusammensetzung: 2 Lehrlinge, 4 Arbeiter (3 in Groß- oder Mittelbetrieben, 3 in kleineren Betrieben), 3 Schüler und 2 Studenten"

Wir hatten uns für Ohrenstein & Koppel entschieden, weil dort mehrere Arbeiter aus der Basisgruppe tätig waren, wir also recht viele Informationen hatten, und weil es ein mittelgroßer Betrieb (1000 – 2000 Arbeiter) und deshalb überschaubar war. Erst später wagten wir uns an Siemens heran, und dort zuerst an die Abteilungen, wo einige von uns arbeiteten.

Wir waren im Lauf der Zeit immer häufiger darauf gestoßen, doch auch mit Betriebsarbeit zu beginnen, allzumal ein großer Teil von uns selber Arbeiter waren. Ich fand es notwendig, hatte aber Angst, daß in Spandau eine ähnlich dogmatische Entwicklung einsetzen könnte, wie sie bereits in den meisten anderen Gruppen stattgefunden hatte. Außerdem empfand ich mich als Intellektuelle, die von ihren eigenen Erfahrungen her eher dazu in der Lage ist, sich mit psychischen Problemen, mit den „Reproduktionsbedingungen" und der Vermittlung von notwendigem „politischen" Wissen auseinanderzusetzen als mit Betriebsproblemen. Ich hatte Angst, daß all das, was wir mit „SEXPOL" umschrieben hatten, verloren gehen könnte.

Seit dem Herbst 67 waren Ilsedore und Peter ebenfalls in Berlin und dort im SDS tätig. Wir sahen uns häufig, doch blieb mein Verhältnis zu ihnen weiterhin gespannt-distanziert, allerdings auch starken Schwankungen ausgesetzt, besonders Ilsedore gegenüber. Als wir zusammen an der Gruppe Siemensstadt teilnahmen, waren wir überaus zärtlich zueinander. Ich empfand auf unseren Fahrten über die Stadtautobahn ein ähnlich abenteuerliches Gefühl wie einige Zeit zuvor, als ich Spandau entdeckt hatte. Für Ilsedore waren es neue Erfahrungen, die für sie so wichtig wurden, daß sie ab dieser Zeit voll an den Geschehnissen der Basisgruppe teilnahm. Erst als Peter ein paar Wochen später ebenfalls nach Spandau kam, brachen meine früheren Schwierigkeiten wieder auf. Und als ich es gar nicht mehr aushalten konnte, schrieb ich Ilsedore folgenden Brief:

Liebe Ilsedore, da wir über solche Dinge nicht mehr reden können, schreib ich ein bißchen. Wir fühlen uns meist unbehaglich, wenn wir zusammen sind, besonders allein, und geben uns hilflos kindlich-freundlich. Es ist halt so, daß ich mich im Vergleich zu früher mit der nebensächlichen Rolle, die ich jetzt noch für Dich spielen könnte, nicht zufrieden gebe, und es im vorhinein gar nicht zu einer Verständigung kommen lasse, es sei denn wir haben wirklich verschiedene Probleme. Deshalb ist es mir lieber, ich verzichte auf Dich — Du brauchst mich nicht mehr — und wir tun ein bissel mehr auf Distanz. Kann sein, daß ich mich sehr viel später mal besser damit abgefunden habe, und dann wird's vielleicht mit uns auch weniger künstlich gehen.

Was Peter betrifft, da haben vorerst die Aggressionen noch überhand

– schließlich war er lang genug so eine Art Gewissensinstanz für mich gewesen. Wie es zu dieser Identifikation mit ihm gekommen ist, kannst Du Dir an den zehn Fingern ablesen. Außerdem hat er mich anfangs ziemlich mies behandelt, was bei meiner damaligen Charakterstruktur die beste Voraussetzung für Übertragung war.

Ich habe mich ziemlich mühsam von dieser Über-Ich?-Funktion befreit, ohne hoffentlich das Gute, was ich dabei gelernt habe, aufzugeben, und genieße im Augenblick die neue Freiheit und schimpfe eifrig auf ihn (vor mich hin). Auch deshalb ist mir da Distanz lieber.

Was Spandau betrifft: Hab viel hineingesteckt, fast soviel wie in Deine Erziehung und ins Schreiben früher.

Deshalb ist's merkwürdig, daß ich Euch dahin geholt habe, denn schließlich mußte es mir klar sein, daß ich damit Spandau für mich verliere. Schon beginnt die Umprogrammierung (vielleicht, weil's Peter gelingt, zur rechten Zeit dem rechten Mann den Arm um die Schultern zu legen – so bei Peter Sp. und Uwe am Freitag Abend – ein bissel Verbitterung darf ich mir noch erlauben).

Unbewußt mag es ein Ablösungstribut sein, den ich an Euch zahle. Objektiv ist es so, daß ich Euch Spandau lieber anvertraue als unbekannten Studenten, die eh gekommen wären.

Dann ist's so, daß ich unsere Aufgabe erfüllt sehe – der Versuch, anderen Einsicht in die Möglichkeit zu geben, daß man auch anders leben kann (die Grundlage jedes dauerhaften Politisierungsprozesses) – jetzt geht's daran, in die praktische Arbeit überzugehen, am Arbeitsplatz, und da kann und will ich nicht mehr mitmachen; sonst würde ich von mir verlangen, selbst in den Betrieb zu gehen – und, ganz ehrlich, ich glaub nicht recht an diese quasi-gewerkschaftliche Arbeit, die jetzt nur noch möglich ist, – sie ist mir zu begrenzt, gemessen an dem, was ich mir vorgestellt hatte.– Mir hat's viel Mühe gekostet, über meine Skrupel hinweg, die Betriebsarbeit in der Basisgruppe einzuführen – genauer, die Bereitschaft dazu zu wecken, jetzt bin ich müde.

Vielleicht fange ich nach den Sommerferien mit Schülerarbeit oder etwas anderem an –

Müßt es deshalb verstehen, wenn ich nach diesem Info etwas aufhöre. Auch, wenn ich nicht mehr nach Siemensstadt mitkomme.

Das vorläufig – und worüber wir sonst nicht reden können.

Gruß Inga *Macht Spandau rot!*

Ich hörte natürlich nicht auf; dazu hing ich viel zu sehr an der Basisgruppe. Das Verteilen der ersten eigenen Betriebszeitung war fast ein Abenteuer, denn wir wußten nicht, wie die Arbeiter reagieren würden, allzumal vor diesem Betrieb bisher selten etwas verteilt wurde. Soweit ich mich erinnere, ist dann tatsächlich in den Abteilungen sehr viel diskutiert worden, allein schon deshalb, weil es eine Überraschung war, daß es für Ohrenstein & Koppel eine eigene Zeitung mit genauen Berichten über die Betriebskonflikte gab. Die Konzeption der Zeitung war, daß nicht nur Betriebskonflikte aufgegriffen wurden, sondern auch allgemein politische Themen aus dem Bereich „Sexpol". Für uns war es wichtig, daß wir die Zeitung auch selbst herstellten.

Wir hatten Anfang des Jahres einen Laden in der Seeburger Straße gemietet. Es gab zwei Arbeitsräume, einen Wohnraum, eine Küche und einen großen Keller für 180 DM Miete im Monat. Wir übernahmen die Räumlichkeiten in einem völlig desolaten Zustand.

Die Wände waren abgebröckelt, und auf dem Boden lagen Berge von Schutt herum. Der Keller war ein einziges großes dunkles Loch. In gemeinsamer Arbeit richteten wir den Laden her. Es war mühsam und schleppend, aber mit allerlei schönen Erlebnissen verbunden, wenn wir dabei Lieder sangen, uns anpflaumten, gegenseitig bewarfen und anschließend in die Kneipe gingen. Es war unser Laden.

Schließlich besorgten wir für den Keller eine Druckmaschine, sodaß wir ab jetzt unsere Zeitungen und Infos selber drucken konnten. Oft legten wir die einzelnen Blätter zu Zeitungen zusammen, indem wir nacheinander um einen großen Tisch herumgingen, damit wir sie am nächsten Morgen rechtzeitig vor den Betrieben verteilen konnten.

Es war ein schönes Gefühl, die fertigen Zeitungen in der Hand zu halten, nachdem wir an allen Phasen des Entstehungsprozesses teilgenommen hatten. Es war ein gemeinsames Produkt.

Mein einziger Versuch mit der Hochschulpolitik

Das einzige Mal, daß ich aktiv an der Hochschulpolitik teilnahm, war im Wintersemester 68/69. Bisher hatte ich mich kaum dafür interessiert, obwohl Herbert sich schon seit längerer Zeit für die Umgestaltung des Philosophischen Seminars engagiert hatte und an neuen Satzungen mitarbeitete. Am Lehrstuhl für Linguistik in der TU, wo ich tätig war, waren wir eine so kleine Gruppe von ..Lehrenden" und „Lernenden", daß wir ohne Schwierigkeiten für die Vollversammlung alleiniges Entscheidungsrecht durchsetzen konnten.

Durch eine Arbeitsgruppe, die ich damals zusätzlich im Philosophischen Seminar der FU machte, nahm ich dann an den Konflikten des Instituts in aller Intensität teil. Der Stand der Diskussion wird am klarsten durch die „Thesen zur Hochschulpolitik", die vom SDS formuliert wurden:

„––– Reformismus und Linkes Studium

Die bürgerliche Universität ist nicht anzugreifen, indem parallel zu ihren Veranstaltungen ein kritisches, linkes Studium organisiert wird. Darin würden wir nur die bürgerliche Rollenteilung zwischen Unmündigkeit in der gesellschaftlichen Arbeit und Formen von Mündigkeit im privaten Feierabend neu und besser organisieren. Ziel einer fachspezifischen, an die Arbeitsinteressen des Studenten anknüpfenden Hochschulrevolte muß es vielmehr sein, den regulären Ausbildungsprozeß selbst der spätkapitalistischen Zweckbestimmung zu entziehen und der Bestimmung durch die Bedürfnisse von Studenten zuzuführen, die in ihrem spezifischen Studium Elemente zur Umwälzung der Gesellschaft entwickeln wollen.

Diesem Ziel entspricht eine Strategie der direkten Angriffe auf Lehrveranstaltungen, der Provokation von Satzungsdiskussionen, in denen es um die hochschulrechtliche, finanzielle etc. Ermöglichung eines selbstorganisierten, aber regulären Lernens geht, der, womöglich, Besetzung usw.. Langfristig ist die Abschaffung sämtlicher Prüfungen eines der wichtigsten Einzelziele dieser Revolte.

Drittelparität

Gerade aus den unseligen Kompromißerfahrungen des OSI muß der gesamte SDS lernen, daß Drittelparität eine falsche Forderung ist. Da es um die Selbstbestimmung der Studenten über ihren regulären Ausbildungsprozeß geht, ist die Mindestübersetzung von student-power das Vetorecht der Studenten in allen Fragen und die vollständige Souveränität der Vollversammlungen der Institute und Fakultäten.

..... Um das zu gewährleisten, muß das Studium von den Studenten entsprechend der je fachspezifischen Aufgabenbereiche selbst organisiert werden können. Dazu ist erforderlich:

a) institutionell (Satzungen) abgesicherte, autonome Fachbereiche in den Instituten

b) kollektive Arbeitsweise in Seminaren, Übungen etc., bei Diplomarbeiten und Dissertationen

c) Abschaffung der Prüfungen (Der Studienprozeß muß so organisiert werden, daß jeder sich selbst überprüfen kann)

Um zu verhindern, daß in diesen autonomen Fachbereichen ein linkes Studium betrieben wird, das zur Isolierung von der politischen Praxis führt und den Linken lediglich bequemere Studienbedingungen garantiert, muß dieses Studium projektorientiert, d. h. bezogen auf die konkreten Anforderungen unserer politischen Arbeit in allen gesellschaftlichen Bereichen organisiert werden......."

So sollte am Philosophischen Seminar erstmalig ein eigener studentischer Lehr- und Forschungssektor geschaffen werden, in dem die Studenten sich in Arbeitsgruppen zu bestimmten wissenschaftlichen Fragestellungen zusammenfinden und sich selbst organisieren konnten. Langfristig war das nur durchführbar, wenn dieser Sektor auch institutionell und finanziell durch eine Satzung abgesichert wurde. Daß es im Philosophischen Seminar überhaupt zu so weitgehenden Forderungen kam, ist zumindest teilweise den Professoren Taubes und Feyerabend zu verdanken, die bereit waren, Hilfsassistenten nicht mehr für Handlangerdienste, sondern für eigene studentische wissenschaftliche Tätigkeit zu finanzieren.

Die anderen Dozenten des Seminars wehrten sich mit Händen und Füßen gegen diese Forderungen; ihre Angst, die Studenten könnten die Macht über die Lehrveranstaltungen übernehmen, war unermeßlich, obwohl sie selbst größtenteils zu den Linken zählten. So gab es harte Auseinandersetzungen, bei denen schließlich auf einer Vollversammlung beschlossen wurde, den Lehrkörper auszusperren. Der war so entsetzt, daß er nicht vor dem Gedanken zurückschreckte, die Polizei zu rufen, was jedoch im letzten Moment verhindert wurde. Der Bruch zwischen den aktiven Studenten und den bisher als progressiv geltenden Professoren war damit unwiderruflich. Während dieser Zeit kam es dann zu etlichen Relegationsverfahren. An Gisela schrieb ich:

––– Dies Semester ging ziemlich drauf durch die Arbeit am Philosophischen Seminar, die auch noch dazu kam, und wo fast alle, die ich kenne, mitwirken und weitgehend dort angestellt sind bzw. waren,

so Herbert bei Taubes, der ab Ende dieses Semesters gekündigt hat – Spannungen wegen politischer Arbeit –

so Peter bei Feyerabend, der bereits seit Anfang dieses Jahres gekündigt und relegiert ist,

so Rüdiger, mit dem wir zusammenwohnen, der ab Ende dieses Semesters für zwei Semester relegiert ist,

so ist halt fast unser gesamter Freundeskreis entweder gekündigt oder relegiert oder beides;

und diejenigen, die sich während der Aussperrung des Lehrkörpers brav im Hintergrund gehalten haben, um sich zu schützen, fühlen sich wahrscheinlich wegen ihres schlechten Gewissens und ihrer Isolierung unter den

Studenten auch nicht viel wohler, so Reimar Klein und z. B. Rudolphe Gasché, früher Subversiver, der bei Taubes angestellt ist;...

Für unser Vorgehen war entscheidend, daß wir ein Modell schaffen wollten, hinter das die anderen in ihren Institutskämpfen nicht mehr zurückfallen konnten. Wir wollten die allgemeine Diskussion um die Hochschulpolitik auf einen Stand bringen, der sich mit der Kompromißforderung von Drittelparität nicht mehr begnügte, sondern um die Souveränität von Vollversammlungen kämpfte und um die Einrichtung eigener studentischer Sektoren. Es ging also nur bedingt um das Philosophische Seminar.

Während der Aussperrung gab es nur die Wahl: entweder den Buckel fürs spätere Fortkommen krumm zu machen oder aus der Uni rausgeworfen zu werden. Die Enttäuschung über die angeblich progressiven Professoren und über die opportunistische Haltung oft auch von den engsten Freunden war so tiefgreifend, daß für viele der Schritt aus der Universität nur noch die einzige Möglichkeit war, die eigene Identität zu wahren.

Und das waren häufig gerade die Studenten mit den radikalsten wissenschaftlichen Ansprüchen. Ein Beispiel dafür ist die Informationsschrift, in der die Veranstaltungen des studentischen Sektors angekündigt wurden:

„...... (Unsere Veranstaltungen) haben prinzipiell zwei Funktionen:

1) alle an Wissenschaftstheorie und Hermeneutik Interessierten aus den verschiedenen Fachwissenschaften sollen zu interfakultativer Zusammenarbeit angeregt werden;

2) es sollen Interessen geweckt werden für bisher in den Einzelwissenschaften vernachlässigte Arbeitsgebiete und Methoden. Ihr Ziel ist es, Orthodoxien aufzubrechen und auf diesem Wege eine neue Weise der Zusammenarbeit zu ermöglichen......."

Ich kündigte damals mit Gisela Klann eine Arbeitsgruppe über schichtspezifische Sprachuntersuchungen an: *„Wir untersuchen in diesem Semester den Zusammenhang zwischen schichtspezifischem Sprachverhalten und kognitiven Fähigkeiten – und – in einem weiteren Rahmen – die Förderung und Hemmung von Lernprozessen in unserer Gesellschaft, die nur bestimmte Formen des Sprachverhaltens prämiert."* Damals war dieser schichtspezifische Sprachuntersuchungsansatz eine hoffnungsvolle Neuentdeckung. Später wurde er unerträgliche Modeerscheinung, die in schlechtester kompensatorischer Spracherziehung mündete.

Herbert machte eine Projektgruppe über hermeneutische und strukturalistische Interpretation der Psychoanalyse, in der Texte von Foucault, Lacan, Lévi-Strauß und Ricoeur bearbeitet werden sollten. Peter wollte sich mit anderen anhand der chinesischen Revolution mit der Praxis als Erkenntnismittel auseinandersetzen.

Weitere Arbeitsgruppen lauteten: Einführung in die Wissenschaftstheorie, Naturwissenschaftlicher Praxisbegriff und die Technologie, Sprachanalyse und Hermeneutik u. a.

Ich habe das Programm deshalb so ausführlich zitiert, weil mir selten wieder ein derartig anspruchsvoller wissenschaftlicher Impetus begegnet ist, noch dazu in einem höchst politischen Rahmen. Das waren immerhin Wissenschaftsbereiche, die bis zu diesem Zeitpunkt von der Universität dank ihren bornierten Einzelwissenschaften negiert wurden, und gleichzeitig eine Kampfansagean die orthodoxe Marxexegese, die damals bereits im Philosophischen Seminar um sich griff.

Im ganzen nahm ich an dem Konflikt im Philosophischen Seminar eher distanziert teil; in meiner Erinnerung empfinde ich diesen Winter als eine besonders schlimme Zeit. Ich fühlte mich völlig überfordert; ich pendelte zwischen der Basisgruppe, dem Institut für Linguistik und dem Philosophischen Seminar. Dazu kam, daß es in unserer Wohngemeinschaft starke Spannungen gab, da wir uns kaum um Maja, das Kind von Helga und Rüdiger kümmerten, es sogar oft als Belastung empfanden. Außerdem ließen wir in einem von unseren beiden Zimmern ständig Bekannte wohnen, denen es schlecht ging und denen wir glaubten helfen zu müssen. Ich wurde immer gereizter und unausstehlicher. Als es Herbert einmal zuviel wurde, legte er sich auf den Schrank schlafen, weil es sonst keinen Platz mehr gab.

Wir lebten erst wieder auf, als wir im Frühjahr nach London fuhren, um Gisela und Chris zu besuchen, die dort seit zwei Jahren an der Uni tätig waren. Wie beneideten wir sie um ihr ruhiges, zurückgezogenes Leben, in dem sie sich ganz ihrer intellektuellen Arbeit und ihren persönlichen Problemen hingeben konnten! Als die beiden nach Spanien fuhren, hatten wir die Wohnung für uns allein. Wir konnten uns zum ersten Mal wieder gegenseitig wahrnehmen, schlenderten durch die Straßen und kauften ein, aßen viele Steaks, da das Fleisch damals sehr billig war, und spät nachts noch Ananas mit Schlagsahne, arbeiteten oft die Nächte hindurch und schliefen am Tag, gingen in den Battersea-Park auf die Kirmes, ja, waren einfach glücklich und ruhig, konnten auch wieder mit Muße uns körperlich entdecken.

Heute frage ich mich, warum wir uns damals dies Glück so selten erlaubt haben, warum ich immer so geschäftig durch die Gegend rennen und alle Termine wahrnehmen mußte. Aber ich war ja nicht die Einzige, wir alle liefen durch die Gegend, unternahmen überall neue Versuche von Veränderung, waren getrieben vom unstillbaren Hunger nach greifbarer Erfüllung unserer Hoffnungen.

Mein einziger Versuch mit der Betriebsarbeit

Der Sommer 69 war in der Basisgruppe bestimmt durch den Beginn der Betriebsarbeit und durch ideologische Auseinandersetzungen, an denen ich nur widerwillig teilnahm. Es sollte endlich eine Klärung der politischen Linie erfolgen. Das war umso notwendiger, als sich ein kleines Grüppchen von Genossen der SEW angeschlossen hatte und nun versuchte, möglichst viele mitzuziehen und alle Diskussionen durch ihre festen Parteivorstellungen zu boykottieren. Außerdem hatten sie zum 1. Mai ein für uns unzumutbares Flugblatt verteilt, das sie mit „Basisgruppe und Kreisverband Spandau der FDJ-West" unterzeichneten, sodaß der Eindruck entstand, wir würden alle diese Position vertreten. Deshalb beschlossen wir für Ende Juni ein Wochenendseminar, auf dem die verschiedenen Konzeptionen dargelegt und diskutiert werden sollten. Wir meinten, am ehesten eine Klärung durch eine Diskussion über die verschiedenen Modelle von Mitbestimmung, von Arbeiterkontrolle und von Arbeitermacht (revolutionäre Betriebsorganisation) zu schaffen. In einem Info druckten wir eine Reihe von Texten ab, damit sich alle Gruppen damit auseinandersetzen konnten und den gleichen Informationsstand hatten:

so *„Auf dem Weg zur Arbeiterkontrolle"* von Hugh Scanlon,

den Beitrag *„Die Arbeit der K.A.P.D. auf dem Moskauer Kongress"* (Die K.A.P. D. war der linke Flügel der KPD; sie ging aus der Spaltung der KPD nach dem Ersten Weltkrieg in Parlamentarier (KPD) und Antiparlamentarier (KAPD) hervor.),

so die Gesetzesentwürfe zur Mitbestimmung von der SEW, der SPD, des DGB und der IG-Metall-Entwurf.

In der Diskussion, an der sich allerdings nur wenige beteiligten, wurde festgestellt, daß alle Mitbestimmungsentwürfe tatsächlich nichts an der Lage der Arbeiter veränderten, sondern ihnen nur vorgaukeln würden, daß die Macht der Kapitalisten nun eingeschränkt sei. Die SEW-Genossen vertraten den Standpunkt, daß es aus taktischen Gründen notwendig sei, an diesen Forderungen und am Parlamentarismus anzusetzen. Die ganze Diskussion endete mit dem Ausschluß der SEW-Genossen. Dieser Ausschluß fiel mir selbst sehr schwer, da es darunter junge Arbeiter gab, die seit Beginn der Basisgruppe dabei waren, und die ich liebgewonnen hatte.

Da nun zur Klärung unserer Vorstellungen die KAPD herhalten mußte, daß auch wir in den Hut der Zwanziger Jahre griffen, fand ich makaber genug und unserer bisherigen Arbeit nicht angemessen. Auch die Sprache, die dazu benutzt wurde, stellte einen Bruch mit unserer bisherigen Praxis dar. Die Tendenz, die frühere Beteiligung am antiautoritären Protest als irrelevant und bürgerlich anzusehen, war unverkennbar.

Jetzt galt nur noch Betriebspraxis. „Die Organisation des Proletariats muß dabei zwei Bedingungen erfüllen: sie muß gleichzeitig Kampforgan und Machtorgan (Verwaltungsorgan in der Phase der Diktatur des Proletariats) sein....... Die kleinste Einheit der Revolutionären Betriebsorganisation ist die autonome Betriebsgruppe. Ihre Aufgabe ist es, die Arbeiterschaft in ihrem Betrieb auf die Machtübernahme systematisch vorzubereiten und gleichzeitig immer wieder die allgemein politische Perspektive aufzuzeigen."

Ich fand das alles nicht unsinnig und vertrat ebenso den rätedemokratischen Ansatz, doch kam mir das Ganze zu plötzlich, zu aufgesetzt und zu bombastisch vor. Diese Gedanken sind von einer kleinen Gruppe von Studenten in die Basisgruppe hineingetragen worden, die damals noch zu dem „undogmatischsten Flügel" der Linken in Berlin zählten.

Alles andere, was bisher als Praxis der Basisgruppe galt, eben in allen Bereichen gleichwertig anzusetzen, auch psychische und sexuelle Probleme ernst zu nehmen, die umfassende Entfremdung im Spätkapitalismus auch umfassend zu bekämpfen, wurde als antiautoritärer Ansatz unter den Tisch gekehrt. Ich fühlte mich hilflos und war enttäuscht, doch sah ich es als sinnlos an zu protestieren, da es mir eine allgemeine Entwicklung der Basisgruppe schien, gegen die ich nicht mehr ankam, allzumal sie von allen anderen Gruppen in Berlin gestützt wurde, die sich fast durchweg auf Betriebsarbeit beschränkten und nur sie als politische Arbeit ansahen. Da war das rätedemokratische Modell einer revolutionären Betriebsorganisation immerhin noch der radikalste Ansatz.

Tatsächlich verloren sich die großen, von der KAPD geborgten Worte bald wieder, und es blieb eine vage, aber doch festsitzende Vorstellung von Rätedemokratie in den Köpfen, die vorerst eine weitere Dogmatisierung verhinderte. Außerdem konnte der antiautoritäre Ansatz so schnell nicht verleugnet werden, da er zu sehr integraler Bestandteil der Basisgruppe und ihrer Entwicklung war. Es gab immer wieder neue Psycho-Gruppen, die vor allem ein Emanzipationsbedürfnis hatten, und andere, die den SEXPOL-Ansatz in die Jugendheime Spandaus trugen.

Im September kamen dann unerwartet für uns die wilden Streiks in Westdeutschland. Kaum einer hatte damit gerechnet, daß so etwas so bald möglich sein würde. Viele von uns waren in den Ferien.

Wir beschränkten unsere Agitation auf Ohrenstein & Koppel, da bei Hoesch in Dortmund Tausende von Arbeitern ihre Arbeit hingeschmissen hatten, um für „Dreißig Pfennig mehr für alle" durch die Straßen der Innenstadt zu marschieren. Die Ohrenstein & Koppel AG Werk Berlin ist ein metallverarbeitender Betrieb mit etwa 1500 Beschäftigten und den Produktionsbereichen: Hydraulik-Bagger, BVG-Busse, U-Bahn und Waggons. Die Hoesch AG und die AGIV (Aktiengesellschaft für Industrie und Verkehrswesen) besitzen 75% der Aktien.

In den Berliner Betrieben blieb es enttäuschend still. Immerhin kam es bei Ohrenstein & Koppel noch zu einem Warnstreik, bei dem ebenfalls wie in Dortmund eine Erhöhung der Effektivlöhne um dreißig Pfennige gefordert wurde. Die Geschäftsleitung, die mit dieser Unruhe gerechnet hatte, sagte sehr schnell eine Erhöhung der Effektivlöhne um fünf Prozent zu, um es zu keinen größeren Ausschreitungen kommen zu lassen. Wir wußten, daß es nicht zuletzt wegen unserer schon länger andauernden Agitation durch einige Arbeiter der Basisgruppe und durch die Betriebszeitungen zu der Forderung von „Dreißig Pfennig mehr für alle" gekommen war, so minimal dieser Protest auch angesichts dessen, was in Westdeutschland geschah, sein mochte.

Ich hatte mich an der Betriebsagitation in dieser Zeit nur deshalb so intensiv beteiligt, weil zu viele Genossen in den Ferien waren. Sonst nahm ich an der Betriebsgruppe nicht teil, sondern begann sehr bald mit der Kinderarbeit im Falkenhagener Feld, einem Stadtteil von Spandau.

Kinder
im Falkenhagener Feld

Das Falkenhagener Feld (FF) ist ähnlich wie das Märkische Viertel in Berlin eine relativ abgeschlossene Wohngegend mit geringen Kommunikationsmöglichkeiten, also eine Schlafstadt. Es fehlen Kinderspielplätze, Kinos, Jugendtreffpunkte; es gibt nur wenige Kneipen. Bei den Bewohnern handelt es sich um kinderreiche Arbeiter- und Angestelltenfamilien, die zum großen Teil aus Sanierungsgebieten, vor allem aus Kreuzberg kommen, und jetzt für sehr viel höhere Mieten in den Häusern der sich „sozial" nennenden Wohnungsbaugesellschaften (GSW), denen ein Drittel aller Wohnungen im FF gehören, leben. Dieses von Kindern überquellende Neubauviertel sollte endlich ein Gemeinschaftshaus erhalten. Das Jugendaufbauwerk (JAW), eine dem Senat verantwortliche „freie" Einrichtung der Jugendpflege, erhielt die notwendigen Mittel, um das „Klubhaus für Jugend und Familie" zu bauen. Ohne daß die Bevölkerungsstruktur im FF berücksichtigt wurde, entstand so für 2,5 Millionen DM ein für Jugendliche schlecht geeigneter Glaspalast. Im Januar 1970 wurde er dann feierlich der Öffentlichkeit übergeben. Wir, eine kleine Gruppe von Studenten der Basisgruppe, zu denen auch Ilsedore und Herbert gehörten, hatten bereits früher mit dem Klubhausleiter Kontakt aufgenommen, um mit ihm unsere Vorstellungen zu besprechen. Noch zwei Monate vor der offiziellen Eröffnung initiierten wir eine Kindergruppe, die wir auch selbst zusammenstellten. Unsere Arbeit wurde von der „Aktion Bildungsförderung" finanziell unterstützt.

Damals bildeten sich in den Arbeiterbezirken Berlins überall Schularbeitszirkel, die vom Senat bezahlt wurden. Sie sollten dazu dienen, gesellschaftlich benachteiligten Kindern gleiche Bildungschancen zu eröffnen. Es gab an die 200 solcher Zirkel von Grundschülern der ersten bis zur sechsten Klasse im Tiergarten, in Kreuzberg, Neukölln, Wedding und in Spandau. Obwohl die Bezahlung minimal war (pro Nachmittag für zwei Zeitstunden vierzehn Mark) und die Arbeitsbedingungen äußerst schwierig (die Zirkel mußten in den von den Schülern verhaßten Schulräumen stattfinden) strömten haufenweise Studenten zusammen, um endlich mit proletarischen Kindern zusammenzuarbeiten, sie kennenzulernen und ihre Lebensbedingungen zu verändern. Zu gleicher Zeit entstanden auch die ersten proletarischen Schülerläden.

Viele dieser Schularbeitszirkel brachen bald wegen der Konflikte mit den Eltern, den Lehrern und dem Rektor zusammen. Schon der geringste Versuch von antiautoritärer Erziehung wurde von Seiten der meisten Schulen sanktioniert. Allerdings machten diese Gruppen oft den Fehler, daß die Eltern der Kinder nicht genügend über die Vorstellungen der Studenten informiert wurden, daß es oft gar keinen Kontakt gab, sodaß die Eltern leicht den Eindruck erhalten konnten, ihre Kinder würden dort nur verwahrlosen, keine Schularbeiten machen und darüberhinaus noch politisch mißbraucht werden. Außerdem sorgte die Presse mit ihren Verleumdungen für immer neuen Zündstoff.

Für die Kinder war es fast unerträglich, nach ihrer Schulzeit am Morgen noch einmal am Nachmittag in die Schule zurückzukehren, um in diesen verhaßten Räumen, in denen sie nichts verändern, nichts anrühren und sich auch nicht wild bewegen durften, Schularbeiten zu machen.

So erging es auch den Gruppen in der Sigerlandschule im FF, bis wir sie ins Klubhaus verlagerten, wo sich die Kinder dann endlich frei bewegen konnten. Die Betreuer der Kinder waren Mitglieder der Schülerbasisgruppe, die vorwiegend aus Spandauer Gymnasiasten bestand. Die Schüler hatten sich zusammengeschlossen, um politische Arbeit an verschiedenen Spandauer Schulen zu machen. Da die Hälfte von ihnen im Keller des Ladens der Basisgruppe wohnte und von den Eltern keine Unterstützung mehr bekam, brauchten sie dringend das Geld, das sie für die Schularbeitszirkel erhielten. Sie standen den Kindern sehr nahe, hatten jedoch verständlicherweise große Schwierigkeiten mit den Eltern, sodaß wir öfter eingreifen mußten.

Wir waren die einzige Gruppe der „Aktion Bildungsförderung", die „Vorschulerziehung" mit kleinen Kindern machte; und es war uns klar, daß die Arbeit nur dann sinnvoll sein konnte, wenn wir in engem Kontakt mit den Eltern, vor allem mit den Müttern stünden.

Ich hatte darüberhinaus die Illusion, ich würde bei meinen schichtspezifischen Sprachuntersuchungen zu neuen Ergebnissen kommen. Ich wollte die Entwicklung von Zeitvorstellungen bei proletarischen Kindern untersuchen, da ich meinte, gerade hier einen relevanten Unterschied zu den Kindern der „Mittelschicht" zu entdecken, die viel stärker darauf getrimmt werden, die Erfüllung von Erwartungen auf später hinauszuschieben und dies auch sprachlich zu formulieren. Angesichts des lebendigen Chaos, von dem ich dann bei der Arbeit umgeben war, vergaß ich schnell derartig sublime Beobachtungen. Außerdem hätte der damalige Stand der linguistischen Wissenschaft gerade dazu ausgereicht, durch eine irrsinnig komplizierte Strukturbeschreibung eben noch die allergröbsten Erscheinungsweisen des sprachlichen Ausdrucks zu erfassen. Und gerade das averbale Verhalten, die Lebendigkeit des mimischen und gestischen Ausdrucks sowie des Handelns, geht im Maschennetz so einer Strukturbeschreibung verloren.

Wie viele andere wollte auch ich die verschütteten oder nichtbeachteten Schätze proletarischer Verkehrsformen freilegen und sie fördern.

Ich will nicht ausschließen, daß neue Erkenntnisse in diesen Bereichen von weitreichender, wenn auch sehr langfristiger Bedeutung sein können, doch die „direkte politische Wirklichkeit" war zu drängend, verlangte zu sehr nach praktischer radikaler Veränderung. Und beides zugleich war nicht möglich, denn das waren fast entgegengesetzte Lebenswege. Es gab auch kurze Momente der Versuchung, eine wissenschaftliche Karriere zu machen, was im Institut für Linguistik damals nicht sehr schwer gewesen wäre. Stattdessen gab ich meine linguistischen Studien immer mehr auf und entfernte mich zusehends vom Universitätsbetrieb.

Über die Kinderarbeit haben wir später für das Info der Basisgruppe einen ausführlichen Bericht verfaßt, den ich trotz seiner Länge wiedergeben möchte, weil er Geschehnisse beschreibt, die meinen Vorstellungen von politischer Arbeit so nahe kommen, wie ich es selten sonst erlebt habe.

Kinder- und Elternarbeit

Ziele und Rekrutierung

Wir haben mit zwölf Kindern, fünf Jungen und sieben Mädchen, im Alter von drei bis sechs Jahren gearbeitet, die alle aus Arbeiterfamilien stammen. Die Väter arbeiten in verschiedenen Betrieben: Kleine Polsterfabrik, GASAG, kleiner Elektrobetrieb.

Wegen der zumeist großen Kinderzahl konnten die Frauen keine Ganztagsarbeit annehmen: Vier Mütter arbeiten stundenweise als Putzfrauen, nur eine ist ganztags bei der Post. Die Adressen von vier Kindern erhielten wir vom Bezirksamt (besonders kinderreiche Familien mit materiell schwierigen Verhältnissen).

Die anderen acht Kinder wählten wir, nachdem wir mit der Arbeit begonnen hatten, nach ähnliche Gesichtspunkten. Es sind im ganzen sieben Elternpaare.

Organisation

Die sechs Betreuer kamen alle aus der Basisgruppe Spandau, waren alle Studenten, die schon vorher an Arbeitskreisen über Kindererziehung teilgenommen hatten und innerhalb der Basisgruppe bei der Jugendarbeit und der Betriebsarbeit mitmachten. Die Bedingungen zur Mitarbeit waren, kontinuierlich zu arbeiten, an den zweimal wöchentlich stattfindenden Betreuergesprächen teilzunehmen und langfristig die Regionalarbeit im FF mitaufzubauen.

An Hand der täglich angefertigten Protokolle versuchten wir in den wöchentlichen Betreuergesprächen, die Schwierigkeiten, die in der Gruppe auftraten, aufzuarbeiten. Wir arbeiteten im Klubhaus von Dienstag bis Samstag von 14 bis 17 Uhr, am Anfang mit drei bis vier, später mit zwei Betreuern und wurden vom SAZ (Schularbeitszirkel) bezahlt. Es war uns von Anfang an klar, daß unsere Arbeit nur in engster Verbindung mit den im gleichen Haus stattfindenden Schularbeitszirkeln und einer Arbeitsgruppe der Basisgruppe (Honqui), die am Abend mit Jugendlichen im Klubhaus zusammenarbeitet, politisch effektiv werden konnte.

Bericht über die Praxis

Unser Ziel war es, das Verhalten der Kinder zu beobachten und zu analysieren, möglichst wenig in Gruppenprozesse einzugreifen und dadurch das kollektive Verhalten der Gruppe zu fördern. Nachdem sich die Kinder in den ersten Tagen relativ diszipliniert verhielten, das Spielzeug (Rutschbahn, Hopsball, kleine Holztiere) erkundeten, begannen sie schon am vierten Tag auszuprobieren, wie weit sie gehen könnten, ohne daß wir stafend eingreifen würden.

Sie versuchten, wenn auch vorsichtig, uns zu schlagen; darauf reagierten wir in den ersten beiden Wochen, indem wir ihnen körperlich in derselben Weise wehtaten wie sie uns. Wir machten anfangs den Fehler, daß wir andere Kinder, die draußen in der Kälte standen, mit hineinließen, was natürlich für die Gruppenprozesse sehr schädlich war, zumal diese Kinder oft viel älter waren und die jüngeren behinderten. Als wir das aus diesen Gründen nicht mehr zuließen, fühlten sich die Kinder aus der Gruppe gegenüber denen, die draußen standen, privilegiert und äußerten es auch stark in ihrem Verhalten.

Dadurch, daß wir entgegen unseren Vorstellungen doch sehr oft eingreifen mußten, sei es, um sie zu trösten, wenn sie weinten, nachdem sie sich geschlagen hatten, oder daß sie Kinder von draußen reinließen, was wir verhindern mußten, oder daß wir vermittelnd eingriffen, wenn ein Kind ein Spielzeug die ganze Zeit okkupierte, stellten sich sehr bald Fixierungen an bestimmte Betreuer her.

Die Fixierungen äußerten sich bei den Kindern in verschiedener Form:

1. Aggressives Verhalten: anschreien, beschimpfen, schlagen, kratzen, beißen, Verbotszonen gegenüber den Betreuern übertreten.

2. Liebesbedürfnis: auf den Schoß klettern, gestreichelt werden wollen, bei Konfliktsituationen die Betreuer um Hilfe bitten, zum Baby regredieren, wobei die Betreuer die Elternrolle übernehmen sollten, starke Eifersucht.

Das alles war natürlich der Förderung kollektiven Verhaltens hinderlich, zumal die Kinder am Anfang, außer bei Geschwistern, keine Motivation hatten, gemeinsam zu spielen. Zu diesen Schwierigkeiten kam noch hinzu, daß wir in der Gruppe zwei Kinder hatten, die mehrere Jahre im Heim gewesen waren und starke Verhaltensstörungen zeigten. Das zeigte sich besonders, wenn sie Liebesentzug bei den Betreuern und den anderen Kindern erfahren hatten; sie legten sich dann in eine Ecke, nahmen den Daumen in den Mund, wurden völlig abwesend und sprachen etwa eine halbe Stunde kein Wort mehr. Bei diesen Kindern haben wir bewußt versucht, die Fixierung auf eine bestimmte Betreuerpersonen zu lenken, weil wir glaubten, daß nur durch einen vorübergehenden Mutterersatz es ihnen möglich wird, frühere Konflikte noch einmal zu durchleben und aufzuarbeiten und ihre Aggressionen auf ein Maß zu vermindern und umzuleiten, das ihnen ermöglicht, sich mit den Betreuern und den anderen Kindern auseinanderzusetzen.

Das erste kollektive Verhalten, das diese Kindergruppe gezeigt hat, war ihr gemeinsames Handeln gegen die Betreuer nach etwa zwei Wochen. Sie versuchten, möglichst alles auseinanderzunehmen, und als wir versuchten, es durch Erklären und Festhalten zu verhindern, bekamen sie heraus, daß zwölf Kinder stärker sind als zwei Erwachsene; und wir gingen raus, um nicht ihre Aggressionen noch stärker auf uns zu lenken. Später, als ihre Aggressionen etwas nachließen,gingen wir wieder rein und räumten mit einigen Kindern auf. Danach versuchten wir, mit den Kindern darüber zu reden, indem wir sagten, daß wir im Klubhaus nicht weiterarbeiten könnten, wenn sie alles kaputt machen, da wir dann rausgeschmissen würden; sie reagierten teilweise mit Zuhalten der Ohren und beachteten uns nicht. Als zwei Kinder wieder anfangen wollten, drohten wir ihnen, daß sie am nächsten Tag nicht wiederkommen dürften, und sie unterließen die Zerstörung.

Unsere Schwierigkeiten in der ersten Phase der Arbeit lassen sich etwa folgendermaßen zusammenfassen:

1. Anstatt die Betreuerpersonen nur auf den Kreis von sechs zu beschränken, nahmen wir oft interessierte Genossen mit in die Gruppe, was sich auf die Kinder negativ auswirkte, da sie sich jedesmal mit einer neuen Person auseinandersetzen mußten und die interessierten Genossen den Kindern alles erlaubten.

2. Durch ungenügende Kommunikation untereinander kam es öfter vor, daß die Betreuer sich widersprüchlich zu den Kindern verhielten, was diese stark verunsicherte.

3. Die Kinder waren am Anfang nicht fähig, allein zusammen zu spielen, sie richteten ihre Kontakte nur auf die Betreuer aus. Sie waren nicht fähig, ein Spiel über längere Zeit zu spielen und zerstörten oft das Spiel eines anderen Kindes.

4. Der Bezug zu den beiden Personen (Ilsedore und ich), die in den ersten Wochen jeden Tag in die Kindergruppe gingen, wurde zu stark.

5. Uns wurde klar, daß es für die Kinder etwas anderes ist, wenn sie uns weh tun, als wenn wir ihnen weh tun. Deshalb hörten wir auf, bei körperlichen Angriffen ihnen in gleicher Weise und Stärke weh zu tun.

Aus diesen Schwierigkeiten heraus beschlossen wir, daß jeder nur noch an zwei Nachmittagen der Woche in das Klubhaus gehen sollte, daß also nur noch je zwei Betreuer die Gruppe an einem Nachmittag übernehmen sollten. Außerdem beschlossen wir, nicht mehr in dem Maß wie vorher in die Gruppenprozesse einzugreifen, uns abzusprechen bei den Verboten, die wir aussprechen müssen und außerdem keine „Besucher" für die nächste Zeit in die Gruppe zu lassen.

Wir beobachteten tätsächlich in den nächsten Wochen, daß die Kinder langsam begannen, mehr miteinander zu spielen; sie begannen, Häuser zu bauen, sich gegenseitig zu besuchen und ahmten Situationen, die sie dauernd erlebten, nach (Rollenspiele: Vater, Kind; Verkäufer und Käufer; Polizist und jemand, der gerade etwas verbrochen hat.....); außerdem wurden die Konflikte, die die Kinder in der ersten Zeit vorwiegend mit den Betreuern zu lösen versuchten, jetzt mehr in die Gruppe hineingetragen, d. h. sie setzten sich jetzt in der Gruppe mehr mit den anderen Kindern auseinander. Im Unterschied zu den meisten anderen Kindergruppen gab es bei dieser Gruppe trotz des verschiedenen Alters keine „Führer", auch nicht vorübergehend.

Es gab jedoch bis zum Schluß eine gemeinsame Feindschaft der Kinder gegen die Heimkinder, die sich etwas anders verhielten und auch noch von uns bevorzugt wurden. Allerdings war es zum Schluß so, daß selbst diese Kinder lernten, sich länger mit einem Spiel zu beschäftigen und auch die anderen miteinzubeziehen, vor allen Dingen dann, wenn ein anderes Kind freundlich zu ihnen gewesen war. Außerdem kann die anfängliche Feindschaft zum Teil damit begründet werden, daß die Eltern der anderen Kinder diese Kinder eine Zeitlang als die „Schlimmen" innerhalb der Gruppe ansahen.

Sexualverhalten und Geschlechtsrollen

In der ersten Phase zeigten sich sexuelle Äußerungen hauptsächlich in aggressiven Beschimpfungen der Betreuer: „alte Arschgeige", „Arsch", „Kacke", „Pisse", „Pisser" (für Jungen und für Mädchen) in allen möglichen Zusammensetzungen, vorwiegend anale Äußerungen. Wir versuchten, relativ neutral zu reagieren, das heißt, entweder nicht zu beachten, manchmal genauso darauf zu antworten, in der Art, daß wenn ein Kind lange Zeit „du Arsch, du bist ein Arsch" gesagt hatte, wir antworteten „na, du Arsch", und dann lachten sie meistens.

Die zweite Phase, in der die Kinder sich dann auch untereinander darüber unterhielten, war, als beide Betreuer einmal Bilder malten von den Kindern, und die Kinder dann verlangten, mit „Pisser" gemalt zu werden, wobei sie immer betonten, daß Mädchen und Jungen verschiedene Pisser hätten.

Außerdem wollten sie mit urinierendem Pisser gemalt werden. Als die Betreuer es machten, waren sie alle sehr aufgeregt, sprangen im Zimmer herum und wollten immer mehr solcher Bilder haben, die sie dann auch mit nach Hause nahmen.

Die dritte Phase trat erst mehrere Wochen später ein, als ein Kind anfing, sich auszuziehen. Darauf begannen sich alle außer einem Kind bis auf die Höschen auszuziehen; nur das Mädchen, das angefangen hatte, zog sich nackt aus. Sie verschwanden dann teilweise in die „Häuser" und spielten Doktor, Mutter und Vater, wobei die Rollen nicht geschlechtsspezifisch waren. Wir erlaubten es den Kindern, verlangten aber, daß sie sich nur im Kinderraum ausziehen dürfen, da es im Klubhaus, wo noch fünfzig andere Kinder spielten, zu großem Aufsehen gekommen wäre und das auch den Eltern der Kinder peinlich gewesen wäre.

Im Gegensatz zu den Erfahrungen aus anderen Kindergruppen spielten in dieser Jungen und Mädchen fast immer zusammen, wobei ein Junge oft eine Mädchenrolle übernahm und ein Mädchen die Jungenrolle. Es kam allerdings beim Streit um Spielzeug oft vor, daß ein Mädchen zu einem Jungen sagte, „damit spielt ein Junge nicht" oder umgekehrt.

Stellenwert der Elternarbeit und Erfahrungen

Wir waren uns von vornherein darüber klar, daß die Kinderarbeit zwecklos wäre, wenn nicht von Anfang an intensive Elternarbeit gemacht wird. Wir mußten annehmen, daß unser Erziehungsstil und unser Verhalten gegenüber den Kindern anders sein würde als das Verhalten der Eltern; es bestand die Gefahr, daß die Kinder zu großen Normenkonflikten ausgesetzt werden würden. Kinder in diesem Alter können nur dann politisch werden (solidarisches Handeln und verbunden damit, sich gegen Unterdrückung zu wehren), wenn gleichzeitig die Eltern mit in die Erziehungsprozesse einbezogen werden; unabhängig davon wollten wir natürlich die Eltern über Betriebe und Wohnkonflikte politisieren.

Kontakte und Gespräche mit den Eltern

Die ersten Kontakte wurden durch Besuche bei den Eltern und durch Gespräche mit den Müttern, wenn sie die Kinder brachten, hergestellt. Wir sprachen vorwiegend über Erziehungsfragen und versuchten dabei, die Gründe für die Schwierigkeiten einzelner Kinder herauszufinden. Außerdem benutzten wir die Besuche dazu, um Einblick in die Lebensverhältnisse und das Verhalten innerhalb der Familie zu gewinnen.

Die räumliche Situation war bis auf einen Fall sehr beengt, durchschnittlich ein Raum für zwei Personen, wobei es oft vorkam, daß drei bis vier Kinder in einem kleinen Raum schlafen und spielen mußten.

Die Kinder durften die übrigen Räume kaum benutzen, da sie geschont werden sollten. Die Wohnungseinrichtungen sind oft trotz schlechter finanzieller Verhältnisse relativ neu.

Bedingt durch die große Kinderzahl sind die Mütter oft überlastet ud reagieren auf die Äußerungen der Kinder sehr emotional; d. h. sie schimpfen oft bei geringstem Anlaß los („Geh nach hinten und sei ruhig", „sei still, wenn wir reden") oder geben Klapse. Auf der anderen Seite ist aber die Zärtlichkeit gegenüber den Kindern ebenso impulsiv, vor allen Dingen den Kleinen gegenüber, wobei sie immer betonen, wie abhängig die Kleinen von ihnen seien.

Elternversammlungen

Der erste Elternabend war drei Wochen nach Beginn der Arbeit; es kamen sieben Eltern, zwei Elternpaare und drei Mütter.

Nachdem wir kurz über Erziehungsprobleme geredet hatten, tauchte relativ schnell die Frage auf, wer wir seien und warum wir die Arbeit machten. Als wir antworteten, daß wir Studenten sind, der Basisgruppe Spandau angehören und auch politische Ziele hätten, entwickelte sich daraus eine Diskussion über Studenten, Demonstrationen, Steinewerfen und Kinderläden. Erstaunlicherweise stieß unsere Aussage, daß auch wir in bestimmten Situationen Fenster einwerfen und daß wir uns gegen Polizisten zur Wehr setzen, nicht auf die erwartete starke Ablehnung. Viel schwieriger war die Diskussion über Kinderläden, die Informationen stammten zum Teil aus „stern" und anderen Publikationen; die Kritik bezog sich hauptsächlich darauf, daß Kinder doch schließlich nicht alles machen dürfen, was sie wollen. Als wir unsere Erziehungkonzeption darstellten, waren wir gezwungen, sie mehr oder weniger als kompensatorische Erziehung darzustellen, d. h. daß wir auf die Leistungsmotivation, die die Eltern für ihre Kinder hatten, eingingen, später allerdings sagten wir, daß wir die Kinder zu solidarischem Verhalten erziehen wollen, damit sie sich wehren können, wenn sie unterdrückt werden. Die Eltern stellten an uns die Forderung, mit den Kindern Vorschulerziehung zu machen, da sie Angst hatten, ihre Kinder könnten später Schwierigkeiten in der Schule haben. Diesem Wunsch sind wir teilweise nachgekommen, wobei wir aber bei den Elternversammlungen betonten, daß wir es wichtiger finden, daß die Kinder es lernen, mit anderen Kindern zu spielen und dabei fähig werden, ihre Konflikte zu artikulieren und auf die Dauer mit andern zusammen zu lösen.

In diesem Zusammenhang erklärten wir den Eltern, weshalb wir es wichtig finden, den Kindern, wenn sie gleichaltrigen und erwachsenen Personen gegenüber Schimpfworte gebrauchen, es nicht gleich zu verbieten oder die Kinder zu verhauen, weil die Kinder mit ihren Frustrationen und der Unterprivilegiertheit gegenüber den Erwachsenen fertig werden müssen. Die Eltern versuchten es zwar zu verstehen, und sagten, daß sie auch oft Schimpfworte benutzen würden, aber daß man den Kindern doch nicht erlauben könnte, wenn sie zu ihrem eigenen Vater „Arsch" sagen würden. In dieser Frage verhielten sie sich so, daß, wenn die Kinder Schimpfworte sagten, sie es verboten und sagten: „Das kannst du im Klubhaus bei den anderen Kindern sagen, aber nicht hier zu Hause".

Während die Eltern den sexuellen Spielen der Kinder keine große, zumindest keine eindeutig negative Beachtung schenkten, spielte der Gebrauch von sexuellen Schimpfworten, vor allen Dingen analer Art, eine viel größere Rolle, da die Eltern sich offensichtlich vor einer damit verbundenen Deklassierung fürchteten (wenn die Kinder öffentlich solche Schimpfworte gebrauchen, werden sie als verwahrlost und die Eltern als asozial eingestuft).

Sehr wichtig war, daß wir den Eltern einige unserer Protokolle zu lesen gaben und anschließend darüber diskutierten, denn so konnten die Eltern relativ genau verfolgen, welche Entwicklung ihre Kinder in der Gruppe machten, und vor allen Dingen besprachen wir die unterschiedlichen Verhaltensweisen der Kinder in der Gruppe und zu Hause.

Verhaltensweise der Eltern bei dem „Klubhauskonflikt"

Die Eltern hatten von Anfang an die Bauweise des Klubhauses bemängelt, da gerade im Falkenhagener Feld, wo vierzig Prozent der Bevölkerung Kinder im schulpflichtigen Alter sind und es kaum und zu kleine Spielplätze und viel zu wenig Kindergärten gibt, die alle überfüllt sind, es viel wichtiger gewesen wäre, ein stabiles und sehr großes Haus zu bauen, wo die Kinder sich hätten aufhalten können, und nicht einen Glas- und Prunkpalast für 2,5 Millionen Mark, wo die Eltern immer Angst haben müssen, daß ihre Kinder irgend etwas kaputtmachen und wo im Durchschnitt jedes Kind nur einmal in der Woche hineindarf.

Die Eltern empfanden dieses als Beispiel dafür, wie von „oben" etwas beschlossen wird, ohne daß die Betroffenen darauf Einfluß nehmen können – siehe riesige Häuserblocks und winzige Spielplätze.

(Klubhauskonflikt: ungefähr Ende Januar begannen die ersten harten Auseinandersetzungen zwischen dem JAW-Vertreter Schlinge auf der einen Seite und den Klubhausangestellten, dem Heimleiter und den Betreuern der Kinder auf der anderen. Der Grund war zweifellos der „Linkstrend" der Kinder- und Jugendarbeit; den Vorwand lieferte ein Konflikt, der aus der falschen Konzeption der Klubhauserbauer resultierte: Fürs Klubhaus schwebte seinen Erbauern eine integrative Gruppenarbeit vor, Kinder in ein paar Kindergruppen zum Malen und Basteln, Jugendliche in Beat- und Sportgruppen, Erwachsene beim Kegeln und Diskutieren. Das alles ergänzt durch einen begrenzten offenen Betrieb. Aber schon als die erste Kindergruppe im Klubhaus anfing, standen den zwölf Kindern dieser Gruppe die 250 Kinder gegenüber, die sich nachmittag für nachmittag die Nasen an den Scheiben plattdrückten,aber nicht ins Klubhaus durften, um die Harmonie dort nicht zu stören. Nachdem wir uns anfangs noch im Interesse der Klubhausverwaltung gegen das Interesse der Kinder verhalten hatten, setzte sich bei uns schließlich unter dem Eindruck der täglichen Wirklichkeit die Solidarität mit den Kindern durch: wir ließen einen weitergehenden offenen Betrieb zu mit dem Ergebnis, daß die Kinder massenhaft im Klubhaus spielen konnten. Die Kinder waren darüber glücklich, das Klubhaus mußte ihnen wie ein Paradies erscheinen. Das Glück war nur von kurzer Dauer. Schlinge besuchte das Klubhaus, besichtigte die Zerstörungen (einige Mauerschäden), setzte den Heimleiter unter Druck (er sollte alle nicht „normalen" Schäden aus eigener Tasche bezahlen).

Zusammen mit den Eltern und dem Heimleiter antworteten wir mit einer Gegenforderung: Wir verlangten generell offenen Betrieb und ein gewisses Maß an Mitbestimmung. Diese Forderungen wurden vom JAW rundheraus abgelehnt. So entschlossen wir uns vielleicht etwas übereilt zu kündigen, da der Heimleiter bereits gekündigt hatte, und wir uns mit ihm solidarisierten.)

Nachdem die Eltern durch unsere Erzählungen die Schikanen des JAW miterlebt hatten, forderten sie auf der letzten Elternversammlung im Klubhaus, nachdem wir gekündigt hatten, wo alle Mütter und fast alle Väter der Kinder anwesend waren, daß die Presse kommen sollte, daß man sich das nicht gefallen lassen dürfe und deshalb den Konflikt an die Öffentlichkeit bringen müsse.

Außerdem arbeiteten wir zusammen mit den Eltern auf mehreren Sitzungen Forderungen aus, unter denen wir die Arbeit im Klubhaus wieder aufnehmen würden.

Drei Tage später kam zu einer Pressekonferenz das „Spandauer Volksblatt". Während wir Studenten ziemlich eingeschüchtert zu reden begannen und uns immer wieder in persönliche Querelen der Klubhaussituation verfingen, drangen dann zwei Mütter ganz heftig darauf, doch der Zeitung mal die miserable Situation im Falkenhagener Feld darzustellen.

Die Zeitung druckte einen Teil der Forderungen (es ging im wesentlichen um die Forderung nach einem Beirat aus Eltern und Jugendlichen, der bei Ausgaben und Stellenbesetzungen mitbestimmt) und die Anklagen der Eltern gegen die Mißstände ab.

Diesen Vorwurf konnte sich das JAW nicht gefallen lassen. Es schickte an alle Zeitungen einen Bericht mit etwa folgendem Inhalt: Machtergreifung der Radikalen im letzten Augenblick verhindert, von Studenten aufgewiegelte Eltern, Beschädigung von Spielzeug im Werte von mehreren Tausend Mark, zweifelhafte Sexualaufklärung....etc.

Für die Eltern war es eine entscheidende Erfahrung, daß sie als Verführte beschimpft wurden, wenn sie mal sagten, wie es wirklich ist. Wir verfaßten gemeinsam einen Gegenbericht, der allerdings nur von einer Zeitung verkürzt veröffentlicht wurde.

Das JAW lud bald darauf die Eltern des Falkenhagener Feldes zu einer Diskussion ein, wo außer uns noch etwa dreißig Eltern waren, die im Klubhaus ein Privileg aufs Kegeln hatten und die zum Teil den Geschäftsführer des JAW persönlich kannten. Wir wurden sehr stark angegriffen, da die anfänglichen Äußerungen des Geschäftsführers das Bild von unverantwortlichen Studenten, die Kinder politisch mißbrauchen, reproduzierten. Die Eltern der Kindergruppe versuchten zwar zum Schluß noch, unsere Arbeit und ihre Gründe darzustellen, aber die Feindschaft war zu groß, sodaß wir auch nicht in der Lage waren, die Lügen des JAW zu entlarven und unsere Konzeption zu erklären, da uns jedes Wort im Munde umgedreht wurde.

Die Eltern antworteten anschließend teils mit Resignation („man kann eben doch nicht gegen an"), teils mit Empörung. Sie waren aber trotz dieses Abends bereit, weiter mit uns zusammenzuarbeiten; wir suchen im Augenblick noch nach Räumen, in denen wir die Elterninitiativgruppe und die Schülerarbeit fortsetzen können. Unsere Weiterarbeit hat aber nur dann Sinn, wenn die Regionalarbeit intensiviert wird, wenn Gruppen auch aus anderen Bereichen daran mitarbeiten. Deshalb haben wir vor, in der ersten Falkenhagener Feld Zeitung, die zum 1. Mai erscheint, den Konflikt unter anderem als Beispiel der Senatspolitik zusammen mit anderen Mißständen darzustellen.

Wir haben dann mit einigen Müttern die erste Falkenhagener Feld Zeitung zusammengestellt, sie vor dem 1. Mai verteilt und in die Briefkästen geworfen.

Ilsedore und ich arbeiteten die ganze Zeit über sehr eng zusammen und haben auch einige Artikel für die Zeitung gemeinsam geschrieben, wobei ein Wort das andere ergab, so als flössen die Gedanken nur so aus unseren Köpfen, um sich zu ergänzen. Es war nach langer Zeit wieder das erste Mal, daß ich mir über die gesellschaftliche Lage von Frauen Gedanken machte. Wir hatten einige der Mütter sehr lieb gewonnen und nahmen an ihrer Situation starken Anteil. Das versuchten wir auch, in der Zeitung auszudrükken, z. B. in dem Artikel *„Situation der Familie im FF":*

„Wie sieht es in den Familien aus, wenn Kinder da sind, wie es im FF fast immer der Fall ist? Wenn alle beide arbeiten und Kinder da sind, dann müssen die Kinder morgens in aller Eile vor der Arbeit in den Hort und überfüllten Kindergarten gebracht werden. Und abends ist man müde und gereizt von der Arbeit, und die Frau muß noch den Haushalt machen. Wenn viele Kinder da sind und kein Platz im Kindergarten zu bekommen ist, dann ist die Frau fast ein Leben lang damit beschäftigt, für die Kinder, den Mann und den Haushalt zu sorgen.

Und dieser früh eingetrichterte Schwindel, daß dies das „höchste Glück der Frau" sei, wird schnell durchschaut, wenn das Kindergeld vorn und hinten nicht reicht, wenn man das Alleinsein kaum noch durchbrechen kann — selbst die sonst möglichen Arbeitskontakte fehlen ja — wenn man hilflos dem Mietwucher zuschaut und die Wohnung so klein ist, daß man sich gegenseitig auf die Nerven geht.

Auch im Betrieb sind die Frauen benachteiligt, sie erhalten für die gleiche Arbeit einen geringeren Lohn als der Mann. Der höchste Stundenlohn der Frauen liegt immer noch mehr als fünfzig Pfennig unter dem niedrigsten Stundenlohn der Männer. 90% der arbeitenden Frauen in der BRD haben keine qualifizierte Ausbildung, d. h., daß sie für wenig Geld die Drecksarbeit machen müssen, denn die besseren Arbeitsplätze sind noch immer den Männern vorbehalten.

Bei den Jungen wird viel mehr Wert auf eine Ausbildung gelegt als bei den Mädchen, „die ja doch früher oder später heiraten!"

Die Männer verhalten sich zu Hause oft so, wie sie selbst im Betrieb behandelt werden: sie geben den Druck nach unten weiter.

Und die Arbeit der Frau im Haushalt und die Erziehung der Kinder, die oft mindestens genauso anstrengend ist, wie die Arbeit des Mannes im Betrieb, wird weder von der Gesellschaft und meistens noch nicht einmal von den Ehemännern anerkannt!..."

Wir haben dann verzweifelt nach neuen Räumen gesucht, um die Arbeit fortzusetzen. Aber in diesem Neubauviertel von Häuserblöcken gab es nirgends einen erschwinglichen alten Laden, einen alten Keller oder ein kleines Häuschen. Auch die Kirchengemeinde versagte uns ihre Unterstützung. So schlief all das, was wir mit soviel Elan aufgebaut hatten, vorläufig wieder ein. Erst durch eine langfristige intensive Arbeit einiger Genossen der Basisgruppe entstand schließlich eine starke Bürgerinitiative und eine neue Jugendarbeit im Klubhaus, bis schließlich die Jugendlichen begannen, ihre Aktivitäten selbst zu organisieren: eine Mädchengruppe, eine Lehrlings- und Jungarbeitergruppe und die Kneipe im Klubhaus.

Der 1. Mai 1970 und «wie wir uns ganz stark fühlten»

Im Frühjahr 70 herrschte im Spandauer Laden wirklich ein lebendiges Treiben: es wimmelte von Schülern, Arbeitern und Studenten, die ein- und ausgingen, Neuigkeiten erzählten, Flugblätter und Zeitungen entwarfen, heftig diskutierten, mit lautem Getöse druckten und sich abwechselnd zerstritten und versöhnten. Es gab zu der Zeit wenig Konkurrenz unter den verschiedenen Praxisbereichen; im Gegenteil, man versuchte sich zu helfen, wo es nur möglich war und erkannte die verschiedensten Aktivitäten als gleichberechtigt an. So machten wir für den 1. Mai mehrere Zeitungen für den Betrieb und den Stadtteil. Unten im Keller, wo ein Teil der Schüler auch übernachtete, wurde gedruckt, oben um den Tisch herum zusammengelegt; einige hefteten die Seiten; andere verschwanden frühmorgens zum Verteilen, um dann oft noch anschließend zur Arbeit oder zur Schule zu gehen.

So begannen wir erst sehr spät, uns auf die Rede für den 1. Mai vorzubereiten. Wir sollten auf der großen Veranstaltung in der Hasenheide neben den Parteien und der PL (Proletarischen Linken) unser Konzept darlegen. Es war unser erstes Auftreten in einem so großen Rahmen; wir hatten die ganze Zeit über wenig Kontakt zu den studentischen Organisationen gehabt. Da saßen wir nun in der Wohnung eines Genossen in Spandau und hatten nur noch ein paar Stunden Zeit, aber wir waren damals so voller Stolz über unsere Aktivitäten und so voller Hoffnung, daß es uns nicht schwer fiel, ein paar Sätze zu formulieren, mit denen wir einverstanden waren. Die Zeit war viel zu kurz, als daß uns Widersprüchlichkeiten hätten auffallen können, und auch der ein wenig angeberische und bombastische Ton. So ergibt die Rede ein spontanes Abbild unseres Bewußtseins und unserer Arbeit. Arbeitsteilig nahm sich je ein kleines Grüppchen von zwei oder drei Leuten einen bestimmten Aspekt vor; und das Ergebnis wurde dann zusammengetragen. So entstand die Rede.

Wer sollte sie nun halten? Klaus, ein junger Arbeiter, der seit Beginn der Basisgruppe dabei war, war nach langem Zureden schließlich bereit. Wir nahmen ihn in unsere Mitte, um seine Aufregung zu verscheuchen. Er zitterte am ganzen Körper, und wir hatten Angst, er würde es vor Aufregung nicht schaffen.

Aber schließlich klappte alles noch; und mit klopfendem Herzen hörte ich ihm zu, während er mit leiser Stimme den Text ablas. An die Reaktion erinnere ich mich nur noch vage; es gab wohl einen großen Applaus von allen Parteigegnern.

Rede auf dem 1. Mai 1970

Genossinnen und Genossen, Kolleginnen und Kollegen,

Im Gegensatz zu den beiden Parteien (KPDAO und ML) wissen wir noch nicht alles so genau. Es wäre auch nicht richtig, wenn gerade diejenigen, die wie wir der Meinung sind, daß es falsch ist, jetzt eine Partei oder eine ähnliche Organisation zu gründen und zu sagen „wir sind die Führung", von uns erwarten würden, daß wir jetzt genauso stur und dogmatisch eine Anti-Parteilinie vertreten.

Seit Beginn der Arbeit der Basisgruppe sind wir der Meinung, daß es bei unserem eigenen Politisierungsprozeß notwendig ist, daß wir nicht nur dort politisch tätig werden, wo wir arbeiten und lernen (z.B. im Betrieb und in der Schule). Wir müssen in einem oft sehr langfristigen Prozeß erkennen, wie unsere eigenen Schwierigkeiten mit der ganzen kapitalistischen Misere zusammenhängen. Deshalb muß der Versuch der Selbstbefreiung auch immer Bestandteil unserer politischen Arbeit sein. Ohne dieses Element von Selbstbefreiung ist ein wirklicher Politisierungsprozeß unvorstellbar. Das heißt, daß wir bereits in unserer Organisation Elemente dessen, was wir anstreben, vorwegnehmen müssen.

Von dieser Selbstbefreiung ist in den Diskussionen um die Partei noch wenig zu spüren. Hier sitzen im Präsidium die verschiedenen Gruppen ebenso da, wie auf Partei-Wahl-Veranstaltungen. Es wird nicht mehr von den Schwierigkeiten der politischen Arbeit gesprochen und davon, wie man sie bewältigt. Man zieht eine Schau ab und jeder tut so, als hätte er die Massen hinter sich. Dabei sieht es doch im Augenblick noch so aus, daß ein paar fünfzig Leute, zumeist Studenten, sich zur Avantgarde ernennen, eine immer neue richtige Linie festlegen und um Mitglieder werben.

Arbeiter, die mit politischer Arbeit beginnen und sich einer politischen Gruppe anschließen wollen, befinden sich in einer hilflosen Situation. Sie haben den Anspruch, sich in der politischen Arbeit zu emanzipieren, da der Druck im Betrieb und in der Familie ja viel größer ist als bei Studenten. Die können es sich leisten, Parteidisziplin zu verlangen und alles andere als kleinbürgerlich und autoritär zu beschimpfen. Da die emanzipatorischen Bedürfnisse der meisten Arbeiter in den meisten Gruppen nicht aufgenommen werden, hat sich eine große Zahl von Jungarbeitern in die Subkultur zurückgezogen. Aber statt nach den Gründen zu suchen, warum viele Jungarbeiter lieber in die Subkultur gehen statt in dogmatische Grüppchen, wo eine bornierte und zum Sterben langweilige Sprache gesprochen wird, wird die gesamte Subkultur in Bausch und Bogen verurteilt.

Unser Kozept der politischen Arbeit ist, daß wir die Unterdrückung im Betrieb u n d die Unterdrückung im sogenannten Privatleben zugleich klarmachen und bekämpfen. Nur wenn in der politischen Arbeit beides zusammenkommt, ist gewährleistet, daß politische Arbeit nicht im Ökonomismus und der Beschäftigung mit Betriebskonflikten versandet. Nur dann ist gewährleistet, daß die Kampfbereitschaft, die sich zunächst im Betrieb kristallisiert, durch das Privatleben und die Befriedigung im Konsumbereich nicht zunichte gemacht wird, daß eine langfristige Mobilisierung und Kampfbereitschaft erreicht wird. Deshalb machen wir auch nicht isoliert nur Betriebsarbeit, sondern zusammenhängend Regionalarbeit, Jugendarbeit, Schüler- und Lehrlingsarbeit.

Bisher war es immer so, daß einige Gruppen alle Nase lang mit einer neuen Theorie, einer neuen Strategie, einer neuen Organisationsvorstellung auftraten (übrigens immer ohne zu sagen, was an ihrer letzten Konzeption falsch war). Die anderen Gruppen hatten sich damit auseinanderzusetzen. Sie konnten es entweder schlucken oder ablehnen und standen in der Gefahr, entweder als Sektierer diffamiert zu werden oder vor lauter Fraktioniererei ihre eigene Arbeit zu vergessen.

Wir haben die Erfahrung gemacht, daß alleine unsere relativ undogmatische Haltung (vielleicht auch unsere geringe theoretische Ausbildung) und unsere Ferne von den abstrakten Fraktionskämpfen uns die Möglichkeit geben, unsere eigene Initiative zu entfalten. Dies mit dem Ergebnis, daß wir eine ganz gut entwickelte Praxis haben: z. B. gibt die Basisgruppe Spandau gegenwärtig fünf regelmäßig erscheinende politische Agitations- und Propaganda-Organe heraus — zwei Betriebszeitungen, eine Regionalzeitung, eine Jugendzeitung, eine Schüler- und Lehrlingszeitung — z. B. war die Basisgruppe in der Lage, den Schülerstreik an den Gymnasien wirksam zu unterstützen und den Streik an den Haupt- und Realschulen zu organisieren.

Wären wir den Arbeitsmethoden vieler anderer Gruppen gefolgt, die die politische Arbeit zu einer außerordentlich komplizierten Wissenschaft gemacht haben, dann würden wir noch heute dasitzen und Analysen machen (schon weil unsere theoretische Ausbildung noch sehr gering ist). Stattdessen haben wir nach längerer Gruppenarbeit, die hauptsächlich der eigenen Emanzipation diente, einfach mit der praktischen Arbeit angefangen. Unsere Erwartung, daß in anderen Bezirken ähnlich gearbeitet würde, so daß eine allgemeine revolutionäre Organisation auf dieser Basis gebildet werden könnte, hat sich leider nicht erfüllt.

In unserer politischen Arbeit haben wir einige Prinzipien entwickelt, die wir für nützlich halten. Sie alle gehen davon aus, daß man das politische Arbeiten nicht lernt, wenn man nur Bücher liest, sondern indem man anfängt, politisch zu arbeiten. Wir sehen es nicht als Nachteil, daß wir dabei Fehler machen. Denn nur aus diesen Fehlern können wir lernen. Am deutlichsten werden diese Prinzipien an der Art und Weise, wie wir das Problem der neuen, gerade erst politisierten Genossen zu bewältigen versuchen.

Die Einbeziehung neu hinzugekommener Genossen in schon arbeitende Gruppen erweist sich meistens als unmöglich. Angesichts der Widersprüchlichkeit unseres eigenen Politisierungsprozesses würden wir es für falsch halten, diese Genossen mit einem Schulungsprogramm zu überfallen. Daher entscheiden diese Genossen selbst, mit was sie sich beschäftigen wollen, ob sie sich bestehenden Arbeitsgruppen anschließen wollen und ob und wo sie praktisch mitarbeiten wollen. Wir haben die Erfahrung gemacht, daß die ganze Basisgruppe daraus lernen kann und daß dadurch wirklich praktische Initiativen erwachsen.

In der Betriebsarbeit, die wir als das wesentlichste Moment unserer Arbeit ansehen, das aber nur im Zusammenhang mit außerbetrieblicher Arbeit möglich ist, arbeiten wir nach folgenden Prinzipien:

Gegenwärtig sind am wichtigsten die Herausgabe von Betriebszeitungen und die praktische Auseinandersetzung im Betrieb. Nur durch die Betriebszeitungen können wir richtige Verallgemeinerungen leisten, solange die Betriebsgruppen noch so klein sind, wie sie sind. Nur durch praktische Auseinandersetzungen können wir vermeiden, in platte Aufklärerei zu verfallen.

Die Funktionen der Betriebszeitungen haben wir folgendermaßen bestimmt:

Die Betriebszeitung hat organisierende und emanzipatorische Funktion für uns selbst. Bei der Herstellung der Betriebszeitungen lernen wir, politisch richtig unter Kontrolle der gesamten Gruppe zu agitieren. Wir lernen uns selbst zu kritisieren. Wir lernen Betriebskonflikte und allgemeine Klassenauseinandersetzungen zu analysieren. Nebenbei: Unsere Betriebszeitungen enthalten neben Artikeln zu Betriebskonflikten regelmäßig Artikel zu internationalen Auseinandersetzungen und zu Widersprüchen außerhalb des Produktionsbereiches.

Durch die Betriebszeitung lernen wir, im Betrieb Agitation zu betreiben, denn wir legen uns mit der Betriebszeitung inhaltlich fest, wodurch wir opportunistische Fehler vermeiden können. Mit der Betriebszeitung leisten wir Propaganda, die uns hilft, im Betrieb nicht in Isolation zu geraten. Unsere Formel dafür ist: Auf zwei Kollegen, die bei uns mitarbeiten, müssen viele kommen, die mit uns sympatisieren. Anhand der Betriebzeitung lernen wir, einen richtigen Arbeitsstil zu entwickeln, z. B. kritisieren wir uns selbst regelmäßig in unseren Betriebszeitungen und veröffentlichen die Kritik der Kollegen an uns. Wir berichten über die anderen Arbeitsbereiche der Basisgruppe und stellen uns der Kritik.

Diese Funktionen machen schon deutlich, daß die Betriebszeitungen nur für eine Übergangszeit so im Mittelpunkt stehen. Diese Übergangszeit ist aber deshalb so wichtig, weil wir in ihr die wichtigsten Dinge lernen.

In dieser Übergangsphase befinden wir uns immer noch. Und wir können deshalb auch nur vage Perspektiven angeben.

Aus unserer Arbeit allein können wir nicht genug lernen, unsere eigenen politischen Diskussionen sind zu ärmlich, um zu einer einheitlichen politischen Linie zu führen. Wir allein sind nicht in der Lage, die notwendige theoretische Arbeit zu leisten. Von daher ist die Zusammenarbeit mit anderen Betriebsgruppen und außerbetrieblichen Gruppen notwendig für die Weiterentwicklung unserer eigenen Arbeit.

Unsere Regionalarbeit geht von dem Grundsatz aus, daß unsere politische Arbeit sich nicht auf Betriebsarbeit beschränken darf, sondern daß sie besonders auch die außerbetriebliche Unterdrückung aufnehmen muß (z. B. Wohnverhältnisse, Kindererziehung usw.). Unsere Agitation, die an regional bedingten Konflikten ansetzt, wird ergänzt durch eine Zeitung, deren antikapitalistischer Charakter verhindert, daß die praktische Arbeit, wie z. B. Kinderarbeit, opportunistisch oder sozialdemokratisch wird. Es hat sich gezeigt, daß die Arbeit mit Arbeiterkindern nur dann politisch revolutionär sein kann, wenn sie durch eine intensive politische Arbeit mit den Eltern ergänzt wird. Hier zeigt sich die prinzipielle Bedeutung der Basisgruppe mit ihren anderen Arbeitsbereichen.

Der Schwerpunkt unserer Schülerarbeit liegt auf Haupt- und Realschulen.

Wir versuchen mit allen Schülern, die zu uns kommen, Schülerkollektive zu bilden. Besonders bei den Schülern steht, wenn sie zu rebellieren beginnen, das persönliche Emanzipationsbedürfnis im Vordergrund. Sie wollen sich vom autoritären Druck und der Abhängigkeit von Elternhaus und Schule in Gruppen befreien. Dieses Bedürfnis bestimmt unsere Arbeit. Familienprobleme und sexuelle Probleme stehen im Vordergrund. Die Schüler versuchen, ihre individuellen Probleme zur Sprache zu bringen, von sich zu reden, was Ansätze solidarischen Gruppenverhaltens voraussetzt. Dies birgt die Gefahr, daß die Schüler auf Kommuneexperimente verfallen. Nur wenn die spätere Berufssituation klar ist, führt die Gruppenarbeit zu der Erkenntnis, daß individuelle Selbstbefreiung durch solidarisches Gruppenverhalten nur teilweise möglich ist, daß der praktische Kampf notwendig ist. Deshalb sind die Schülerkollektive eng mit den Lehrlingen verbunden, deren Probleme ähnlich sind, die aber zusätzlich die Unterdrückung im Betrieb erleben, die sie den Schülern vermitteln können. Dadurch stellt sich der Zusammenhang von Lehrlings- und Schülerarbeit her, wie auch der Zusammenhang zur Betriebs- und Regionalarbeit.

Wir hoffen, daß aus dem bisher gesagten kar geworden ist, daß wir auf die Zusammenarbeit und Koordination mit anderen Gruppen angewiesen sind und wir nehan, daß es bei den meisten anderen Gruppen, wenn sie überhaupt noch Probleme haben, nicht anders aussieht. Daß diese Zusammenarbeit den Rahmen einer allgemeinen revolutionären Organisation finden muß, ist einsichtig. Nun gibt es aber eine Anzahl von Genossen, die wissen schon ganz genau, welche Formen der politischen Zusammenarbeit der bestehenden Stadtteil-, Betriebs- und anderen Gruppen nicht gehen. Aus dem Scheitern der Arbeitskonferenz, des letztjährigen Maikomitees und ähnlicher Delegiertenorgane (wir können das diesjährige Antiparteien-Maikomitee noch hinzufügen, das inhaltliche Diskussionen führen wollte, die bis jetzt noch nicht geführt wurden), leiten sie ab, daß so etwas nicht geht.

Wenn man das Scheitern genauer analysiert, stellt sich heraus: In diesen Delegiertenorganen wurde nicht solidarisch gearbeitet, so daß die einzelnen Gruppen dort ihre eigene Arbeit, ihre eigenen Fehler kritisieren konnten. Es wurde keine Kritik geübt, die die Möglichkeit gegeben hätte, aus den Fehlern zu lernen, einander zu unterstützen, gemeinsame theoretische Fragestellungen zu erarbeiten usw. Stattdessen gab es konkurrierende Gruppen, die sich gegenseitig ihre angeblichen Erfolge und neuesten Theorien um die Ohren schlugen. Ein übriges taten die konkurrierenden Führungen, die jetzt glücklicherweise ihre eigenen Organisationen haben.

Wir glauben nicht, daß man diese Mängel dadurch abschafft, indem man einfach eine andere Organisation gründet, die schon alles machen wird. Vielmehr wird es notwendig sein, daß wir die politische Zusammenarbeit verschiedener Gruppen ebenso lernen wie wir unsere eigene politische Arbeit in unseren Gruppen lernen.

Glücksinseln und Eheprobleme

Im Sommer 69 waren Herbert und ich in eine große alte Dreizimmerwohnung gezogen, die wir mit einem ungeheuren Eifer zwei Monate lang renovierten: wir tapezierten auf halsbrecherischen Leitern die dreieinhalb Meter hohen Wände, strichen Türen, Fenster und Leitungsrohre, erwarben auf Versteigerungen alte Möbel, zimmerten und werkelten unermüdlich. Im Winter genossen wir das Prasseln in den großen Kachelöfen, die wir mit Holz und Kohle feuerten, und die eine bullige Wärme verbreiteten.

Wir waren allerdings ebenso selten allein wie zuvor in der Wohngemeinschaft, da uns dauernd irgendwelche Leute besuchten, meistens Freundinnen und Freunde, denen es nicht gut ging, und die auch oft über längere Zeit bei uns wohnten, bis sie sich wieder gefangen hatten. Da zu der Zeit fast alle Beziehungen krachten und auseinandergingen, auch jene, die bisher als unerschütterlich galten und schon über Jahre währten, wurden Herbert und ich für die Basisgruppe so eine Art Elternfigur, Symbol von Stabilität, wo alle Ausgeflippten Schutz finden konnten und Verständnis für die verschiedensten Probleme, auch für solche, die sonst von der Bewegung diffamiert wurden, wie z. B. das Bedürfnis von Arbeitern, den Betrieb zu verlassen und eine Schule zu besuchen. Gleichzeitig gab es Aggressionen gerade weil wir zu unserer Zweierbeziehung standen und noch nicht einmal in einer Wohngemeinschaft lebten.

Damals trennten sich auch Ilsedore und Peter.

Es wurde gekifft, Trips geschmissen, und die Kneipenkultur blühte. Ich lernte die Popmusik schätzen, ging jedoch nie zu Beatveranstaltungen, auch nicht in die Kneipen, wahrscheinlich wegen Herbert, der sich dort unwohl fühlte und lieber in unserer Wohnung große Essen veranstaltete, zu denen immer viele Leute kamen. Wie er es dann geschafft hat, bei all diesem Trubel noch intensiv theoretisch zu arbeiten, ist mir noch heute ein Rätsel. Im Winter, als wir beide im Falkenhagener Feld tätig waren, entstand sein Artikel über Strukturalismus und Psychoanalyse unter härtesten Bedingungen. Viele seiner Freunde hatten ihn nach der Besetzung des Philosophischen Seminars und seinem Ausscheiden aus der Uni intellektuell aufgegeben, da sie meinten, daß jeder, der sich politisch engagiert, auch notwendig verblöden muß, also angespannter intellektueller Leistung nicht mehr fähig ist. Ich wußte, wie wichtig es für Herbert war, daß er diesen Artikel so schreibt, daß er selbst damit zufrieden ist, und daß es ihm wirklich gelingt, seine Gedanken präzise zu formulieren. Ich schirmte ihn deshalb vor vielen

Sachen ab, hatte jedoch gegen diese Art intellektueller Arbeit, die mir als zu „philosophisch" erschien, eine Abwehr, sodaß ich diesen Aufsatz nie gelesen habe, was Herbert sehr kränkte.

Diese Rollenverteilung, daß Herbert auch weiterhin intensiv intellektuell arbeitete, und ich als unermüdliche Politfrau agierte, hatte etwas Fatales, denn auch ich wollte selbst schreiben, und überließ es stattdessen immer mehr Herbert, sich für uns beide zu formulieren. Das führte zu erheblichen Spannungen und Konkurrenzproblemen.

Im April 70 starb Herberts Vater an einem Herzanfall. Er fuhr sofort nach Hause, um seiner Mutter, Pauline, zu helfen. Ich folgte, nachdem der 1. Mai vorbei war. Wir verbrachten dort einige Zeit, bis alles geregelt war und suchten nach Möglichkeiten, um Pauline, die nun ganz allein in einem Haus auf dem Land zurückblieb, das Leben zu erleichtern. Wir dachten daran, daß sie eine kleine Pension für Sommergäste eröffnen könnte, um ihre Einsamkeit zu lindern. Herbert baute deshalb im folgenden Winter das Dachgeschoß aus. Überhaupt hielten wir uns das ganze Jahr über oft in Greiselbach auf, wo sie wohnt, oder sie besuchte uns in Berlin.

Für mich waren diese Landaufenthalte die einzigen Zeiten, in denen ich mich von all dem Trubel und dem zunehmenden Polithorror in Berlin entspannen konnte, wo ich in der Natur herumtollte, mit Herbert und Pauline lange Wanderungen machte und Pilze suchte, wo Herbert und ich endlich mal wieder Muße hatten, zu lesen, Gedanken auszutauschen und Gefühle zu zeigen.

Es ist merkwürdig, daß wir uns trotz aller Hektik und Müdigkeit fast jede Nacht begehrten und uns fast nie körperlich abstießen oder ekelten. Wir schliefen auch immer zugleich ein und wachten zusammen auf, so als seien wir ein Körper. Allerdings blieb es mit der Zeit nicht aus, daß sich eine alltägliche Routine einschlich, bei der wir wenig Möglichkeiten hatten, uns neu zu entdecken. Das geschah nur, wenn wir mit anderen zusammen waren und sich daraus eine erotische Atmosphäre entwickelte, wo wir dann oft alle miteinander spielten, wenn ich mit Freundinnen zusammen war oder wenn wir Gisela und Chris besuchten; oder eben in den Ferien, wenn wir auf unseren Wanderungen sehr glücklich waren oder voll und träge von Paulines Kochkünsten und dem herben Fränkischen Wein; dann konnten wir uns ganz neu wahrnehmen. Für mich waren diese Landaufenthalte richtige Glücksinseln, aus denen ich neue Kraft schöpfen konnte.

Davon zeugt ein Brief an Gisela, den ich ihr im Dezember 70 schickte: *„Liebe Gisela, eben haben Herbert und ich (wir sind seit ein paar Tagen bei seiner Mutter) „Hoffmanns Erzählungen" im Fernsehen gesehen – ein richtiger Weichmacher – hier tut man halt viele Sachen, die man sich anderswo* *versagt — selbst einen Weihnachtsbaum gab es und viel, viel zu fressen, und jetzt sogar soviel Schnee, daß wir zum ersten Mal unsere neuen Skier ausprobieren konnten — Herbert, als Neuling, fuhr allerdings fast mehr auf den Arschbacken als auf den Skiern — allerdings geht's auch nicht wild dabei zu, Wanderwege und keine steilen Abfahrten, vor denen ich vielzuviel Angst habe.......*

Das klingt alles sehr erholich, ist's auch, haben's aber nötig gehabt, in Berlin schaffen wir's noch immer nicht, ein wenig mehr Zeit zum Lesen, Arbeiten, für uns zu finden — da kommen dauernd Leute, wir sind fast ein Sanatorium, und politisch geht's genauso weiter, immer neue kleine und große Probleme.

Da seh ich schon mit Schrecken, daß ich mehr und mehr Berufsrevolutionär, sprich Funktionär, werde; und da ich das lieber nicht werden mag, zumindest im Augenblick nicht, wollen wir halt vieles ändern — auch ein bissel mehr bummeln — der augenblickliche Trott zermürbt zu sehr, da kommt man ja kaum noch zum Nachdenken —

Ich kann erst jetzt schreiben, da es bisher wirklich arg rund ging; außerdem wir beide ganz erkleckliche Eheprobleme hatten (haben) ob oder ob nicht, wie und warum, auch mit wem und wann.... und ob überhaupt...."

Im Winter, als Herbert bei seiner Mutter das Obergeschoß ausbaute, und ich in Berlin blieb, wir also für ein paar Tage getrennt waren, beschloß ich, zum ersten Mal seit unserem Kennenlernen mit einem anderen Mann zu schlafen, aus Angst, ich hätte es in jahrelanger Monogamie verlernt. Außerdem hatte ich den Eindruck, daß Herbert sehr viel eher mal mit einer Freundin von mir gespielt und geschlafen hat, als es mir mit Männern möglich war, allzumal Herbert schon auf die leisesten Annäherungen mit ungeheurer Eifersucht reagierte.

Es kamen für mich mehr Männer in Frage; und ich schlief schließlich mit Peter, da es sich so am leichtesten ergab. Wir waren aber dann beide zu tabuiert, um es wirklich genießen zu können.

Als Herbert zurückkam und das hörte, stürzte für ihn eine Welt zusammen. Nur durch wochenlange endlose Diskussionen konnte eine Trennung vermieden werden. Ich hatte mich in der Situation mit Peter sehr souverän gefühlt. Jetzt interpretierte Herbert die ganze Geschichte als Demütigungsakt, so, als hätte Peter mich durch das Zusammensein nur erniedrigen wollen und deshalb mit mir geschlafen. Tatsächlich glaubte ich dann auch selbst diese Unverschämtheit, da sie meinen alten Vorstellungen sehr entgegenkam. Jetzt brach ich völlig zusammen.

Schließlich kamen wir darauf, daß das Ganze wohl mehr mit Ilsedore zusammenhängt als mit Peter, und begannen, mit aller Intensität die Beziehung zwischen Ilsedore und mir zu analysieren. Mir wurde zum ersten Mal die Problematik unserer fast symbiotischen Beziehung ein wenig klarer: ich wollte, daß Ilsedore anders wird als ich; sie sollte nicht das durchmachen, was ich glaubte, erleiden zu müssen; während ich mich als etwas häßlich, tumb, neurotisch und beschmutzt empfand, sollte sie rein bleiben, hell, stark und glücklich werden. Meine Projektion ihr gegenüber erlaubte es mir erst, mich als Negativum zu mystifizieren. Vermutlich verbergen sich dahinter frühkindliche Konkurrenzprobleme; sie war ja immerhin diejenige, die mir, als ich sechs Jahre alt war, die Liebe der Erwachsenen entzog, und das zu einer Zeit, in der ich diesen Liebesentzug als Strafe für meine „sexuellen Sünden" empfinden mußte; und wenn nun diese Abwendung von mir eine gerechte Strafe war, wie konnte ich dann gegenüber meiner kleinen Schwester oder wenigstens gegenüber den Erwachsenen aggressiv werden?

Wahrscheinlich ist damals der Keim gelegt für die später etwas maßlose Verherrlichung, die ich ihr gegenüber vornahm, und auch für die spätere Auswahl meiner Freundinnen: sie waren fast alle sehr schön, von Männern begehrt und gesellschaftlich erfolgreich.

Zuerst war es mir verboten, gegenüber anderen Frauen in Konkurrenz zu treten (ich hatte kein Recht dazu, ich war ja schuldig), später wollte ich es bewußt nicht mehr. Ich löste dieses Dilemma häufig durch einen sehr schwer durchschaubaren Masochismus, indem ich besonders attraktive Mädchen und Frauen als Freundinnen hatte, sie gegenüber Anfeindungen beschützte und oft beobachtend, im Hintergrund wirkend, an ihrem „erfolgreichen" Leben teilnahm, sie sogar etliche Male mit meinen eigenen Freunden verkuppelte. Oder wollte ich eigentlich mit ihnen sexuell zusammen sein, war aber tabuiert und schickte deshalb meine Freunde vor? Auf jeden Fall brachte ich die Männer dadurch in eine Lage, der sie in den seltensten Fällen gewachsen waren, und an der so einige Freundschaften zerbrachen.

Auch konnte ich erst zu Frauen eine andere Beziehung aufnehmen, nachdem dieser Komplex einigermaßen entwirrt war.

Mir wurde ein wenig klarer, warum ich mir Anerkennung und Erfolg versagte oder nicht wahrnahm, nicht wahrnehmen durfte, warum ich geradezu Demütigungen und Niederlagen suchte, warum ich es mir nur selten erlaubte, glücklich zu sein, oder wenn ich es mal war, mich anschließend dafür bestrafen mußte.

Selbst wenn sich so grundlegende psychische Strukturen nur äußerst mühsam verändern, so ermöglichten es diese Erkenntnisse mir, mein Leben ab diesem Moment bewußter zu gestalten und energischer nach „Selbstverwirklichung" und „Glück" zu suchen.

Hexenschuß

Die Basisgruppe ist nach dem Auftreten am 1. Mai sehr schnell unter den Studenten bekannt geworden, sozusagen als besonderer Geheimtip, wo sich all die hingezogen fühlten, die von der immer dogmatischer werdenden Politik der verschiedenen Parteigründungen die Nase voll hatten. Das hatte zur Folge, daß die Spandauer sich jetzt mit allen möglichen studentischen Modeerscheinungen auseinandersetzen mußten, von denen sie bisher weitgehend verschont geblieben waren.

Einige versuchten in diesem Zusammenhang, jetzt endlich aus der Basisgruppe eine „kommunistische Kampforganisation" zu machen, die ihre antiautoritären Eierschalen der Studentenbewegung endgültig abgestreift hat. Das sollte durch eine Umerziehungsbewegung maoistischer Prägung geschehen, durch Kritik und Selbstkritik, wobei die Genossinnen und Genossen ihr eigenes politisches Verhalten anhand ihrer Klassenanalyse kritisieren. Eine Untersuchungskommission wurde beauftragt, die Gruppen bei der Umerziehung zu unterstützen. Die Gruppen sollten die Ergebnisse jeder Umerziehungsdiskussion in einem zusammenfassenden Protokoll der Basisgruppe zugänglich machen. Das führte dann zu makabren Auswüchsen, wie z. B. bei einer Genossin, die als Delegierte der Basisgruppe bei der Roten Hilfe in der Stadt mitarbeiten wollte, und bei der dann eingewendet wurde, daß sie sich zu individualistisch verhalte und sich noch mitten im Umerziehungsprozeß befände, weshalb sie nicht delegiert werden könne.

Zu gleicher Zeit wurde von Peter eine verbindliche Schulung über die Grundbegriffe der marxistischen Ökonomie erarbeitet, ein leicht lesbarer und brauchbarer Text, der auch zum Diskutieren anregt. Dadurch sollte der unterschiedliche Theoriestand ausgeglichen und eine allgemein politische Diskussion ermöglicht werden. Das war ein notwendiger Versuch, der dann allerdings so durchgeführt wurde, daß der ursprüngliche antiautoritäre Ansatz der Basisgruppe immer mehr verloren ging, und auch die spontanen Praxisansätze, die vorher wohl „individualistisch" und „ohne Klassenanalyse" erfolgt waren, abgewürgt wurden oder gar nicht mehr entstanden. Es galt dann wirklich nur noch Betriebsarbeit.

Herbert versuchte weiterhin, in den Auffanggruppen Psycho-Arbeit zu machen, also von individuellen Problemen auszugehen und sie dann gesellschaftlich zu verallgemeinern, d. h. den alten Sexpol-Ansatz fortzuführen, doch seine Arbeit wurde immer mehr diffamiert, bis schließlich auch die Auffanggruppen mit der Schulung begannen, und er endgültig resignierte.

Ich hatte mich an all den Diskussionen um die ideologische Linie, um Umerziehung und Schulung kaum mehr beteiligt; und ich fühlte mich in der Basisgruppe nur noch selten wohl, obwohl sie gerade jetzt bis Westdeutschland hin die Anerkennung fand, die ihr bisher versagt wurde. Gottseidank hatte sich das Verhalten der einzelnen auch nicht so schnell gewandelt wie die politische Linie. Es wurden weiterhin wilde Feste gefeiert, viel gelacht, gerempelt, gekifft, Musik gehört, geflippt, wo es nur möglich war.

Die einzige Gruppe, an der ich mich hätte beteiligen können, war die Mädchengruppe, die die männlich-bornierten Strukturen der Basisgruppe heftig angriff, und versuchte, durch gemeinsame Lektüre und Selbsterfahrung ihre Position zu klären. Ich glaube, daß es vorwiegend die Angst war, wieder mit Ilsedore zusammen in einer Gruppe zu sein, weshalb ich mich ihr nicht anschloß. Tatsächlich begann ich damals immer mehr, mich mit Frauenproblemen auseinanderzusetzen. Doch durfte es erstmal nicht um mich selbst gehen, sondern um die unterdrücktesten, die ausgebeutetesten der Arbeiterklasse, die ungelernten Arbeiterinnen.

Seit Herbst 70 arbeitete ich in der Spandauer Lehrlingsgruppe mit, kam mir jedoch anfangs sehr fremd vor, da die anderen fast alle mindestens zehn Jahre jünger waren als ich und ein anderes Verhalten hatten. Gleichzeitig übernahm ich am Lehrstuhl für Linguistik einen Lehrauftrag, bei dem ich auf Wunsch der Studenten eine Arbeitsgruppe über Lehrlingsausbildung machen sollte. Ich begann dann, mich intensiver mit Bildungsökonomie auseinanderzusetzen.

Irgendwann entdeckte ich in einer Berliner Statistik, daß es in Wilmersdorf eine Berufsschule gibt, die Marie-Elizabeth-Lüders-Schule, die von 700 ungelernten Arbeiterinnen besucht wird. Da ich sie kennenlernen wollte, verteilte ich vor der Schule Black-Panther-Flugblätter – ich weiß nicht mehr genau, worum es ging – und war über alle Maßen erstaunt, daß ich von einer großen Mädchenschar umringt und befragt wurde, da bisher noch nie etwas vor ihrer Schule verteilt worden war, was gewiß kein Zufall ist. Wir machten einen Termin in unserer Wohnung aus und trafen uns die nächste Woche mit der Spandauer Lehrlingsgruppe.

Ich glaube, sie brachten gleich beim ersten Mal ihre Freunde mit, weil die mißtrauisch waren und wissen wollten, wohin ihre Freundinnen gingen. Ich habe an unsere Treffen sehr schöne Erinnerungen; wir sprachen intensiv über unsere Beziehungen, über die Schule, übers Kiffen und übers Elternhaus. Es war notwendig, daß die Jungen dabei waren, denn sonst wären die Mädchen nicht mehr gekommen. Außerdem gab es in unserer Gruppe einige junge Arbeiter, die die Berufsschule auf der Eiswerder Insel in Spandau besuchten, in der rund 400 ungelernte Arbeiter und rund 300 ungelernte Arbeiterinnen waren.

Damals beschrieb ich die Gründe, warum diese Mädchen und Jungen keine Lehrlingsausbildung anfangen, folgendermaßen:

„Das sind kinderreiche, arme Familien, oft Hilfsarbeiterfamilien, die es sich nicht leisten können, ihre Kinder in die Lehre zu schicken. Sie brauchen den frühen Verdienst der Kinder, um den Lebensunterhalt der Familie bestreiten zu können. Ein noch nicht untersuchter, aber von den Berufsschullehrern als beträchtlich angesehener Teil sind die „Ausgeflippten", also diejenigen, die viel kiffen, unregelmäßig oder gar nicht arbeiten und eine eigene Subkultur bilden. Wobei bedacht werden muß, daß das Haschen an der Hauptschule weit verbreitet ist, und die meisten schon während dieser Zeit damit angefangen haben. Diese Gruppe soll nicht einfach abgewertet werden, denn immerhin steckt in dieser Verweigerung meistens ein Kern von Einsicht in kapitalistische Aufstiegsideologie und Ausbeutungsmechanismen – schließlich wird ja „kapitalistische Leistung" verweigert.

Nur müßte hier mit politischer Arbeit angesetzt werden, statt daß man, wie es jetzt bei den linken Studenten fast durchweg üblich ist, verächtlich auf solche Gruppen herabsieht."

Es hatte mich damals viel Mut gekostet, diese Sätze, die mir heute so selbstverständlich und als viel zu defensiv erscheinen, für die Arbeitsgruppe zu formulieren, die sich aus linken Studenten zusammensetzte. Damals galten nur ernsthafte Facharbeiter als würdig genug, um sich mit ihnen politisch zu beschäftigen.

Auch unser Kreis bestand vorwiegend aus Mädchen und Jungen, die die Nase voll hatten, die kifften, zu Beatveranstaltungen gingen, die nicht recht weiter wußten, aber auf jeden Fall die Gesellschaft nicht so wollten, wie sie war.

Nach all unseren Gesprächen entschlossen wir uns, für die Mädchen der Marie-Elizabeth-Lüders-Schule eine Zeitung zu machen, die wir dann „Hexenschuß" nannten. Ich habe mich selten wieder so identisch gefühlt, wie bei der Herstellung dieser Zeitung. Ich möchte sie deshalb ganz abdrukken:

März 1971

Hexenschuß

Berufsschulzeitung für Mädchen

Soll auch von Jungen gelesen werden.

Früher wurden Hexen verbrannt, nur weil sie öfter mit Männern geschlafen haben. Oder sie waren so schön, daß sie eine Gefahr für die Ehefrauen waren. Oder sie benahmen sich einfach anders, sie haben nicht das gemacht, was die anderen Frauen machten. Sie ließen sich nicht so leicht unterbuttern!

Wir sind die neuen Hexen

Wir lassen uns nicht zu Hausmütterchen erziehen. Und wenn wir untergebuttert werden sollen, schießen wir zurück.

Mit dem Hexenschuß können die noch lange rumlaufen.

Unser B e s e n ist nicht dazu da, damit wir dem Mann die Stube saubermachen.
Wir kehren mit eisernem Besen.
Wir kehren das ganze Gerede von:
- Frauen sind dumm,
- Frauen hinter den Herd,
- Frauen verstehen nichts von Politik,

einfach zur Tür raus!
Und wehe, wir werden aufgehalten:

Hexenschuß

[redacted]

Wir sind keine „Mädchen für alles"

Es wird überall so viel von Gleichberechtigung geredet. Aber wie sieht es wirklich aus!

Bei den Jungen sagt man meistens, sie sollen eine Lehre machen und etwas Ordentliches werden.

Bei den Mädchen heißt es eher, es lohne sich ja doch nicht, die heiraten ja bald. Deshalb sollen sie lieber für die Aussteuer sparen und Geld verdienen. Dann können sie Kostgeld abgeben und liegen den Eltern nicht so lange auf der Tasche.

Deshalb ist die Anzahl der ungelernten Mädchen doppelt so groß wie die der ungelernten Jungen.

Und im Betrieb ist man sowieso schlechter dran als die Jungen. Schon weil man jünger ist, bekommt man für die gleiche Arbeit viel weniger Lohn als die Erwachsenen, und dann noch viel weniger als die gleichaltrigen männlichen Arbeitskollegen, selbst wenn man das gleiche leistet wie sie.

"Wieso gleicher Lohn? Der Mann hat doch viel größere Hände!"

Während Jungarbeiter im Betrieb fast als vollwertige Arbeiter angesehen werden, behandelt man Jungarbeiterinnen wie "Mädchen für alles" .
Sie werden von jedem herumkommandiert und müssen die mieseste Arbeit machen.

Im Kleinbetrieb ist es meist am schlimmsten.
Da sind dann oft nur zwei oder drei Jüngere, und die Älteren können einen für all das einsetzen, wozu sie selbst gerade keine Lust haben.
Außerdem sind die Arbeitszeiten auch weniger geregelt.
Oft muß noch nach Schluß der Laden aufgeräumt und gefegt werden. Oder es gibt den ganzen Tag lang kaum Pausen.

Ruhepausen?

Dies ganze Jugendarbeitsschutzgesetz ist zwar mies genug, aber es gibt immerhin ein paar Gesetze deren Einhaltung man verlangen kann.

Weil bekannt ist, daß besonders in kleineren Betrieben diese Gesetze selten eingehalten werden, ist es wichtig für uns, etwas drüber zu wissen.

§ 10 : Die tägliche Arbeitszeit der Jugendlichen bis 18 Jahre darf 8 Stunden , die Wochenarbeistzeit der Jugendlichen unter 16 Jahren 40 Stunden , der Jugendlichen über 16 Jahre 44 Stunden nicht überschreiten.

Die Mehrarbeit kann in Ausnahmefällen vom Betrieb beantragt werden(das heißt Überstunden), muß dann aber um 25% höher bezahlt werden.
In den meisten Fällen ist die Forderung von Überstunden unerlaubt und diese Mehrarbeit wird selten bezahlt.

§ 16 : Jugendliche dürfen nicht in der Nachtzeit von 20 bis 6 Uhr beschäftigt werden.

§ 14 : Die Ruhepausen müssen mindestens betragen:
1. bei mehr als 4 1/2 bis zu 6 Stunden Arbeitszeit 30 Minuten
2. bei mehr als 6 Stunden Arbeitszeit 60 Minuten.

Länger als 4 1/2 Stunden dürfen die Jugendlichen nicht ohne Ruhepause beschäftigt werden.

Als Ruhepause gelten nur Arbeitsunterbrechungen von mindestens 15 Minuten.

§ 38 : Die Beschäftigung von Jugendlichen mit Akkord-und Fließbandarbeit ist verboten.

Wenn in eurem Betrieb diese Gesetze nicht eingehalten werden, dann laßt euch das nicht länger gefallen.
Aber nehmt lieber erst mit uns Kontakt auf, ehe ihr gegen die Bosse losschießt, damit sie euch nicht einschüchtern oder besonders schikanieren, weil ihr allein seid.

Wir sind doch nicht blöd!

Die meisten Mädchen haben die Hoffnung, daß die Arbeit mit der Heirat oder dem ersten Kind , auf jeden Fall spätestens , bis alles Wichtige für den Haushalt und die Wohnung angeschafft ist, aufhört.

Deshalb meinen sie, daß es sowieso nicht so wichtig ist,unter welchen Umständen sie jetzt arbeiten müssen, ob sie herumkommandiert und schlecht behandelt werden. Sie sagen sich: die paar Jahre bis zur Heirat lassen sich schon noch ertragen. Deshalb lassen sie sich bei der Arbeit alles gefallen.

Aber das ist falsch!

Gerade deshalb geht es den Frauen in unserer Gesellschaft besonders schlecht, weil diejenigen, die es sich von unserer Arbeit gut gehen lassen, die Kapitalisten, damit rechnen, daß die Frauen sich alles gefallen lassen, weil sie nur an Heirat und später an den Haushalt denken. Deshalb erlauben die Fabrikherren es sich, Frauen für die gleiche Arbeit ein Drittel weniger zu geben als den Männern.

Deshalb arbeiten nur Frauen in den niedrigsten Lohngruppen.

Deshalb werden Frauen für alle Hilfsarbeiten, auch besonders für die Arbeiten, die die Männer nicht gern mögen, eingeteilt.

Und Jungarbeiterinnen oder Bürogehilfinnen geht es am schlechtesten. Ihnen kann man die letzte Dreckarbeit zuschieben.

Die Arbeiter haben es geschafft, durch Streiks ihre Situation ein wenig zu verbessern. Arbeiterinnen haben bisher noch kaum gestreikt; und deshalb ist ihre Situation besonders mies.

Wenn man sich nicht um die Situation am Arbeitsplatz bekümmert und sich aufs Heiraten vertröstet, dann wird sich nie etwas ändern.

Und später, wenn die Kinder etwas älter sind, gehen die meisten Frauen doch wieder in den Betrieb.
Viele gehen auch schon, wenn die Kinder noch klein sind, weil es überall fehlt.

Und wenn man jetzt nicht aufmuckt und sich zusammentut, dann wird es einem später genauso gehen.

Der Kapitalismus schlägt Männer und Frauen...

schön, aber doof?

Klar, daß es Spaß macht, schön auszusehen, wenn einem die Jungen nachgaffen, weil man raffinierte Kleider anhat oder die Haare toll zurechtmacht.

Es wurde einem ja auch von klein an eingeredet, daß man nur begehrt wird, wenn man schön aussieht.
Und was Schönheit ist, das schreibt uns die Reklame vor. Am liebsten würde man uns auf

Von kleinauf wurde uns eingebläut: " Politik ist nichts für Mädchen", " Mädchen sind zum Heiraten da".

Ein Junge soll sich beweisen: der lernt etwas, der kann etwas, der setzt sich durch.

Wenn wir uns beweisen wollen, dann müssen wir besonders begehrt sein.
Und begehrt ist man, wenn man die anderen Mädchen aussticht.

Die Modeindustrie lebt davon, uns einzureden, daß wir nur begehrenswert sind, wenn wir nach dem neusten Schrei gekleidet

Ein Mädchen kämpft so gegen das andere und schämt sich, wenn sie zufällig das gleiche Kleid wie die Nachbarin trägt.
Der Freund verlangt ja schließlich von ihr, daß sie besonders dufte aussieht, damit er mit ihr angeben kann

So möchte man aus uns willige Weibchen machen, die sich gegenseitig bekämpfen, um die beste Partie zu machen.
Wenn wir da mitmachen, sind uns natürlich unsere Bedingungen, unter denen wir im Betrieb arbeiten, gleichgültig.

Und genau das wollen die Kapitalisten.

Aber selbst, wenn wir uns ungeheuer frei vorkommen, weil wir gegen den Willen der Eltern in dufte Beatschuppen gehen, viele Freunde haben und kiffen und dadurch ständig die Wut der Älteren herausfordern, dann tun wir doch genau das, was diejenigen von uns erwarten, die von unserer Freizeit ganz gut leben.

Wir kaufen die LPS' der Schallplatten-industrie.
Wir kaufen das Zeugs von der Kosmetikindustrie und von der Textilindustrie.
Wir zahlen teure Eintrittspreise für Beatveranstaltungen usw...

Wir tun im Grunde schon genau das, was man von uns will.

Denn wenn wir nur dort so "frei" sind und uns im Betrieb und sonst alles gefallen lassen, dann können die oben alles mit uns machen, was ihnen nützt.

In der Freizeit , da sollen wir uns austoben und uns"frei" fühlen.
Im Betrieb, da werden wir wie eh und je unterdrückt.

Natürlich wäre es blödsinnig, mit Kiffen, Beatschuppen, vielen Freunden und so aufzuhören.
Darum geht es nicht.

Aber es geht darum, den Kapitalisten nicht auf den Leim zu gehen, indem man sich gegenseitig aussticht, sich zum willigen Weibchen macht und im Betrieb dann um die besten Arbeitsplätze kämpft und sich ausbeuten läßt, statt gemeinsam gegen die zu kämpfen, die an unserer Arbeit verdienen.

Das können wir auch selber

Was können wir denn schon abends nach der Arbeit machen?

Zu Hause rumhocken, mit den Eltern fernsehen- und selbst,wenn man ein eigenes Zimmer hat,wird man dort doch nicht in Ruhe gelassen.

Also hauen wir ab.

Aber da beginnt es schon.
Mädchen können sich von zu Hause viel schwerer loseisen als Jungen, und dann nur für kürzere Zeit.
Meistens sollen sie nach der Arbeit noch im Haushalt helfen oder sonst etwas.

Wenn man einen Freund hat,geht es ja noch.
Wenn man keinen hat, dann zieht man mit einer Freundin los oder in den seltensten Fällen allein.

Und wohin dann?

Manchmal ins Kino, aber davon kriegt man irgendwann genug.
In die Kneipe? Was soll man denn dort!
Bleibt der Beatschuppen.

Dort ist wenigstens etwas los.
Und wenn man keinen Freund hat, lernt man dort vielleicht einen kennen.

Aber wie sieht denn das tatsächlich aus?

Da begaffen einen die Cliquen, und wenn man das Pech hat, daß man gerade nicht besonders dufte aussieht, dann kommt man sich ziemlich doof vor.
Jungen können sich immerhin die Mädchen aussuchen.
Aber wenn ein Mädchen einen Jungen anquatscht, dann heißt es gleich:" Was ist denn das für eine. Die geht doch mit Jedem".
Auf die werden die Jungen natürlich scharf. Mit der macht man was, aber mit der geht man nicht lange.
Und so empfinden die anderen Mädchen es auch.
Und weil wir so denken, bleiben wir auch die Dummen, denn so machen wir uns selbst zum Opfer der Jungen.

Statt unsere Gefühle zu zeigen, verhalten wir uns nach vorgefertigten Mustern, die Mädchen wie die Jungen.
Um uns möglichst teuer zu verkaufen, nehmen wir uns so zusammen, daß wir uns schließlich überhaupt nicht mehr verstehen.

So sind wir erzogen worden.

Warum müssen wir denn genauso denken wie die Jungen und ein Mädchen abwerten, das genau das tut, was sonst nur Jungen erlaubt wird?
Durchbrechen wir doch einmal diese Vorurteile, die uns von der Gesellschaft aufgezwungen werden.
Vielleicht lernen wir so, uns nicht länger alles gefallen zu lassen!
Dann brauchen auch die Jungen nicht immer den starken Mann zu markieren, um eine Freundin zu finden und brauchen auch nicht immer glauben, sie müßten für uns denken und entscheiden.

Das können wir auch selber!

Die allgemeine Berufsschule

Wozu dient die allgemeine Berufsschule?

In den fachbezogenen Berufsschulen lernt man immerhin noch etwas von dem, was man im Beruf verwenden kann.

Diese Berufsschule dient nur dazu, daß alle die allgemeine Schulpflicht bis zum 18. Lebensjahr absitzen.

Es ist bekannt, daß der Staat für die Berufsausbildung der Arbeiter sowieso schon wenig genug tut.
Wenn er überhaupt etwas für die Ausbildung tut, dann gibt er das Geld lieber für Gymnasien und Universitäten aus, wo ein Großteil der späteren Bonzen herangezüchtet wird.
Auch für die Rüstungsindustrie, da hat er genug Geld.
Doch am wenigsten tut er für die allgemeinen Berufsschulen.

Dort kümmert er sich einen Dreck darum, wo der einzelne arbeitet und welches Wissen er für seine Tätigkeit wirklich braucht.

Stattdessen beschränkt man den Unterricht für die Mädchen vorwiegend auf hauswirtschaftliche Fächer.
Weil es "schon immer so war", werden die Mädchen auf die Ehe vorbereitet.
Sie sollen in jeder Hinsicht auf ihre untergeordnete Rolle in der Gesellschaft getrimmt werden.
Die Schule möchte aus ihnen brave Hausmütterchen machen, denen auch im Betrieb nichts anderes übrig bleibt, als die miesesten Arbeiten auszuführen und sich unterzuordnen.

Deshalb ist in den meisten dieser Schulen der Unterricht zur Hälfte mit Kochen ausgefüllt, der Rest besteht dann aus anderen hauswirtschaftlichen Tätigkeiten wie Nadelarbeit, Wäschepflege und Säuglingspflege.

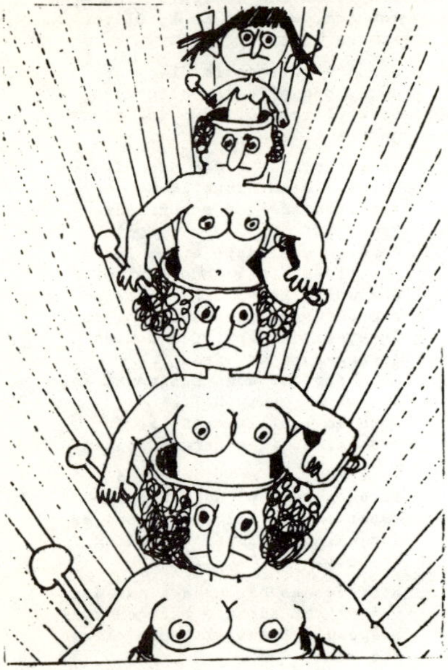

So ganz nebenbei gibt es dann noch die Fächer Deutsch und Gemeinschaftskunde.

Die werden dann natürlich dermaßen schlecht abgehandelt, daß es einen gar nicht interessieren kann, wieso es kommt, daß man als Mädchen einfach weniger verdient als der Mann, weshalb man schlechtere Stellungen kriegt als der Mann, weshalb man dauernd ducken muß usw.

Wenn man doch wenigstens beim Kochen seine eigene Fantasie entfalten könnte!

Stattdessen werden streng nach Kochbuch urdeutsche Gerichte eingepaukt, wo jede eigene Idee als Regelwidrigkeit und Unfähigkeit abgetan werden.

Dies ist nur ein Beispiel dafür, wie hier auf allen Gebieten Unterordnung gepredigt wird.

Da kann man ja nichts anderes machen, als so oft wie möglich fehlen.

Warum diese Zeitung?

Weil wir wissen, daß die Situation der Ungelernten, vor allen Dingen der ungelernten Mädchen die mieseste innerhalb unserer Gesellschaft ist, daß sie mit allen Mitteln darauf vorbereitet werden, später die doppelte Last von Arbeit und Haushalt willig zu ertragen.

Sie sollen einerseits brave Hausmütterchen werden, um für die Kapitalisten fleißig Arbeitskräfte zu produzieren, und andererseits immer zur Verfügung stehen, wenn Arbeitskräfte fehlen.

Bei Krisen sind sie es, die am schnellsten entlassen werden .
Deshalb haben wir angefangen, an dieser Schule eine Gruppe aufzubauen, die sich das alles nicht mehr länger gefallen läßt.

Wir haben die Erfahrung gemacht, daß wir als Einzelne immer untergebuttert werden.

Wir müssen uns zusammenschließen, unsere Erfahrungen austauschen und gemeinsam Vorstellungen entwickeln, damit wir überall, wo wir unterdrückt und ausgebeutet werden, dagegen ankämpfen können.

Wir, das sind Schüler dieser Schule, Lehrlinge, Arbeiter und Studenten der Basisgruppe

Zerfall und Radikalisierung oder eine richtige kleine «Erleuchtung»

Wenn die politische Gesamtsituation in Berlin nicht so desolat gewesen wäre, könnte ich diese Zeit als eine betrachten, in der ich auf den verschiedensten Ebenen mit mir selbst identisch sein konnte. Ich brauchte mich weder als Intellektuelle, noch als Frau, noch als „Basisarbeiterin" verleugnen. Ich konnte in einem kurzen Moment das alles zusammenbringen.

Aber das, war rundherum an gegenseitiger Diffamierung der verschiedenen Gruppen, an Konkurrenz, an Haß und an immer noch zunehmendem Dogmatismus vor sich ging, war unübersehbar. Selbst die damals sich immer stärker ausbreitende Anarchobewegung war davon nicht verschont.

Man könnte sagen, daß die Basisgruppe in ihrer politischen Tendenz zwischen den „Haschrebellen" und der „proletarischen Linken" (eine relativ undogmatische studentische Gruppe, die in Großbetrieben Arbeiterpolitik machte) stand. So überlegten wir, ob wir bei der 883 mitarbeiten, was dann auch einige von uns taten, nachdem die Rote-Presse-Korrespondenz von uns schon lange wegen ihres Parteidogmatismus und ihres zunehmend unsolidarischen Verhaltens gegenüber andersdenkenden Genossen boykottiert wurde. Als ich an einigen Redaktionssitzungen der 883 teilnahm, um herauszukriegen, ob ich Lust hatte, dort mitzumachen, erschienen mir die meisten als so flippig-exotisch, daß ich mir geradezu bieder-bürgerlich vorkam. Auch war mir das Verhalten zu in-group-haft und ein wenig zu arrogant gegenüber jenen, die nicht dazugehörten.

Mit der Gewaltfrage, die zu der Zeit eine immer größere Brisanz erhielt, hatte ich große Schwierigkeiten. Ich verstand es, daß man an einem bestimmten Punkt ausflippen kann, daß man angesichts von Völkermord und zunehmendem Bullenterror nicht immer nur friedlich demonstrieren kann, doch die Baader-Befreiung konnte ich, so wie sie geschah, nicht akzeptieren. Ich dachte mir, wenn der Typ nur noch ein paar Monate zu sitzen hat, lohnt sich doch nicht dieser Aufwand mit Schießerei und darauffolgender Illegalität, wobei dann noch jemand angeschossen wird, der ja nun wirklich wenig mit der Sache zu tun hatte. Die in Minuten aufeinanderfolgenden gelungenen Bankeinbrüche waren einfach ein Meisterstück, an dem ich eine „diebische" Freude hatte. Es blieb im ganzen für mich ein ungelöstes Problem. Außerdem war ich zu sehr mit meiner praktischen Arbeit beschäftigt.

Von all den Durchsuchungen und der zunehmenden Überwachung blieb ich selbst weitgehend verschont, aber es war unübersehbar, wie rundherum der Horror zunahm und sich alle bedroht fühlten. Auch gab es Zeiten, wo der Spitzelverdacht so unerträgliche Ausmaße annahm, daß man kaum noch vernünftig politisch weiterarbeiten konnte.

Zu mir kam nur zwei Mal die Kripo aus sehr merkwürdigen Anlässen, die eher lächerlich als bedrohlich waren. Das erste Mal suchten sie bei uns in der Wohnung Angela Davis, mit der ich mich die letzte Zeit in Frankfurt eng angefreundet hatte. Ich war sehr erstaunt, da wir ja immerhin seit ein paar Jahren keinen Kontakt mehr miteinander hatten. Das zweite Mal versuchten sie mich über die Basisgruppe auszufragen, da ich den Spandauer Laden gemietet hatte. Es war wirklich lächerlich.

Als der „Blues"* einmal bei uns in der Wohnung übernachtete, wurden wir als „Bleistifte" beschimpft, weil wir soviel Bücher besaßen und sie darüberhinaus auch noch lasen. Es war letztlich für uns eine fremde Welt: sie waren uns zu flippig-arrogant, wir ihnen zu bürgerlich-bieder. Als aber später einer nach dem anderen im Knast verschwand, hat es mich arg getroffen. Immerhin waren sie mir doch hundertmal lieber als die KPD-AO-Genossen, die selbst vor verfolgten und gesuchten Genossen die Tür zuschlugen, sich sogar noch freuten, wenn jemand erwischt wurde, und dann darüber gehässige Artikel in der RPK schrieben.

Im Sommer wurde Petra Schelm, die in Spandau geboren war, die ich jedoch nicht kannte, in Hamburg erschossen. Wir wußten, daß sie vorher als Friseuse tätig gewesen war, zur RAF zählte und daß sie ermordet worden war. Eine friedliche Demonstration, vielleicht mit ein paar Steinchen, erschien uns bei so einer Ungeheuerlichkeit fast als makaber. Zur Beerdigung kamen gerade noch fünfzig Genossinnen und Genossen, die meisten von ihnen aus Spandau; so sehr war zu diesem Zeitpunkt jegliche Solidarität in Berlin zusammengebrochen.

Ich versuchte schließlich, in der Roten Hilfe mitzuarbeiten, um wenigstens dadurch noch ein Moment von praktischer Solidarität zu zeigen, doch die Fraktionskämpfe hatten auch dort ein solches Ausmaß erreicht, daß ich es lieber sein ließ.

Herbert war noch resignierter als ich und sah für sich gar keine Möglichkeit mehr, in Berlin noch irgendwie sinnvoll tätig zu sein. So entschlossen wir uns schließlich, aus Berlin fortzugehen, um in Westdeutschland einen neuen Versuch zu machen. Ich hätte noch weiterarbeiten können, gerade bei dem Ansatz, den ich mit dem „Hexenschuß" begonnen hatte. Auch bildeten sich damals in Kreuzberg neue Jugendgruppen, die anders als bisher bemüht waren, Randgruppen mitaufzunehmen, und die die Arbeitsverwei-

* zum „Blues" vergleiche: „Bommi" Baumann– „Wie alles anfing", München 1975

gerung und das Weglaufen von zu Hause als politischen Akt begriffen und daran anknüpften, woraus dann später z. B. das Georg von Rauch-Haus entstand. Ich hatte Interesse, dort mitzuarbeiten, war aber letztlich zu müde, nach den Erfahrungen mit der Basisgruppe Spandau in der gleichen Stadt einen neuen Versuch zu machen. So meinte ich dann auch, daß es für uns beide besser ist, wenn wir unter neuen Bedingungen noch einmal anfangen, auch mit uns selber. Für mich war das Fortgehen aus Berlin nicht zuletzt eine Entscheidung für Herbert, die ich vorher hatte noch nie so klar fällen können.

Wir fuhren dann beide im Frühjahr 71 ziemlich kaputt und resigniert für eine Woche nach Paris, wo wir vorwiegend gegessen, getrunken und geschlafen haben. Oft wollten wir gar nicht mehr aufwachen.

Da entdeckte ich in einer neuen Nummer der Zeitschrift „Partisans" Artikel von der Women's liberation movement in den USA und in Frankreich.* Ich sah für mich einen neuen Hoffnungsschimmer. Es war richtig eine kleine „Erleuchtung". Ich schickte das Heft sofort an Ilsedore und schrieb dazu:

„Liebe Ilsedore, in dem Heft stehen viele gute Sachen, aber man kann sie nicht alle auf einmal lesen; auch über Frankreich, also nicht nur USA.

Ich habe jetzt also einige Zeit, über mich nachzudenken, auch über das, was mit mir und der Basisgruppe schiefgelaufen ist. Ich war halt im ganzen zu passiv gewesen, zu „lieb-leidend" und zu wenig offen kämpferisch, schon seit Jahren; aber was soll's..... die Umstände waren auch nicht grad glücklich gewesen.

Auf jeden Fall hängt's auch mit meiner Schwierigkeit als „Frau in dieser Gesellschaft" zusammen; für mich ein ziemlich neuer Aspekt, der mir wohl lange theoretisch klar war, aber noch nicht akzeptiert und noch nicht im größeren Zusammenhang gesehen.

Aber das mag ich jetzt nicht ausbreiten, kenne auch nicht die Konsequenzen, die ich daraus ziehe.

Auf jeden Fall scheint mir Berlin eine Stadt zu sein, wo sich die linken „Intellektuellen" gegenseitig auf die Füße treten und mit allen Mitteln versuchen, sich gegenseitig die Augen auszukratzen, siehe das 1. Mai-Gerangel in der RPK, dem Extra-Dienst und auch im Hochschulkampf.

Vielleicht sieht es in westdeutschen Städten doch etwas besser aus; wir werden uns ein wenig umschauen und vielleicht sollten wir dann nach Westdeutschland gehen. Vielleicht sind dort nicht ganz so viele bornierte Linke auf einem künstlichen Haufen, die ihre Verzweiflung mit zunehmen-

* Ein Teil dieser Aufsätze sind später im Buch „Frauen gemeinsam sind stark" übersetzt worden.

dem Dogmatismus und Dummheit verbrämen müssen........"

Wir gingen zuerst nach München, um uns dort umzuschauen, denn wir kannten dort von früher her eine Reihe Leute, doch die Stadt mit all ihren mondänen Modeerscheinungen widerte uns an; und ich wollte auf keinen Fall in sie zurückkehren.

Dann versuchten wir es mit Frankfurt; wir kannten eigentlich nur die Karen, den Björn und den Axel, mit denen wir uns früher einmal in Ulm auf irgendeiner Tagung in der Filmakademie getroffen und uns gut verstanden hatten. Wir ließen uns ein bißchen von den politischen Gruppen und deren Aktivitäten erzählen, lasen ein paar Papiere; und ich hatte plötzlich das Gefühl, daß das genau die richtige Stadt ist. Herbert hatte nichts dagegen einzuwenden – und so war unsere Entscheidung gefallen.

Bis zum Sommer blieben wir aber noch in Berlin. Ich nahm jetzt mehr an den Frauenaktivitäten der Basisgruppe teil. Wir machten in Spandau eine § 218-Kampagne mit einem Theaterstück, Unterschriftenlisten, Broschüren, Flugblättern und vielen Diskussionen. Wir zogen mit unseren Ständen auf alle belebten Plätze. Die Frauen auf der Straße reagierten überwiegend so freundlich, daß wir ganz erstaunt waren, denn so etwas hatten wir früher bei all unseren anderen Agitationen selten erlebt. Es gab sehr heftige Diskussionen und auch Abwehr, doch wir konnten miteinander reden. Diese Erlebnisse waren sehr schön und machten wieder Mut. Ich wollte das fortsetzen.

Wir fuhren dann im Juli nach Frankfurt, um eine neue Wohnung zu suchen.

Anmerkungen

(1) vgl. Situationistische Internationale, Hamburg 1976
(2) vgl. Subversive Aktion, Frankfurt 1976
(3) Die Situation des Schriftstellers: bewegt und getrieben von den Mächten, die er befreit und in die Welt wirft.
(4) Ich schreibe von einem fernen Land.
(5) Mitleid mit den Männern.
(6) Der Tod ist sicher – nur die Stunde des Todes ist ungewiß.
(7) Die schlafende Zigeunerin.
(8) Der Mensch hat einen merkwürdigen Körper – sein Mittelpunkt liegt nicht in ihm selbst. Unsere Seele ist transitiv. Sie braucht ein Objekt außerhalb ihrer selbst, das sie berührt. Es handelt sich um den tiefgreifendsten Bezug (ganz und gar nicht um den des Habens, sondern um den des Seins).
(9) „für immer in ein Objekt verwandelt"
(10) (in der Zwischenzeit, wie ich hoffe, meine Liebe)
(11) Wer sich zum Schaf macht, den fressen die Wölfe.
(12) Liebe mit jedem beliebigen.
(13) Es gibt nicht nur körperliche Lust, sondern ebenso geistige Genüsse.
(14) Mitten in der Pubertät.